CONTINUOUS CROCHET MOTIFS

실을 끊지 않는
코바늘 연속 모티브 패턴집

55가지 무늬와 88가지 잇는 법

한스미디어

Contents

no.1

처음 도전하는 연속 모티브로 안성맞춤인 심플한 무늬입니다. 2단 끝까지 1블록을 남긴 위치에서 다음 모티브로 이어지는 연속 사슬이 시작됩니다. (103쪽 참조)

7
8
9
4
5
6
1
2
3
①
②
5
6
6
9
뜨개 끝
뜨개 시작 (사슬 15코) 만든다
연속 사슬(19코)

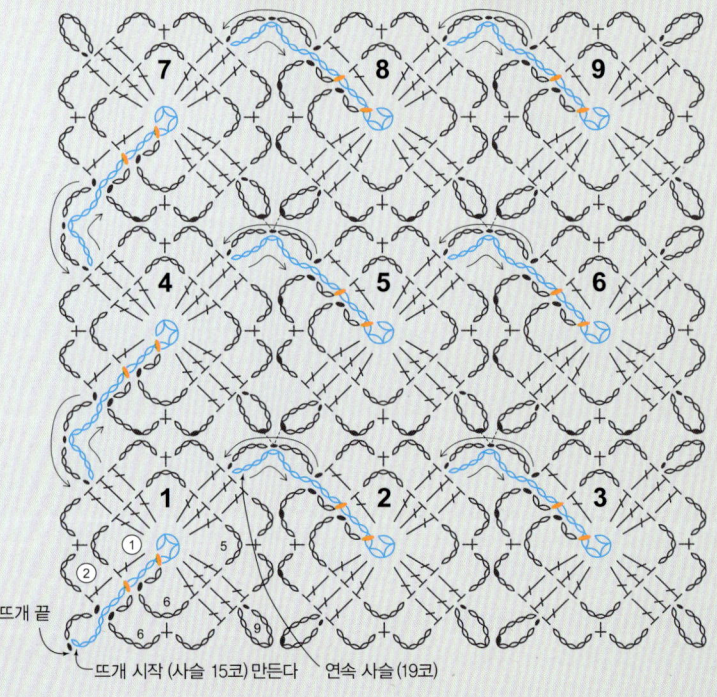

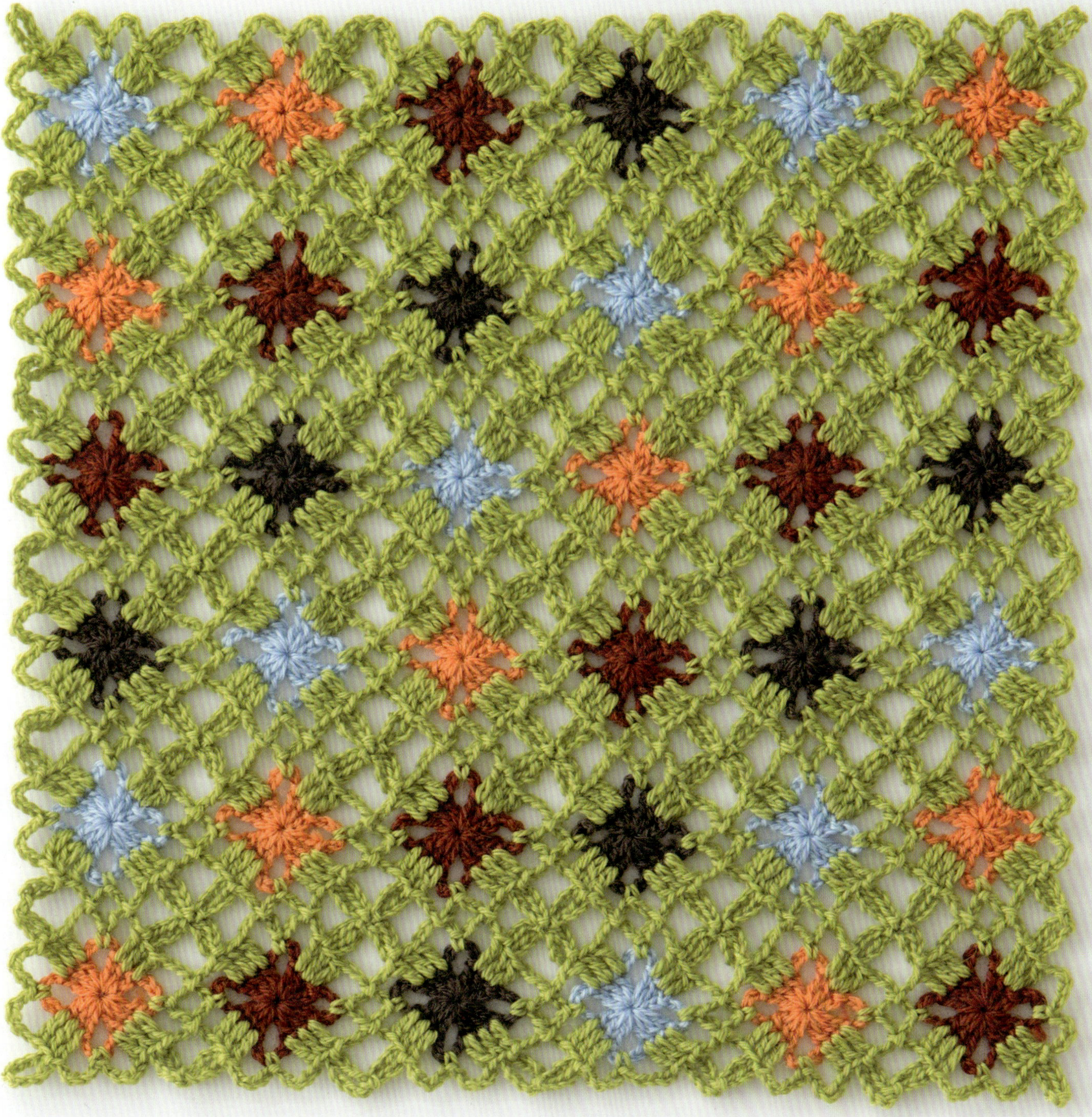

no.2

no.1 모티브의 배색 버전. 배색을 하면 연속해서 뜨는 부분이 줄어들기 때문에 단색보다 뜨기 쉽습니다. (103쪽 참조)

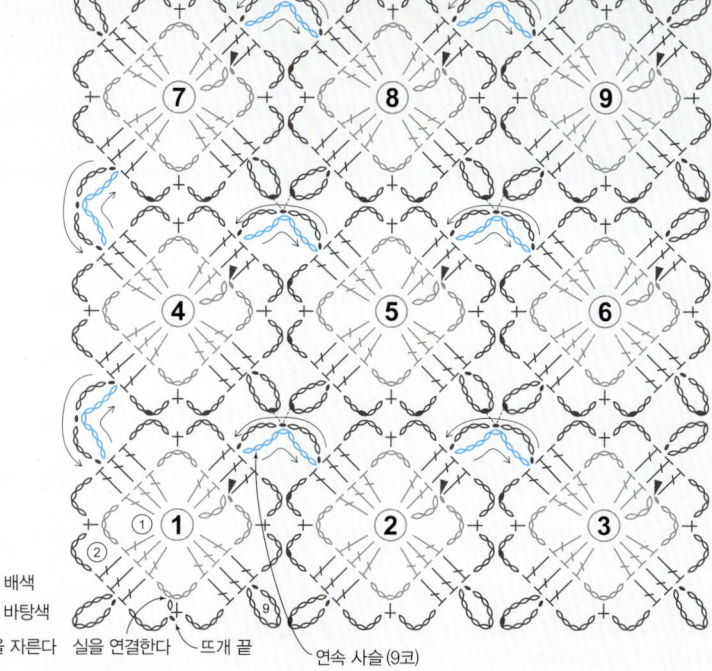

배색 ⎰ 배색
　　 ⎱ 바탕색

► 실을 자른다　실을 연결한다　뜨개 끝　　연속 사슬(9코)

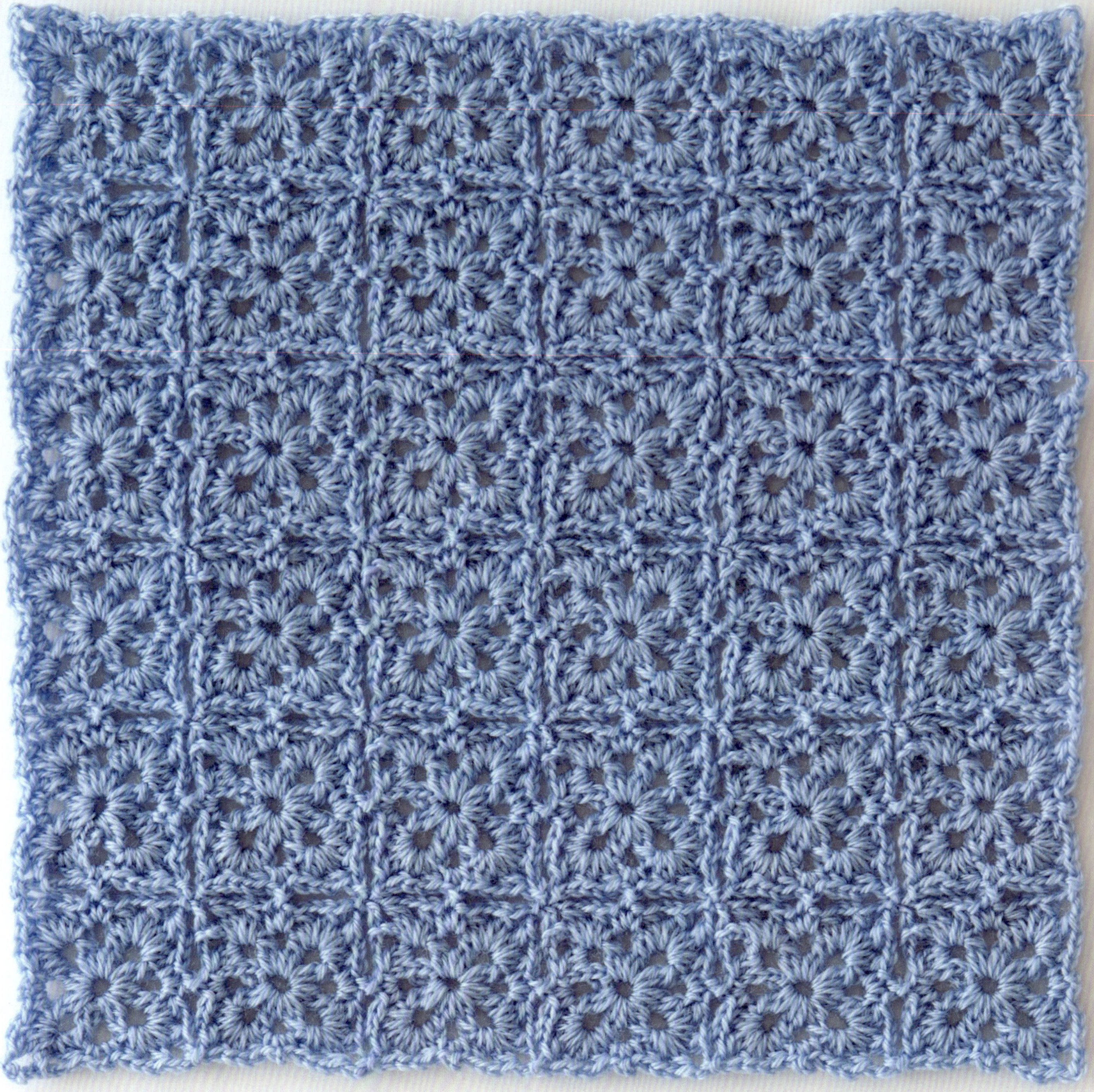

no.3

하나하나 모티브의 실 정리를 하지 않아도 된다는 점이 연속 모티브를 뜨는 최대의 이점입니다. 작은 모티브를 떠서 잇는 경우와 비교하면 정말 편합니다.

7
8
9
4
5
6
1
2
3
뜨개 끝
뜨개 시작 (사슬 14코) 만든다
연속 사슬(15코)

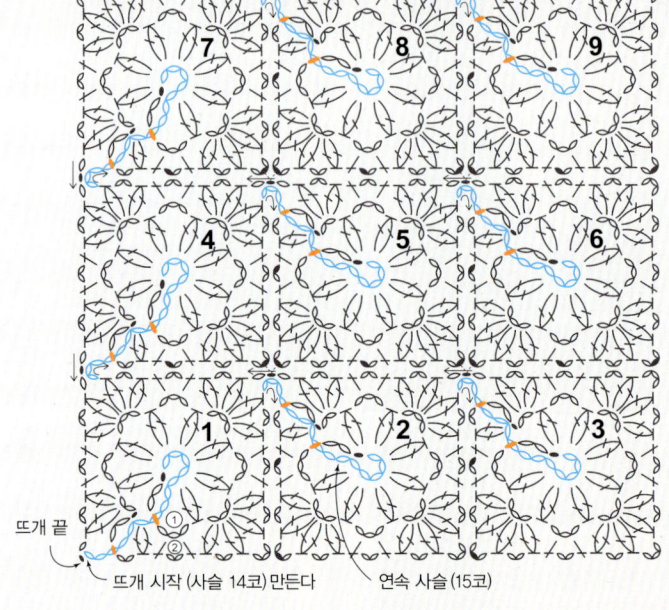

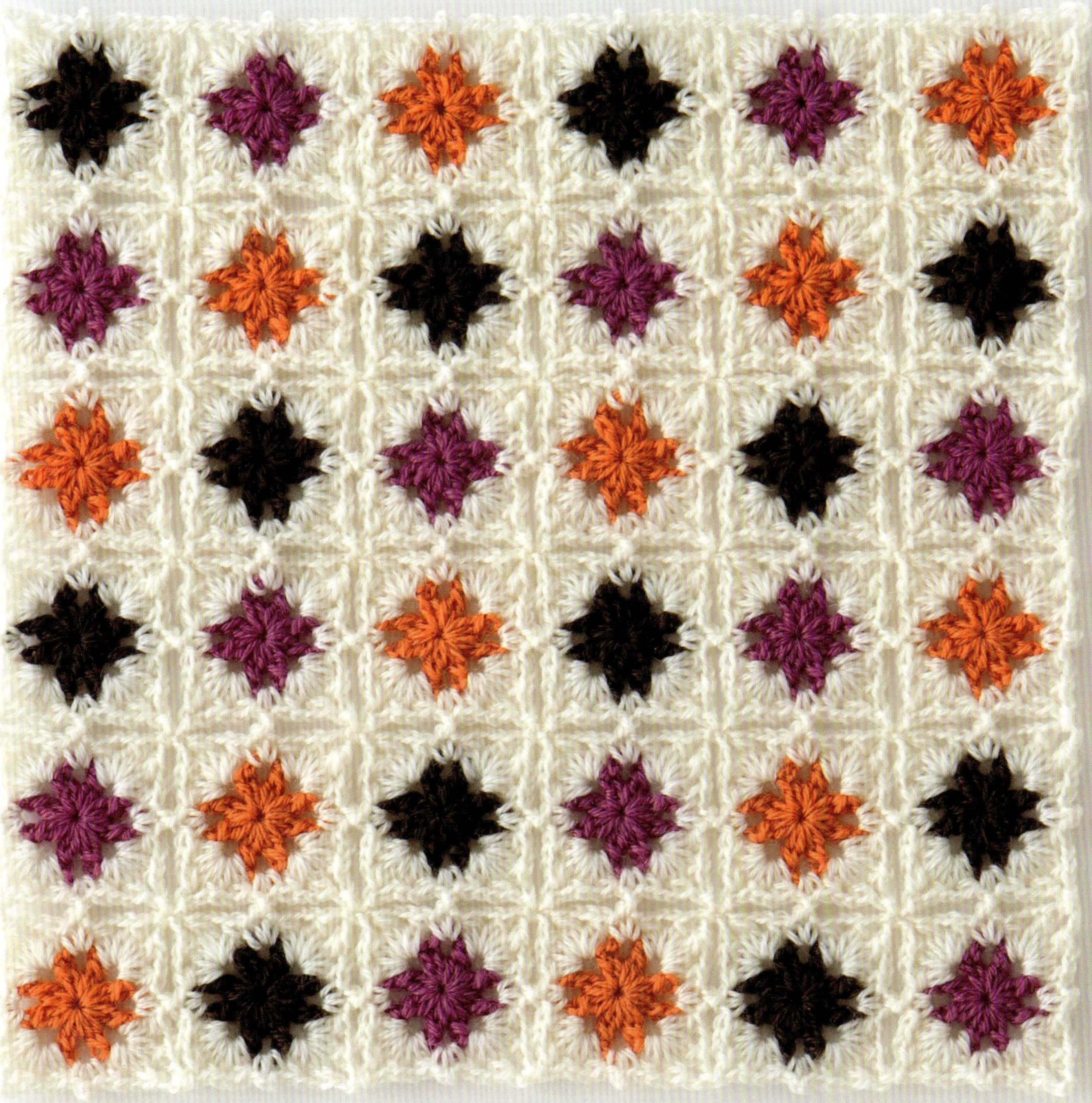

no.4

no.3 모티브의 배색 버전. 중심을 배색하면
모티브의 느낌이 달라지고 전혀 다른 무늬처
럼 보여 정말 신기합니다.

실을 연결한다
뜨개 끝

배색 { 배색
      바탕색

► 실을 자른다

연속 사슬 (3코)

no.5

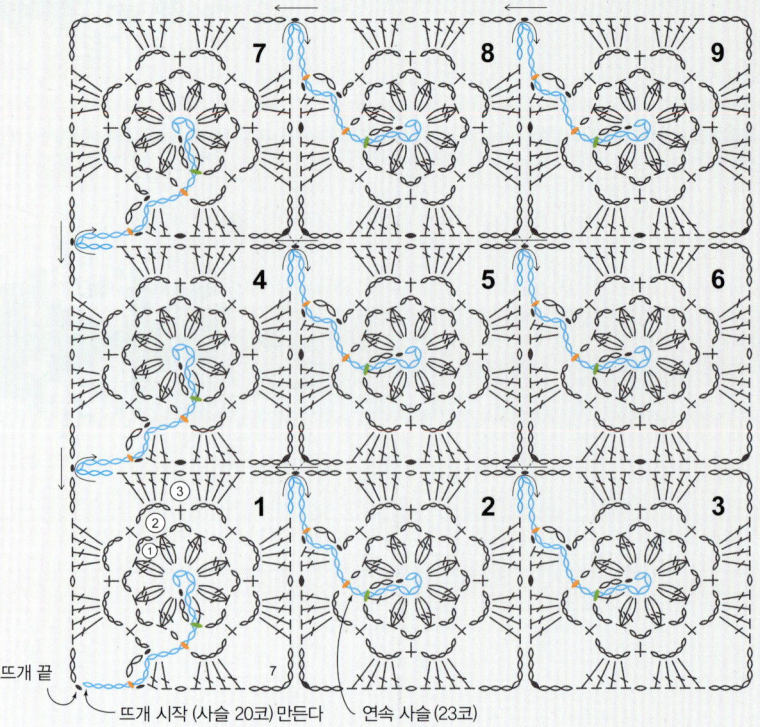

하늘거리는 사슬코가 자연스러워 마치 스쳐 지나는 바람이 느껴질 것만 같습니다. 시원한 느낌의 모티브는 가벼운 실로 뜨면 좋습니다. (104쪽 참조)

7
8
9
4
5
6
1
2
3
뜨개 끝
뜨개 시작 (사슬 20코) 만든다
연속 사슬 (23코)

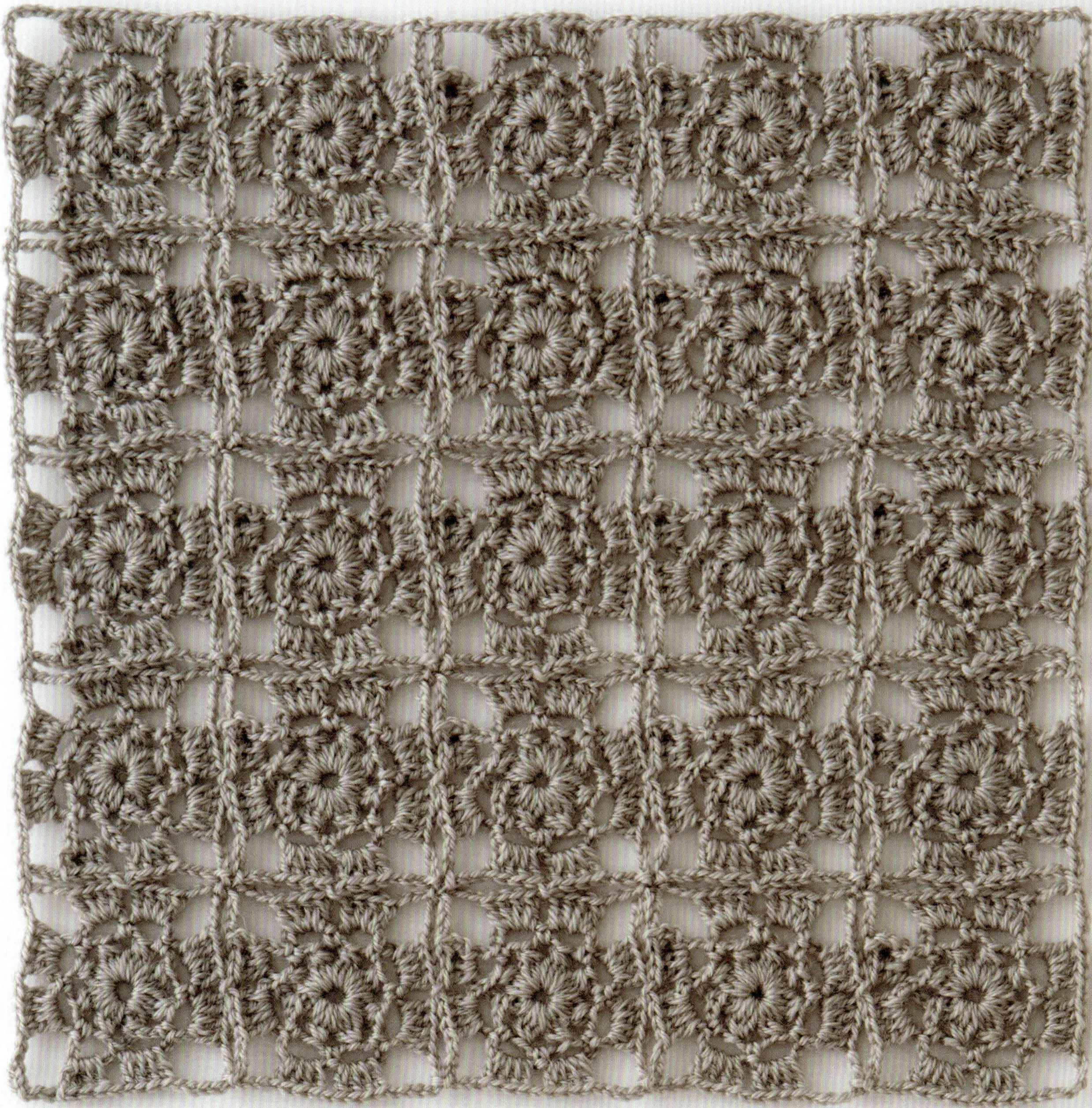

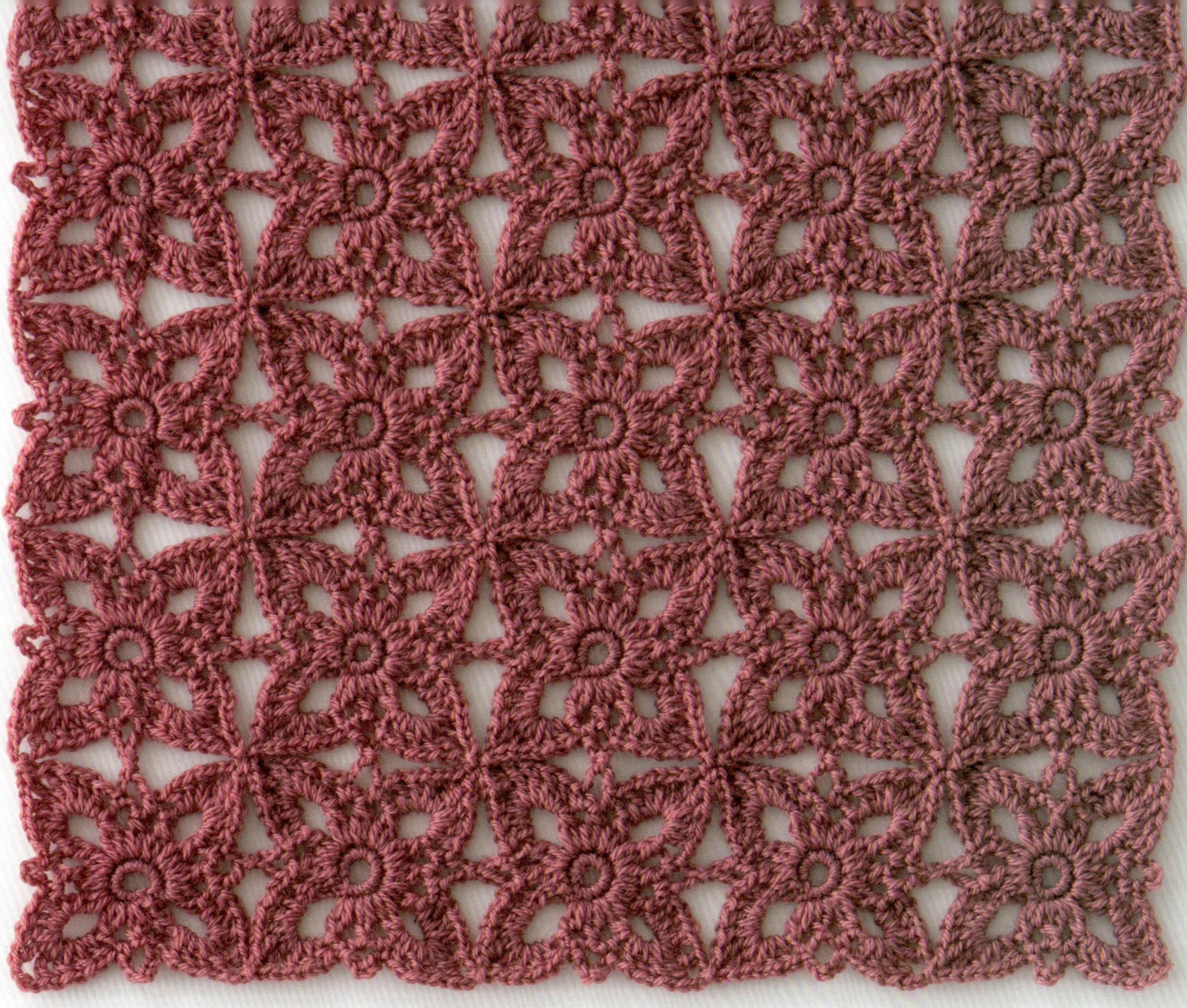

no.6

연결 부분이 탄탄하기 때문에 굵은 실로 뜨기에도 좋습니다. 모티브가 커지더라도 연속 사슬로 인한 무늬의 일그러짐이 그다지 눈에 띄지 않습니다.

1
2
3
4
5
6
7
8
9
뜨개 끝
뜨개 시작 (사슬 14코) 만든다
연속 사슬 (16코)

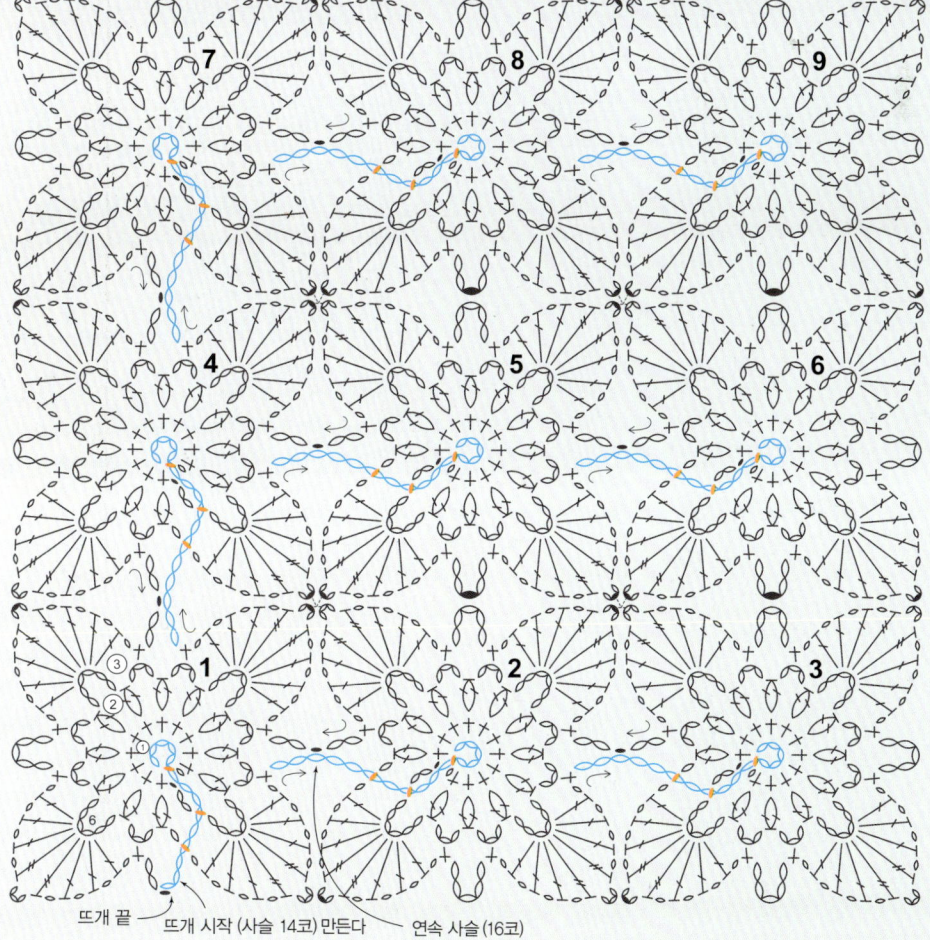

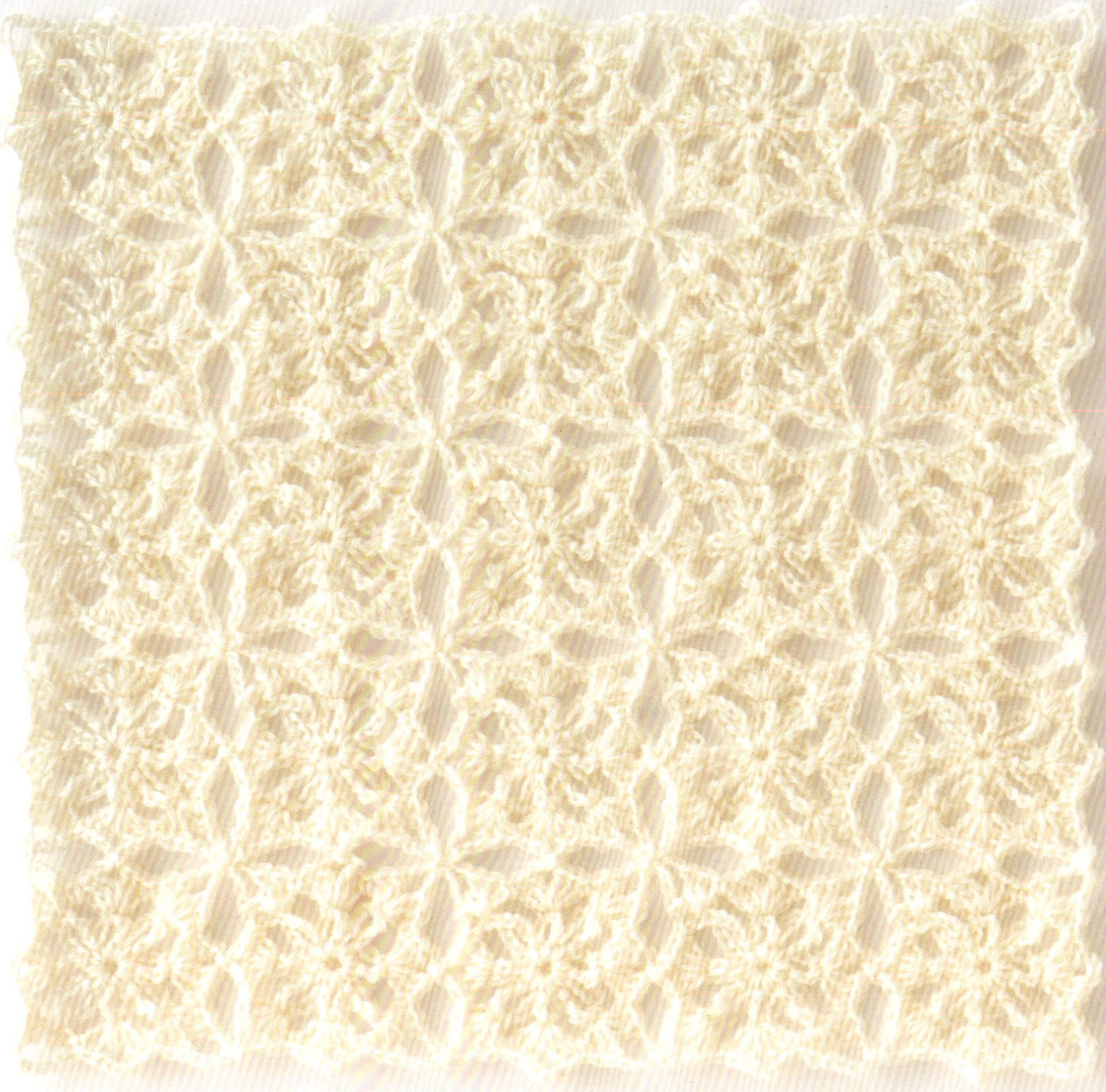

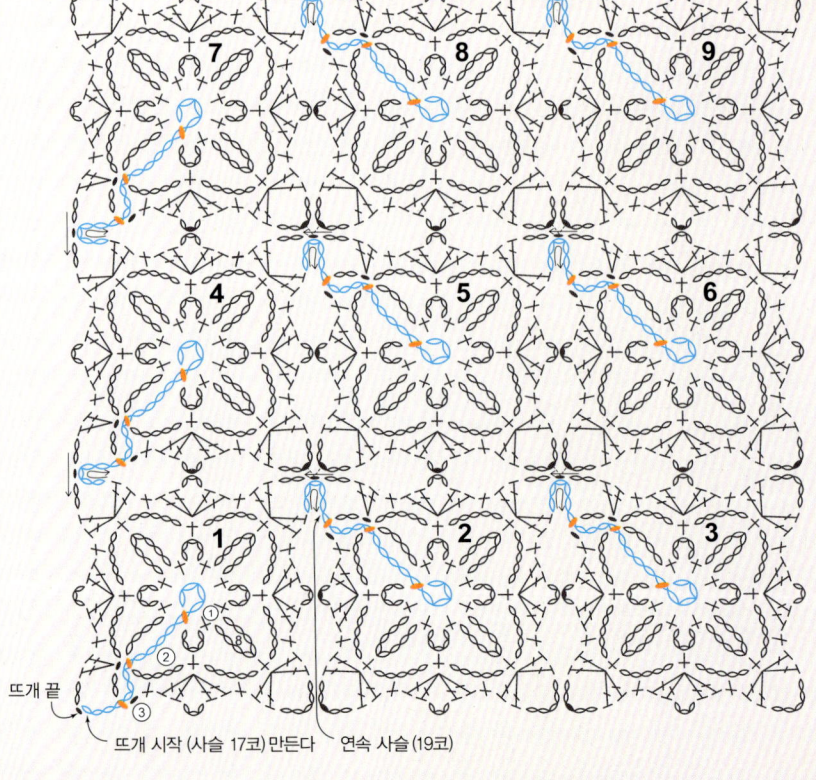

no.7

뜨개를 막 마친 상태에서는 그리 두드러지지 않지만, 제대로 스팀 다림질을 하면 모티브 사이의 공간에 예쁜 십자 무늬가 떠오릅니다.

7
8
9
4
5
6
1
2
3
①
②
③
뜨개 끝
뜨개 시작 (사슬 17코) 만든다
연속 사슬(19코)

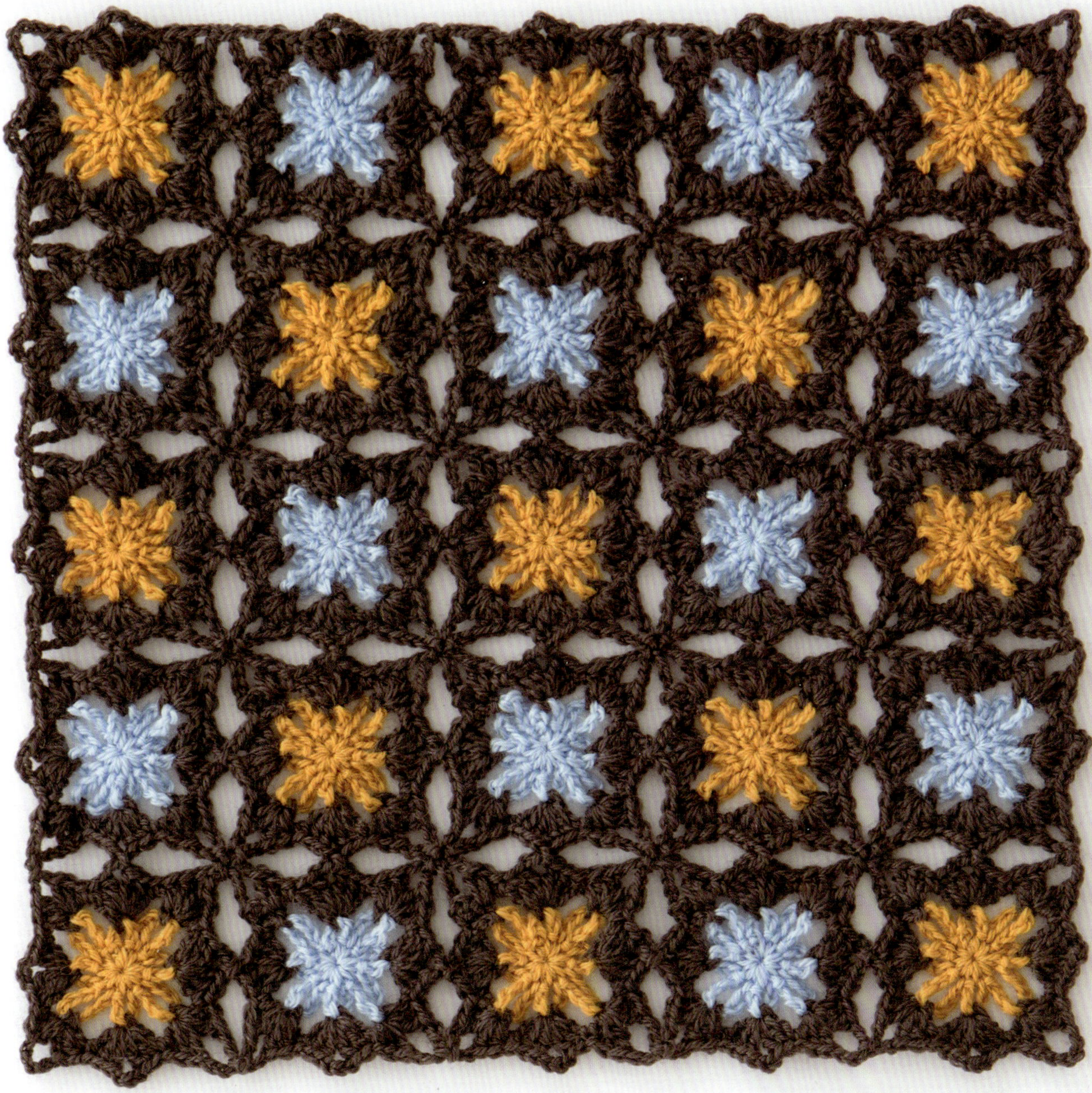

no.8

no.7의 배색 버전. 배색을 하면 모티브 하나
하나의 인상이 강해집니다. 연속해서 뜨는
단이 두 단이기 때문에, 배색을 했지만 난도
는 조금 높은 편입니다.

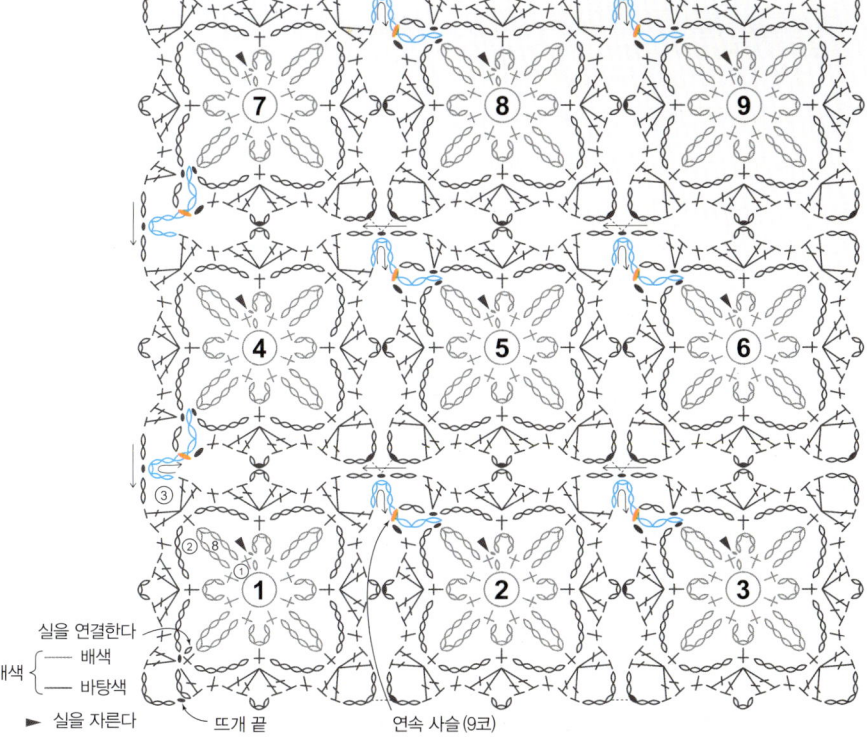

실을 연결한다

배색 ┌ 배색
    └ 바탕색

▶ 실을 자른다   뜨개 끝   연속 사슬 (9코)

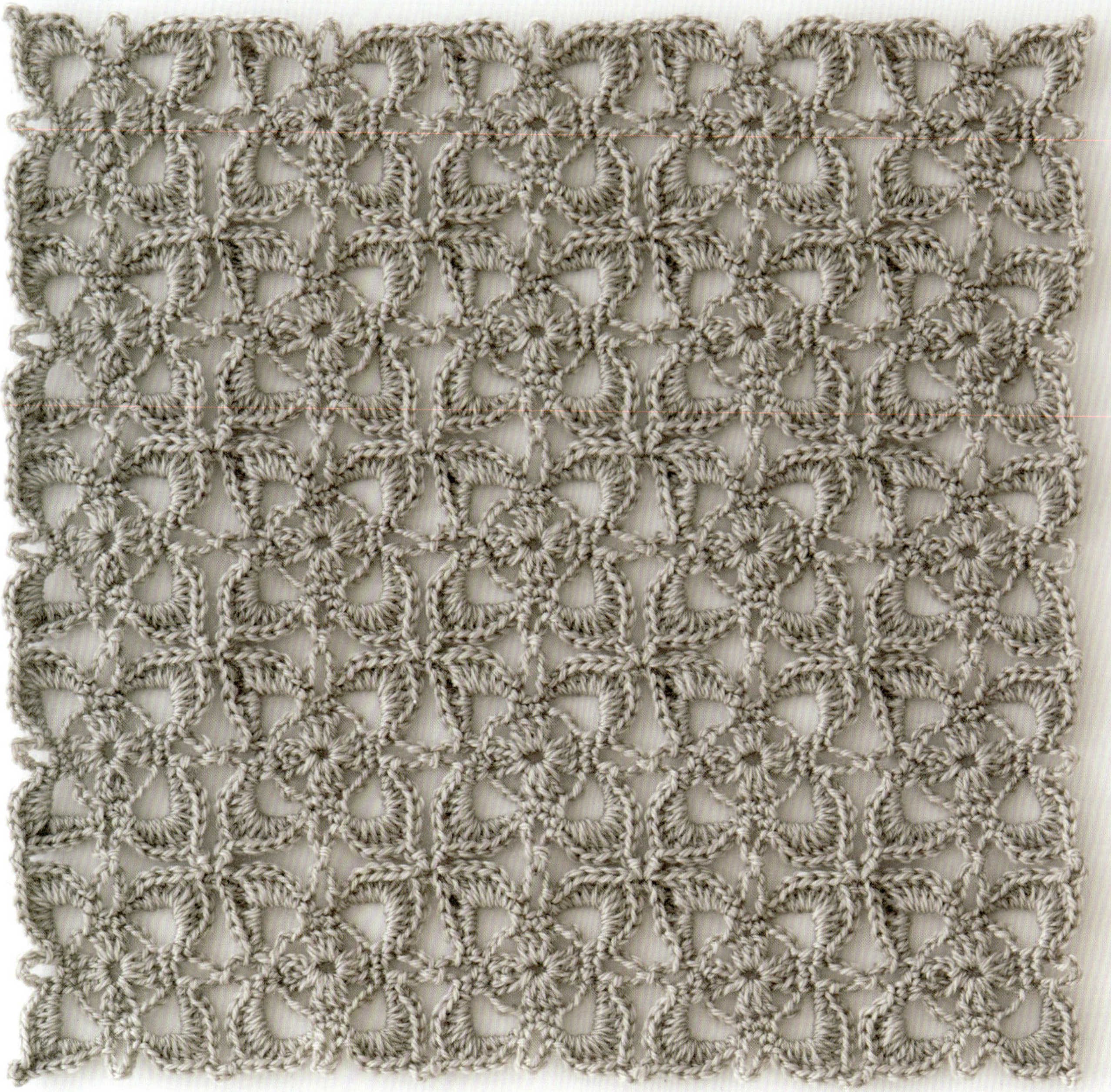

no.9

원과 꽃잎을 합친 듯한 귀여운 무늬의 모티브도 색깔에 따라 세련된 느낌으로 변신하기도 합니다. 연속 사슬 부분이 두드러지지 않게 하려면 가는 실을 고르면 좋습니다.

7
8
9
4
5
6
1
2
3
뜨개 끝
뜨개 시작 (사슬 19코) 만든다
연속 사슬 (19코)

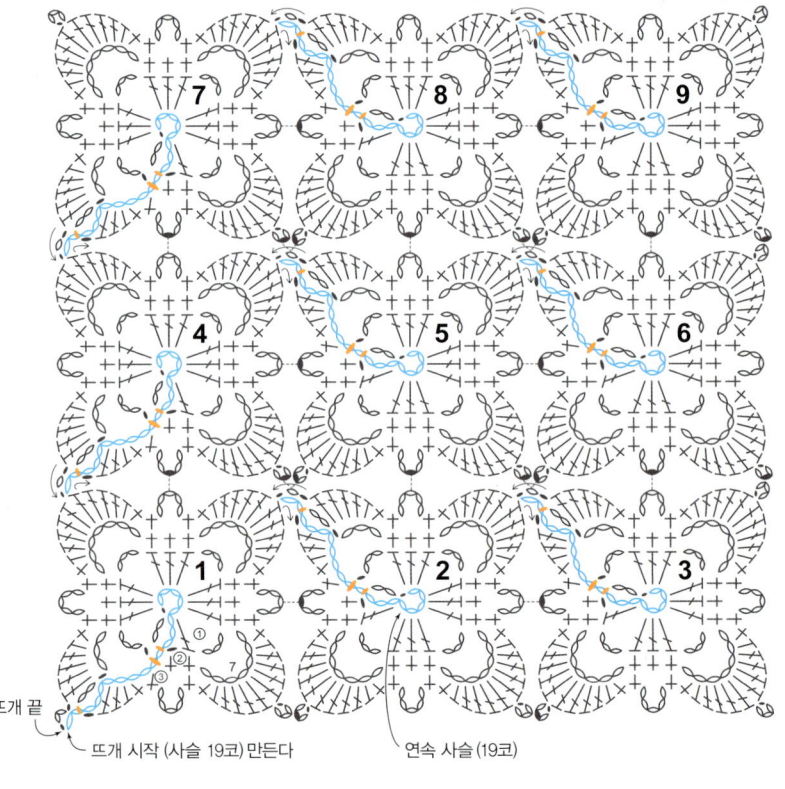

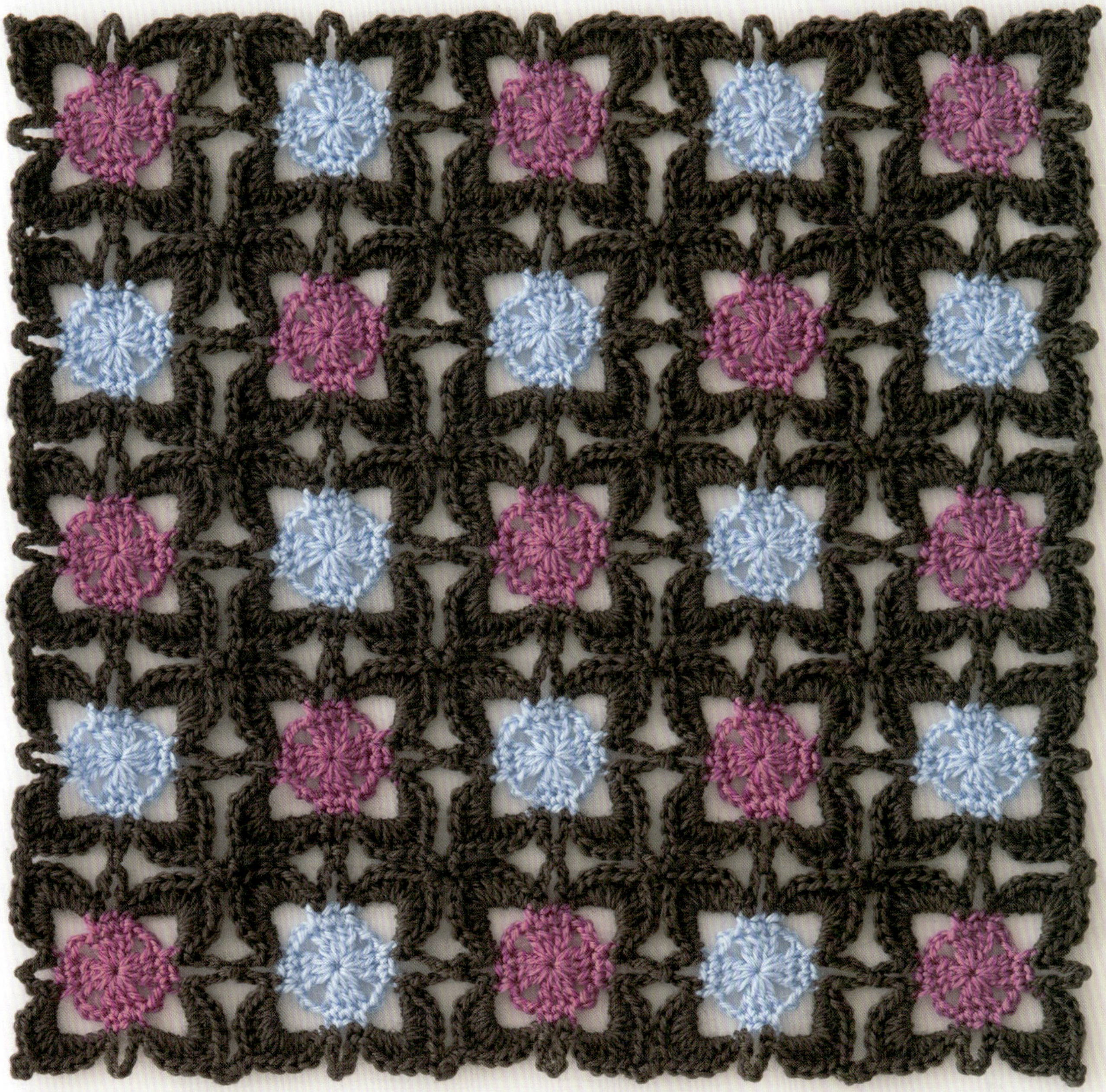

no.10

no.9의 배색 버전. 연속해서 뜨는 단이 한 단이어서 3단에는 기둥코가 하나도 없습니다. 연속 뜨기 덕분에 깔끔한 느낌의 모티브가 되었습니다.

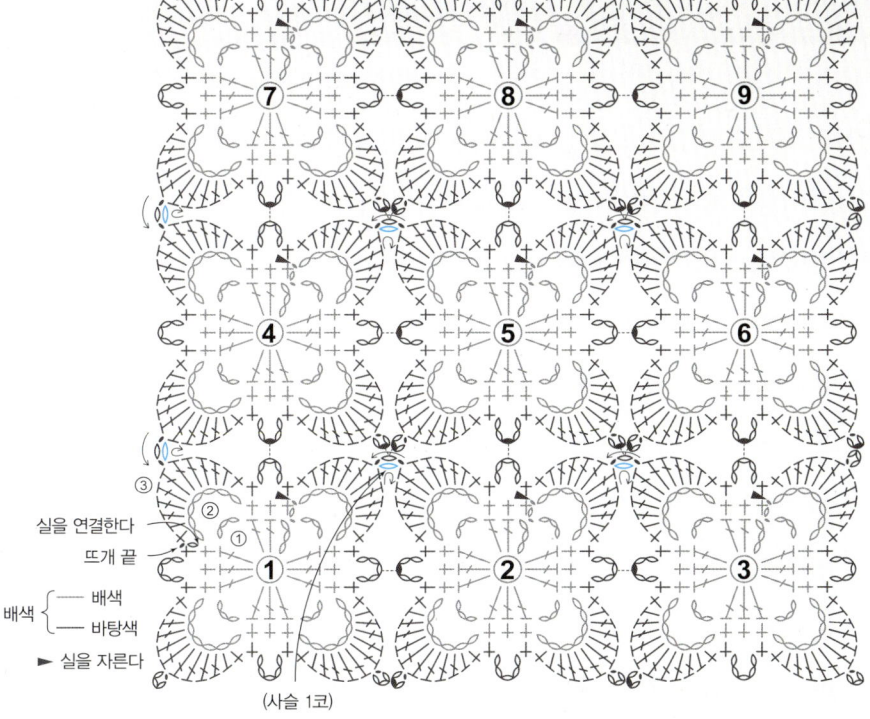

실을 연결한다
뜨개 끝

배색 { ─ 배색
       ─ 바탕색

► 실을 자른다

(사슬 1코)

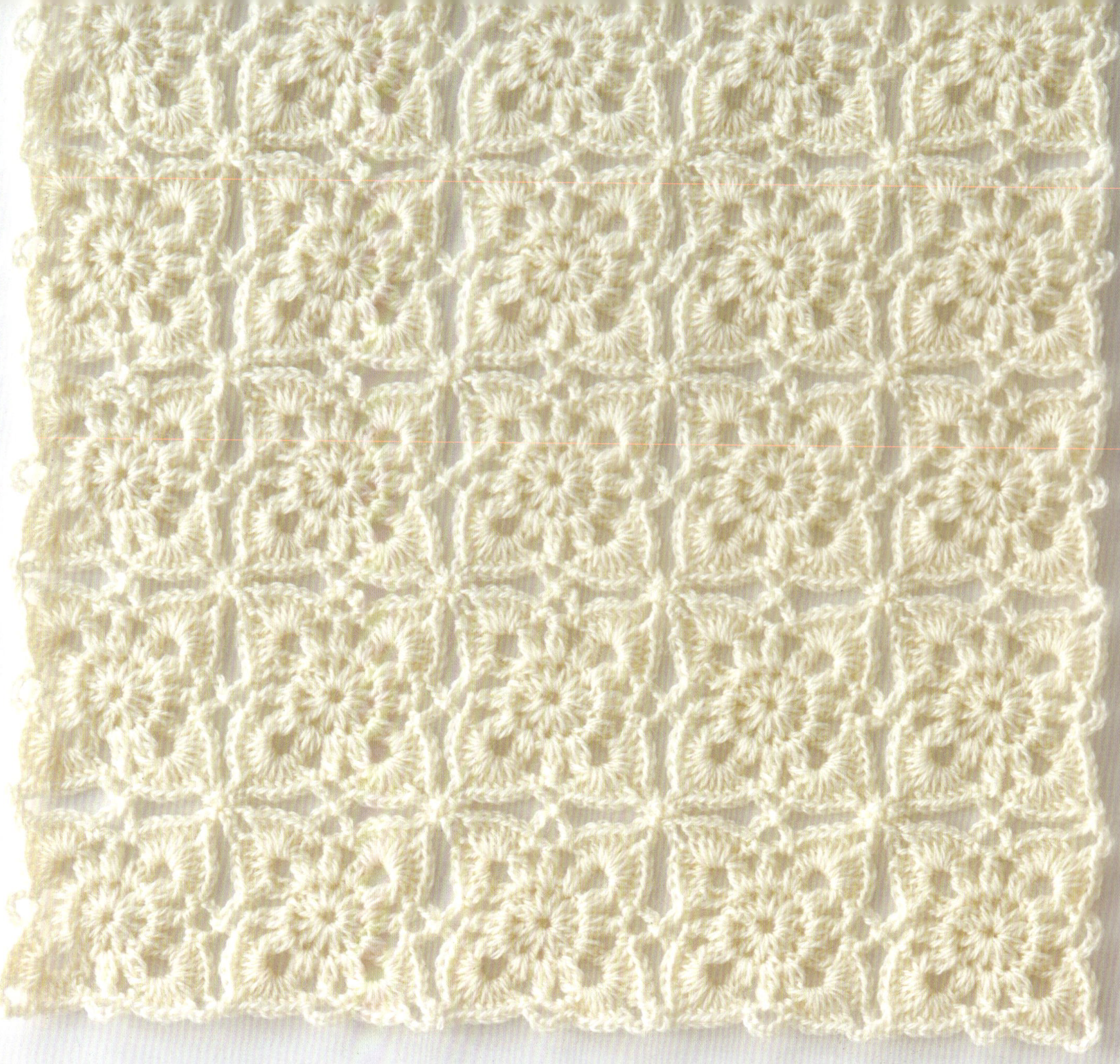

no.11

탄탄하게 뜬 꽃잎 부분이 인상적인 모티브입니다. 연결하는 부분이 적기 때문에, 큰 작품을 뜨는 경우에는 모헤어처럼 가볍고 잘 늘어나지 않는 소재를 사용하면 좋습니다.

7
8
9
4
5
6
3
2
1
1
2
3
뜨개 끝
뜨개 시작 (사슬 19코) 만든다
연속 사슬(21코)

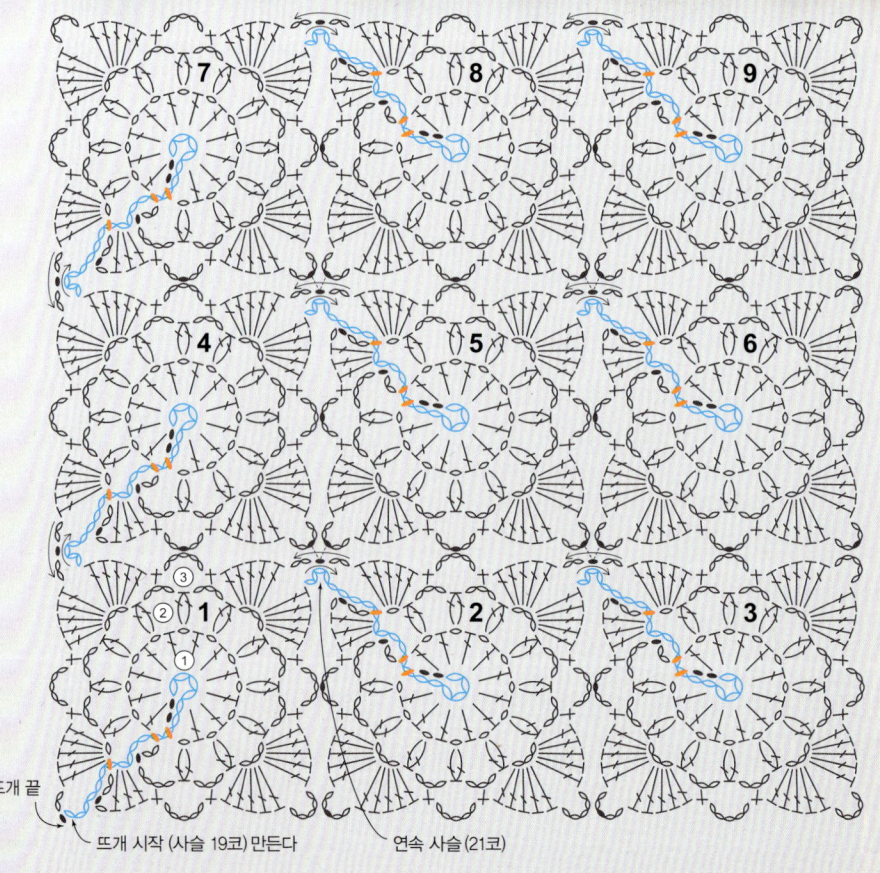

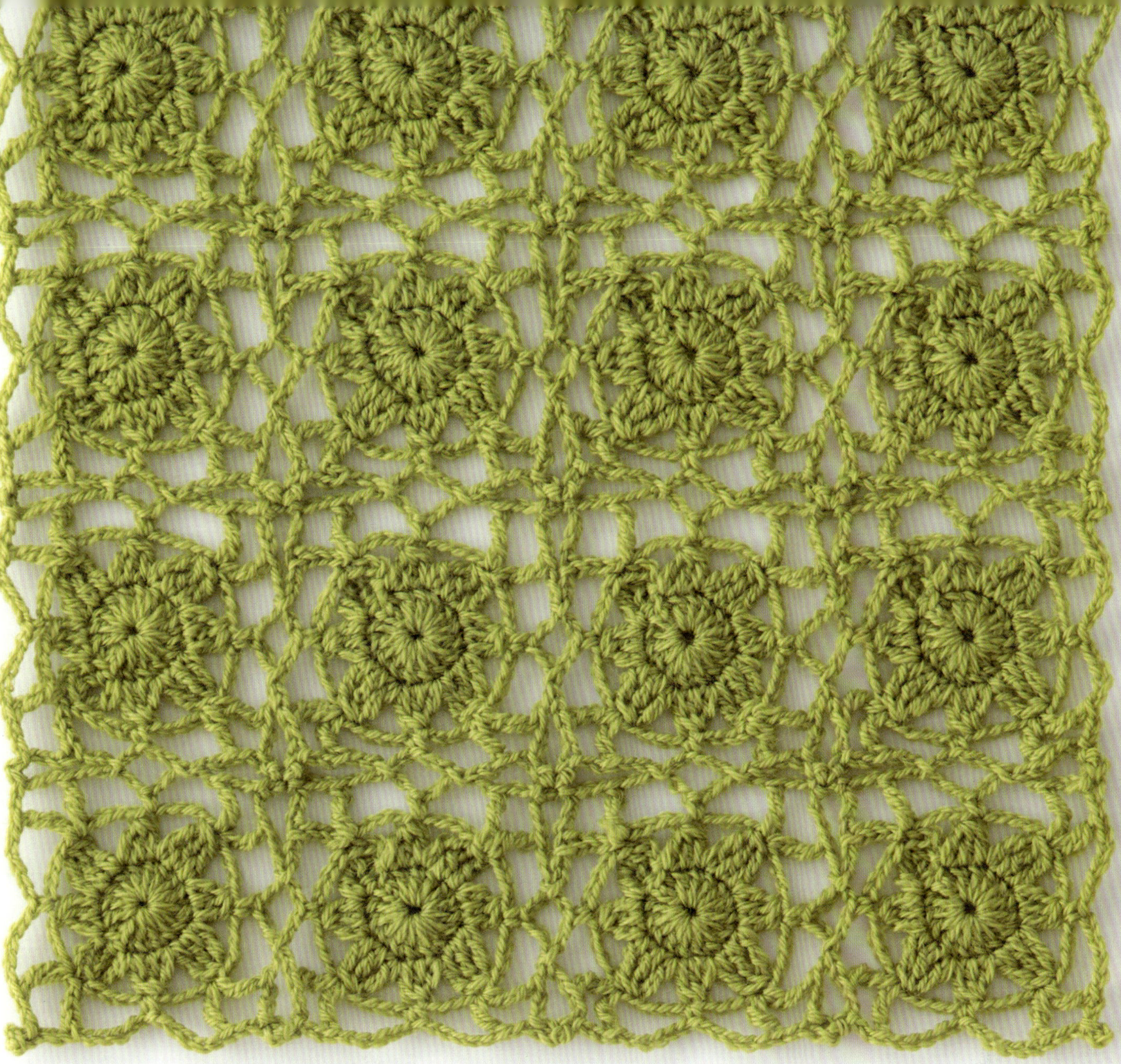

no.12

촘촘한 중심 부분과 주위 여백의 밸런스가 재미있는 디자인입니다. 단색이어도 개성 가득한 모티브인데, 배색까지 한다면 어떻게 달라질까요? 상상만으로도 두근두근 설렙니다.

7
8
9
4
5
6
③
②
1
①
2
3
뜨개 끝
뜨개 시작 (사슬 18코) 만든다
연속 사슬(22코)

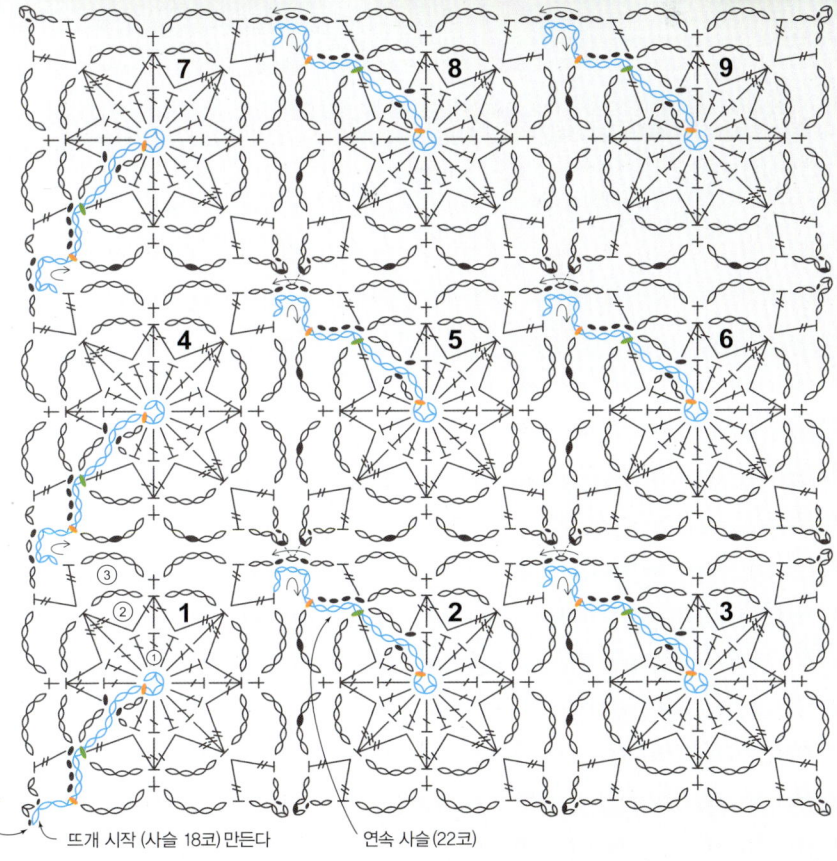

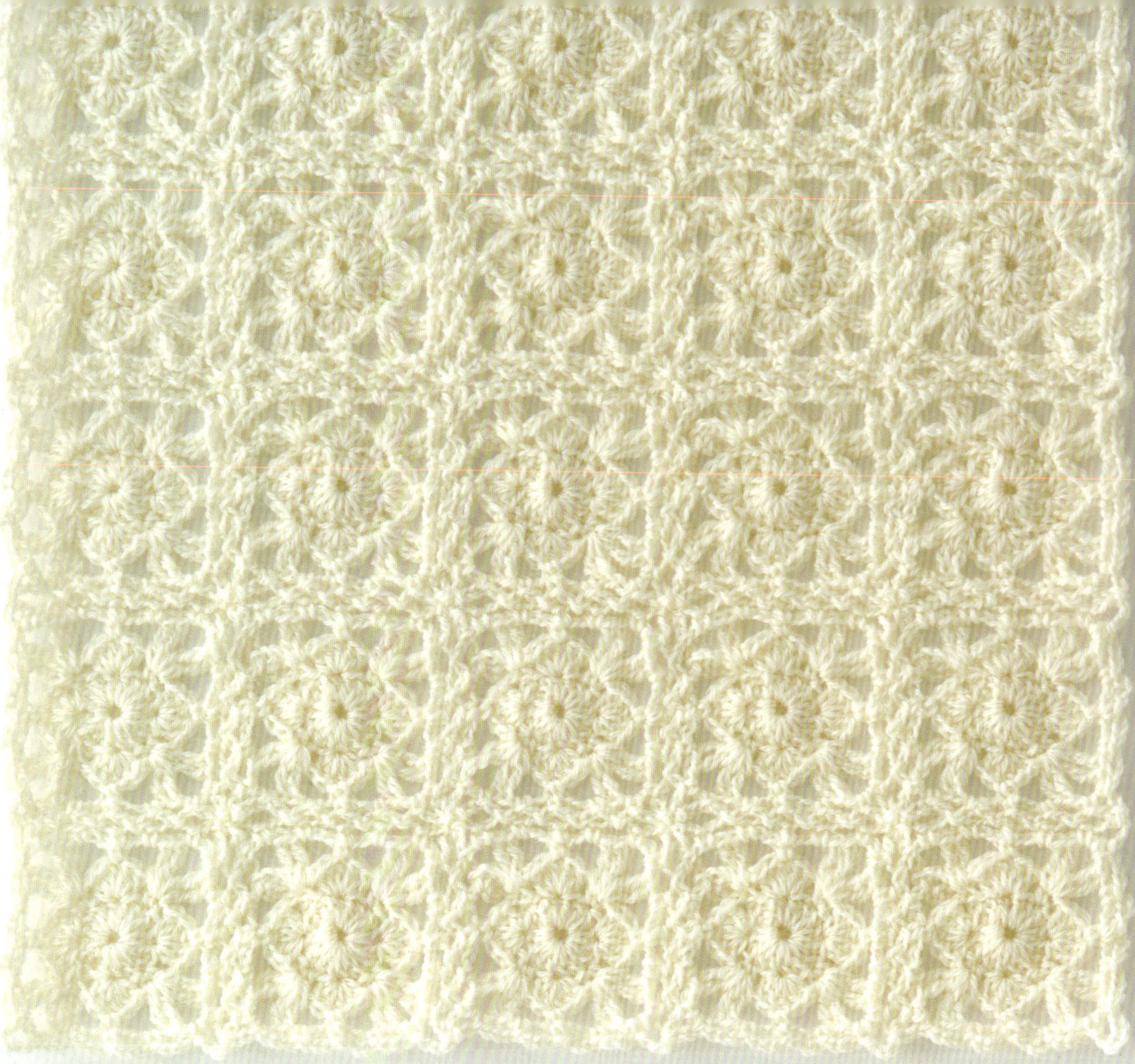

no.13

사각 모티브 안에 또 사각 모티브가 있습니다. 그물뜨기이지만 튼튼하게 연결했기 때문에, 사선 디자인에 활용해도 효과적입니다.

7
8
9
4
5
6
1
2
3
뜨개 끝
뜨개 시작 (사슬 19코) 만든다
연속 사슬(21코)

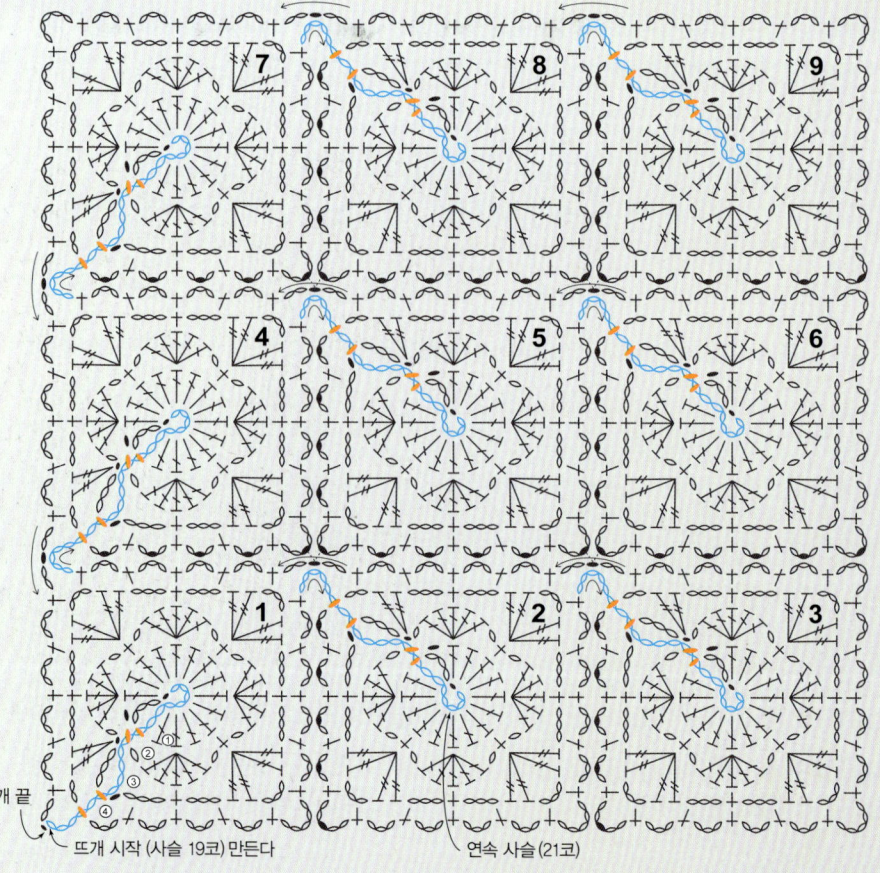

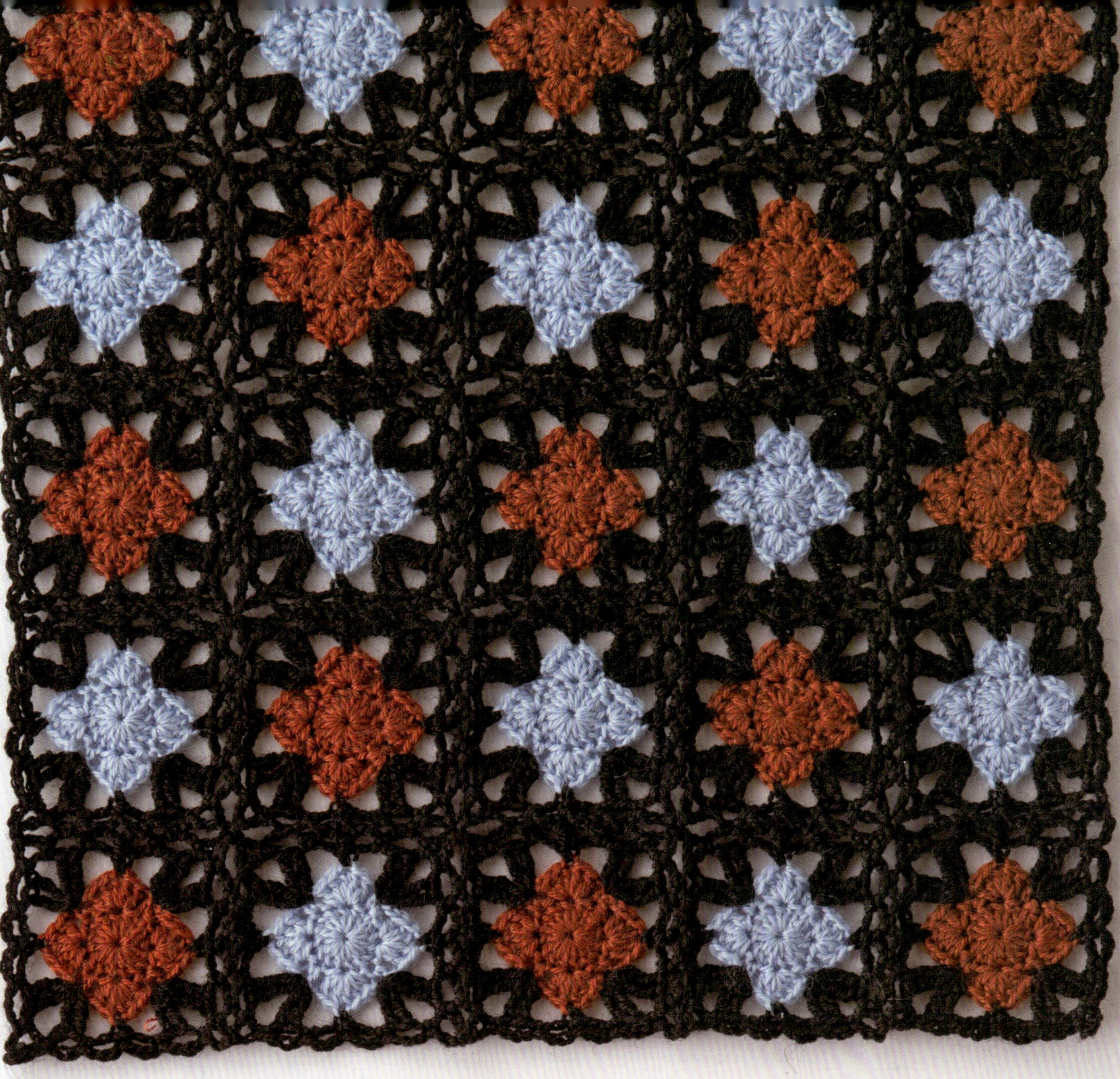

no.14

no.13의 중앙 사각 모티브 부분을 배색한 버전입니다. 연속해서 뜨는 단은 두 단이지만, 연속 모티브 중에서는 난도가 낮은 편이라 반갑습니다.

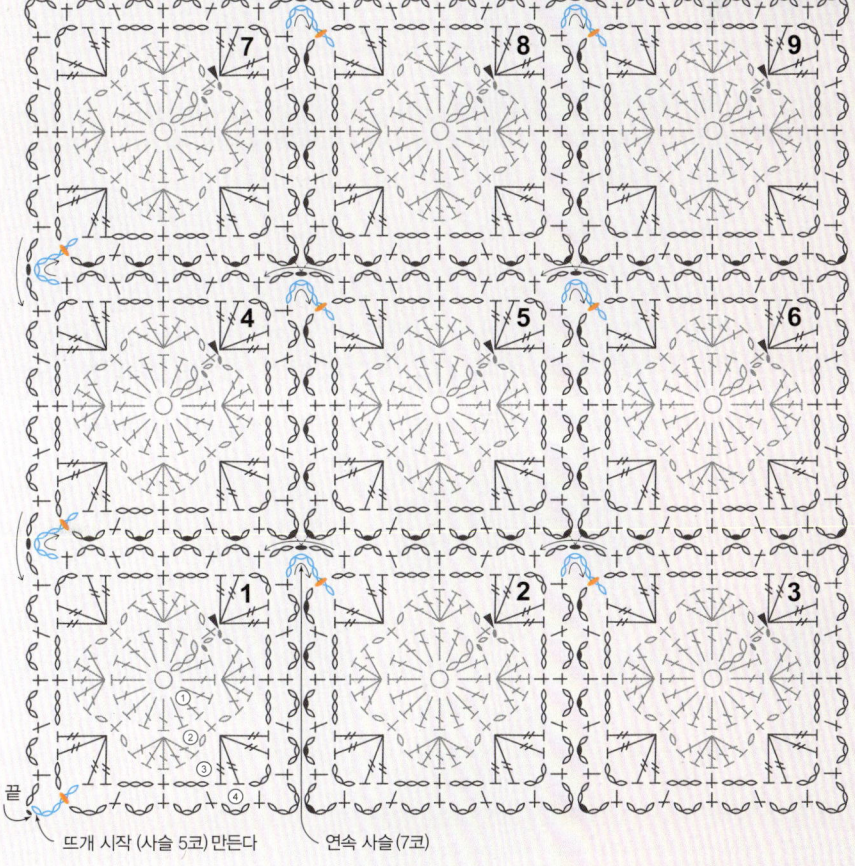

배색 { 배색
      바탕색
► 실을 자른다

뜨개 끝

뜨개 시작 (사슬 5코) 만든다

연속 사슬(7코)

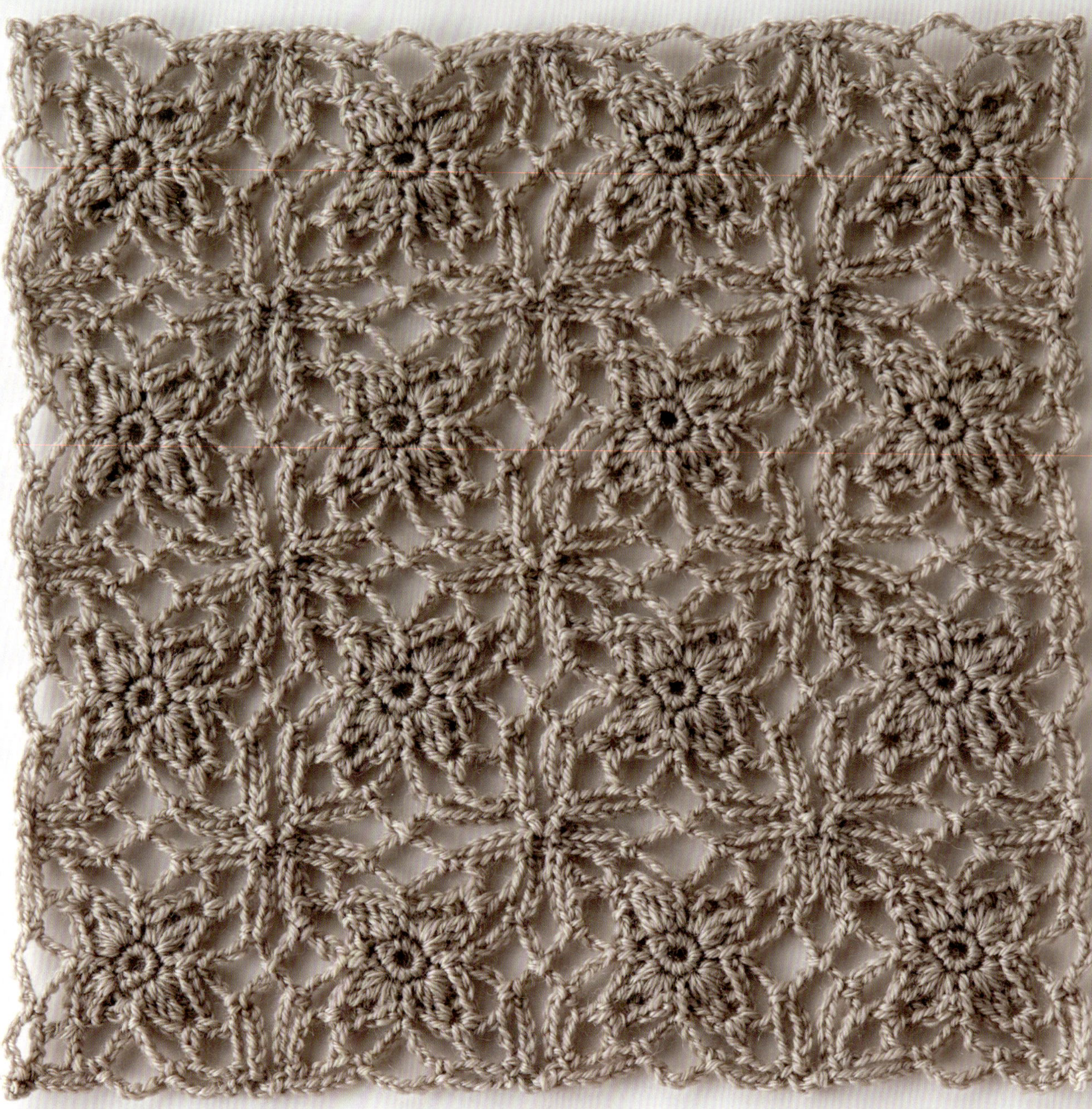

no.15

중심 부분이 별모양으로 보이는 흔치 않은 디자인입니다. 3단의 짧은뜨기는 2단의 빼뜨기 코를 2가닥만 주워서, 두툼해지지 않게 하였습니다.

7
8
9
4
5
6
1
2
3
①
②
③
④
뜨개 끝
뜨개 시작 (사슬 17코) 만든다
연속 사슬(17코)

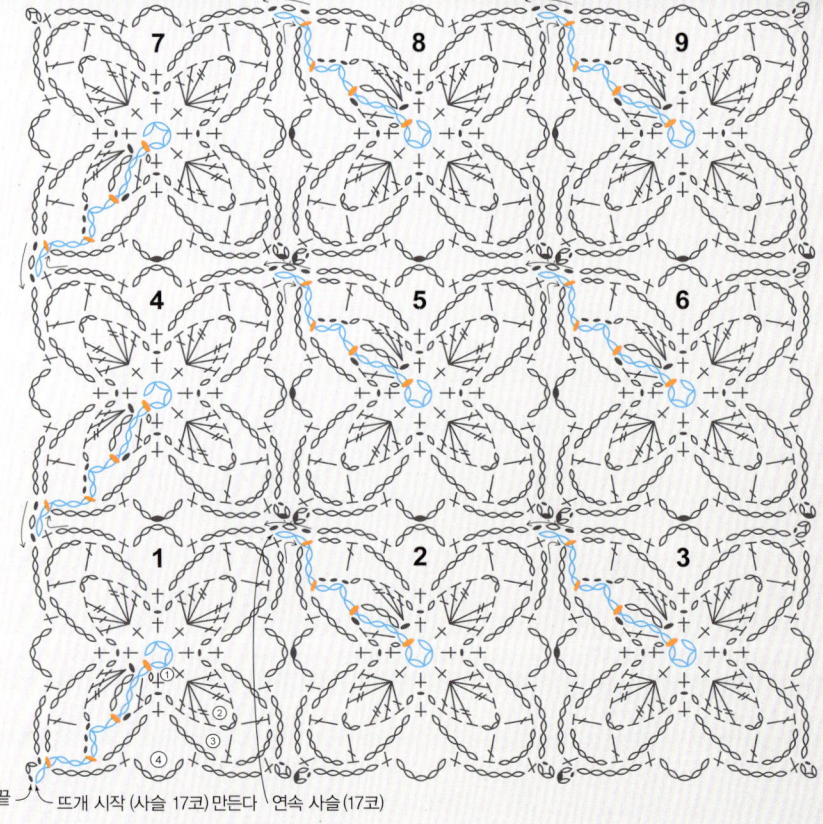

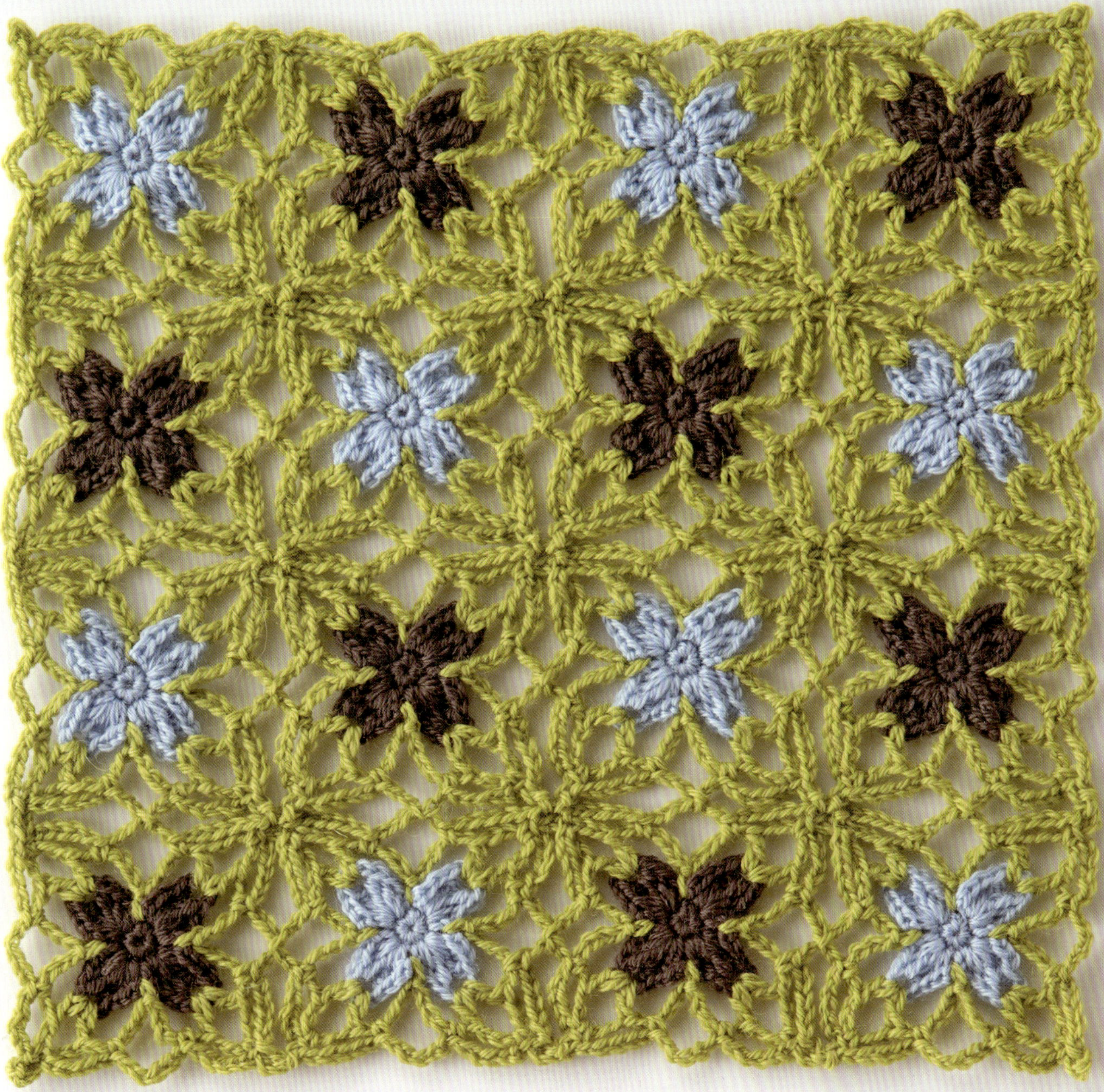

no.16

no.15의 배색 버전. 색깔을 바꾸니 모티브 사이 공간에도 별이 보입니다. 테두리를 두르듯 뜨는 사슬뜨기가 늘어나기 쉬워 주의해야 하지만, 다발 줍기가 많아 난도는 낮은 편입니다.

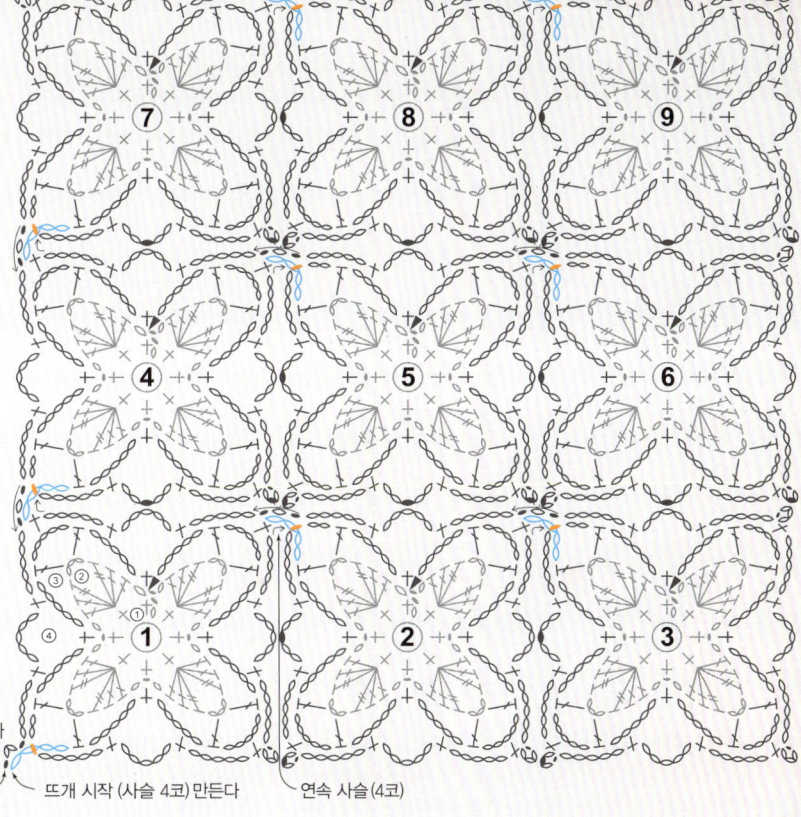

배색 ─── 배색
      ─── 바탕색
► 실을 자른다
뜨개 끝 ⌒ 뜨개 시작 (사슬 4코) 만든다   연속 사슬(4코)

19

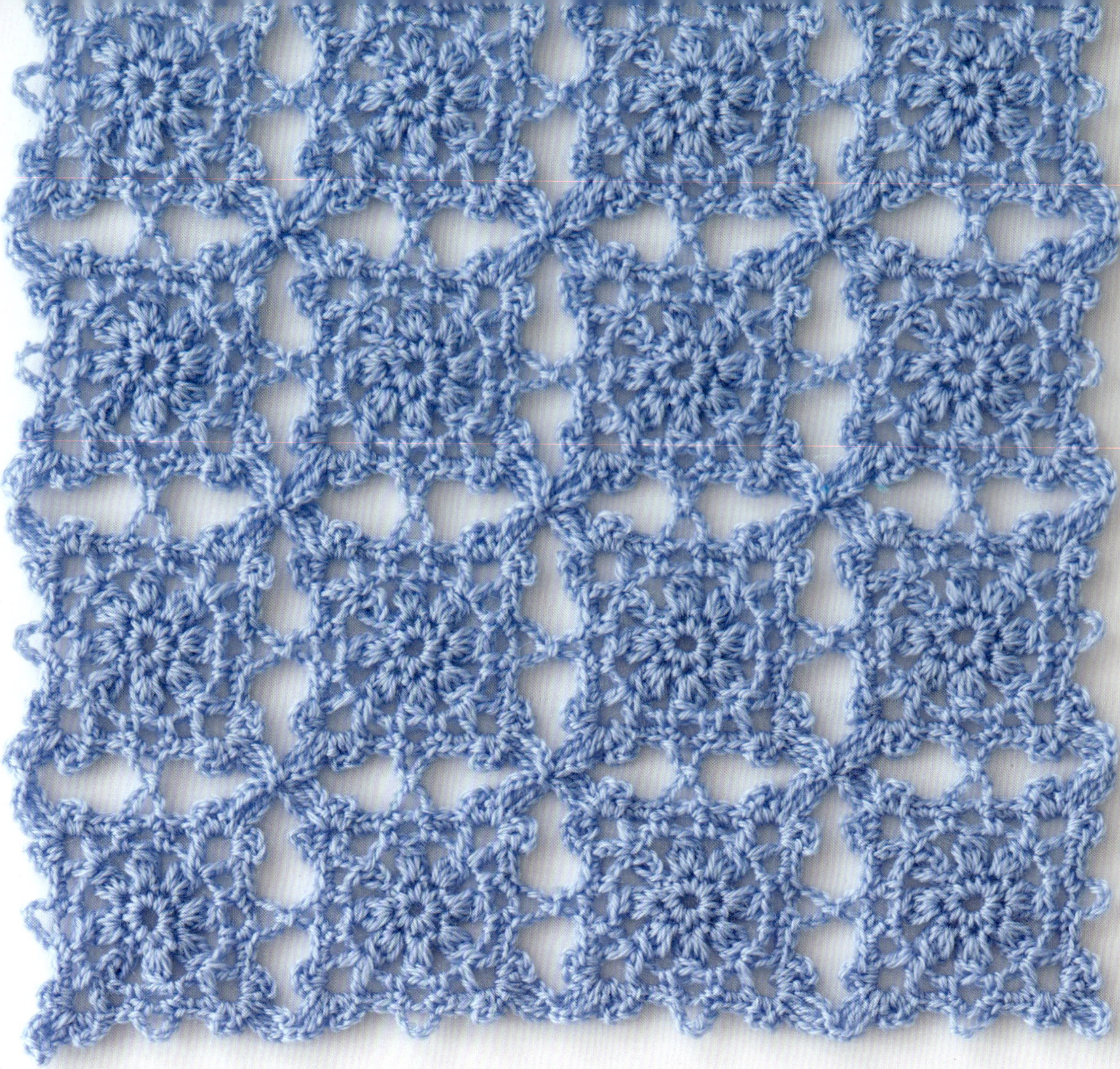

no.17

아름다운 모티브 자체의 무늬를 살리기 위해 모티브 간격을 넓게 두었습니다. 천에 바느질하여 붙이거나 작은 작품에 활용하면 효과적입니다. (104쪽 참조)

7
8
9
4
5
6
1
2
3
뜨개 끝
뜨개 시작 (사슬 19코) 만든다
연속 사슬(22코)

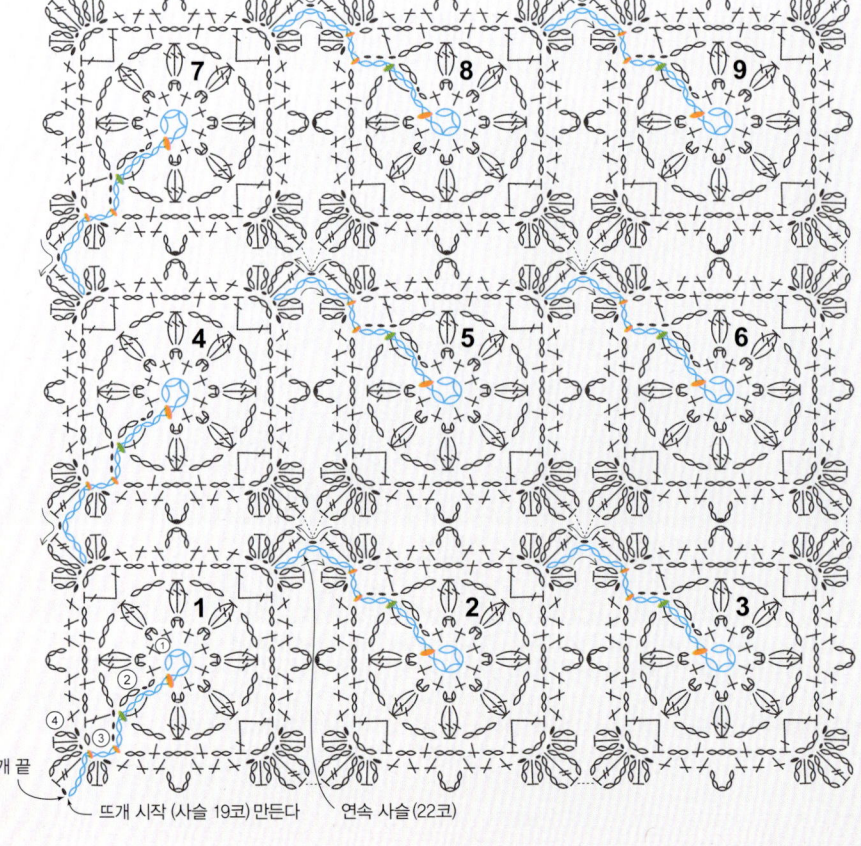

no.18

큼직한 모티브는 공간도 큼직해서 멋집니다. 단수가 많고 조금 복잡해서 난도는 높은 편이지만 마음이 가는 디자인입니다. 늘어나도 괜찮은 아이템에 활용해 주세요.

뜨개 끝

뜨개 시작 (사슬 22코) 만든다

연속 사슬 (26코)

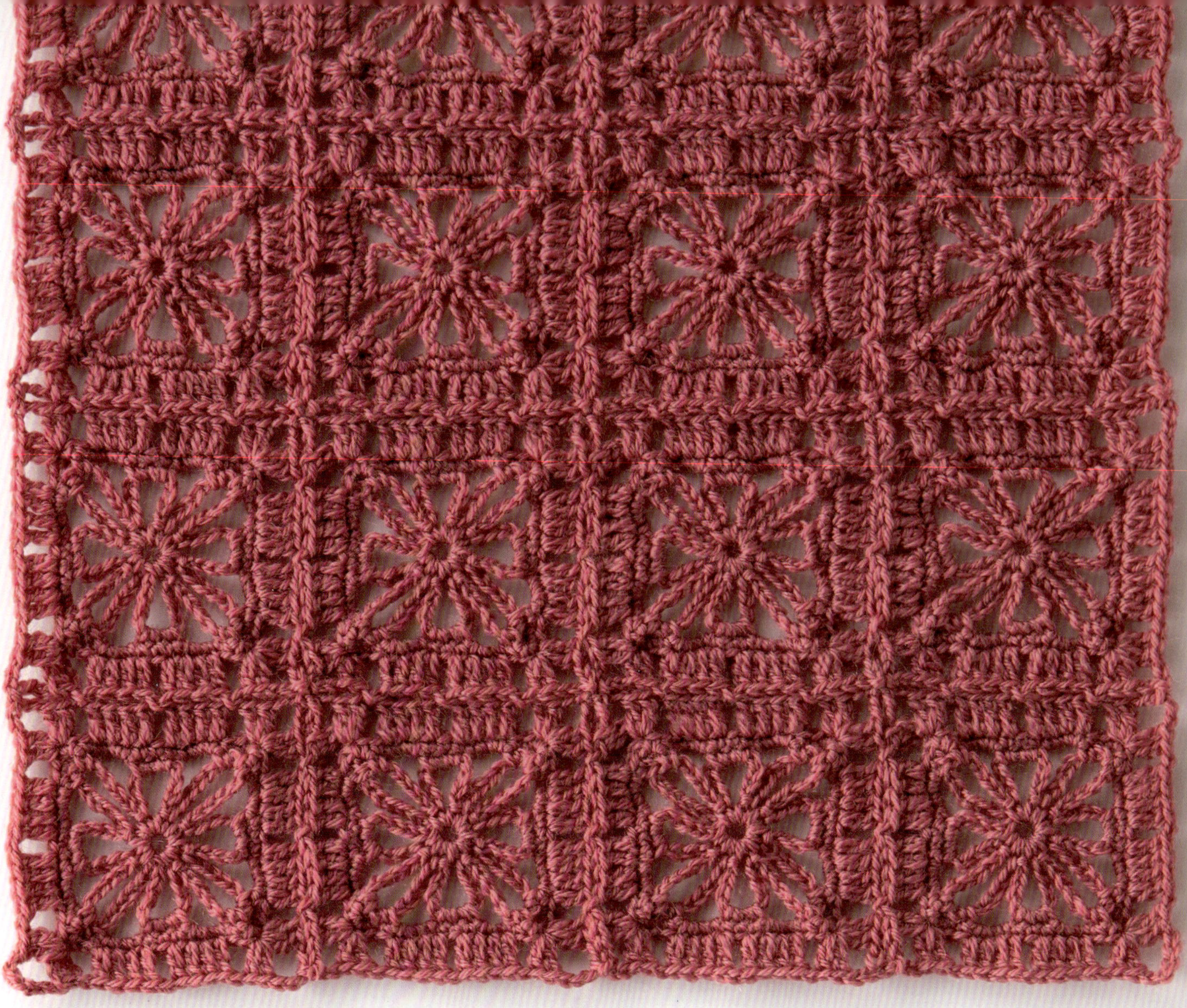

no.19

빼곡하게 뜬 사각 모티브는 연속 사슬을 그
대로 사슬뜨기로 사용하는 부분이 많아, 무
늬가 일그러지는 일도 적고 난도도 낮은 편
입니다.

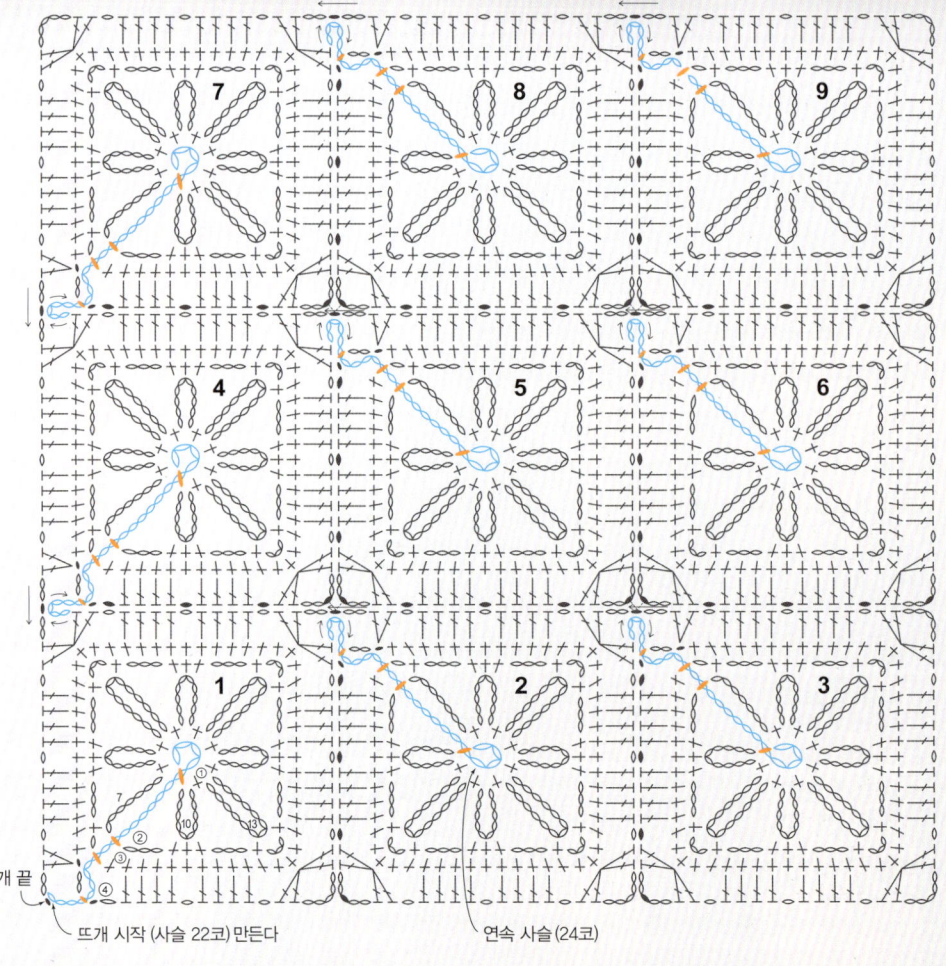

뜨개 끝
뜨개 시작 (사슬 22코) 만든다
연속 사슬(24코)

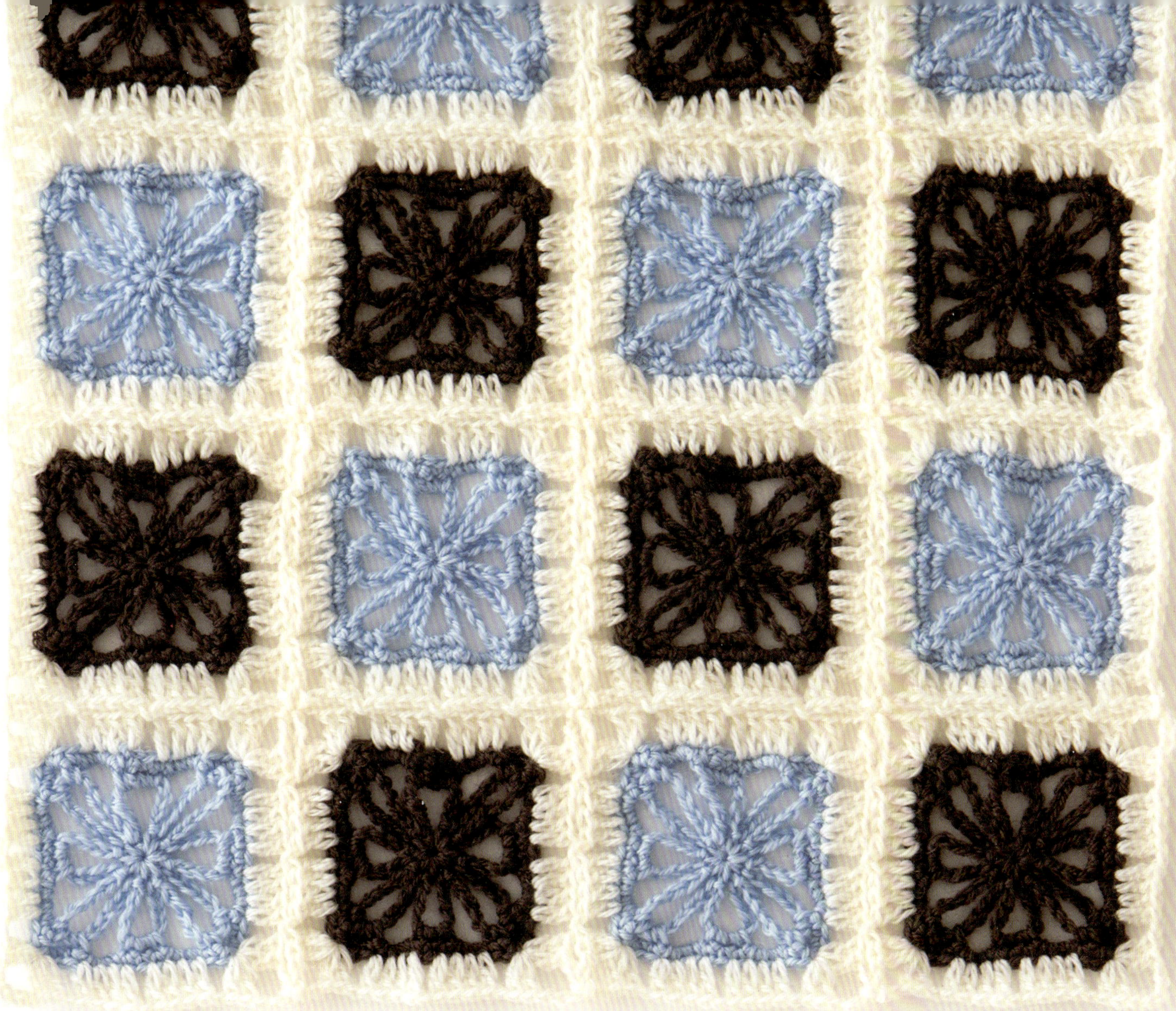

no.20

no.19의 배색 버전. 중심의 사슬뜨기 둘레를 촘촘하게 둘러서 예쁜 형태를 유지시킵니다. 배색 부분을 다른 소재의 실로 떠 보아도 재미있을 듯합니다.

배색 { 배색 / 바탕색

► 실을 자른다

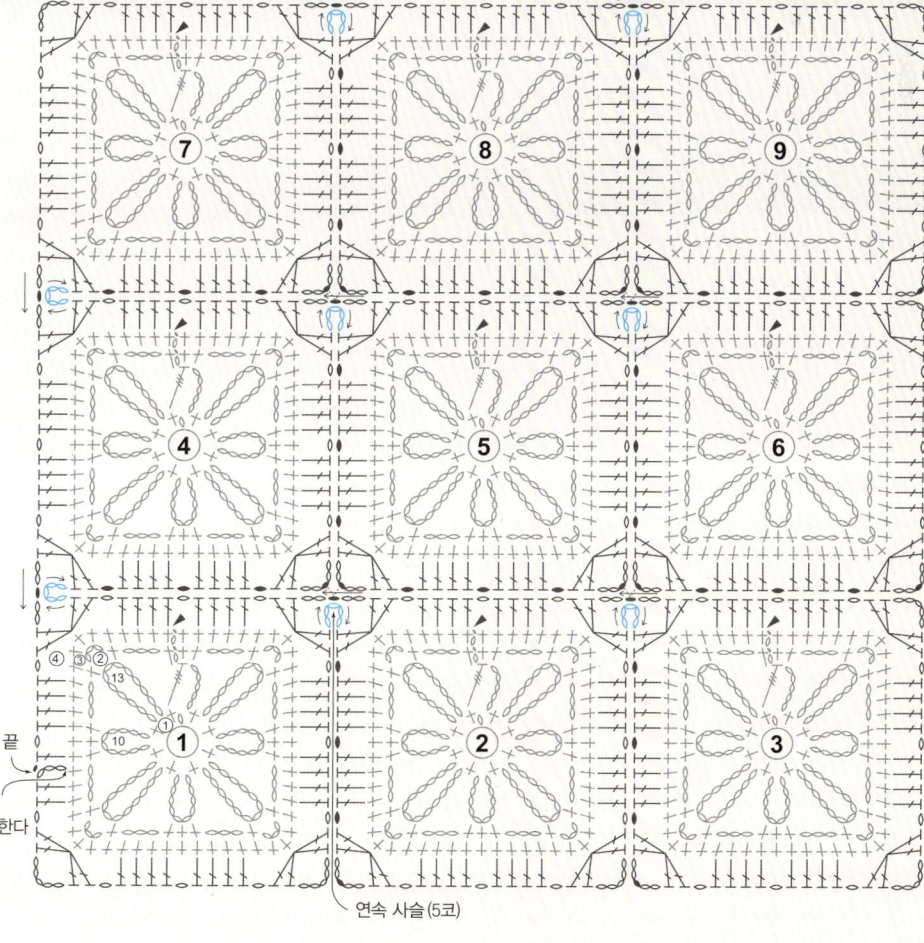

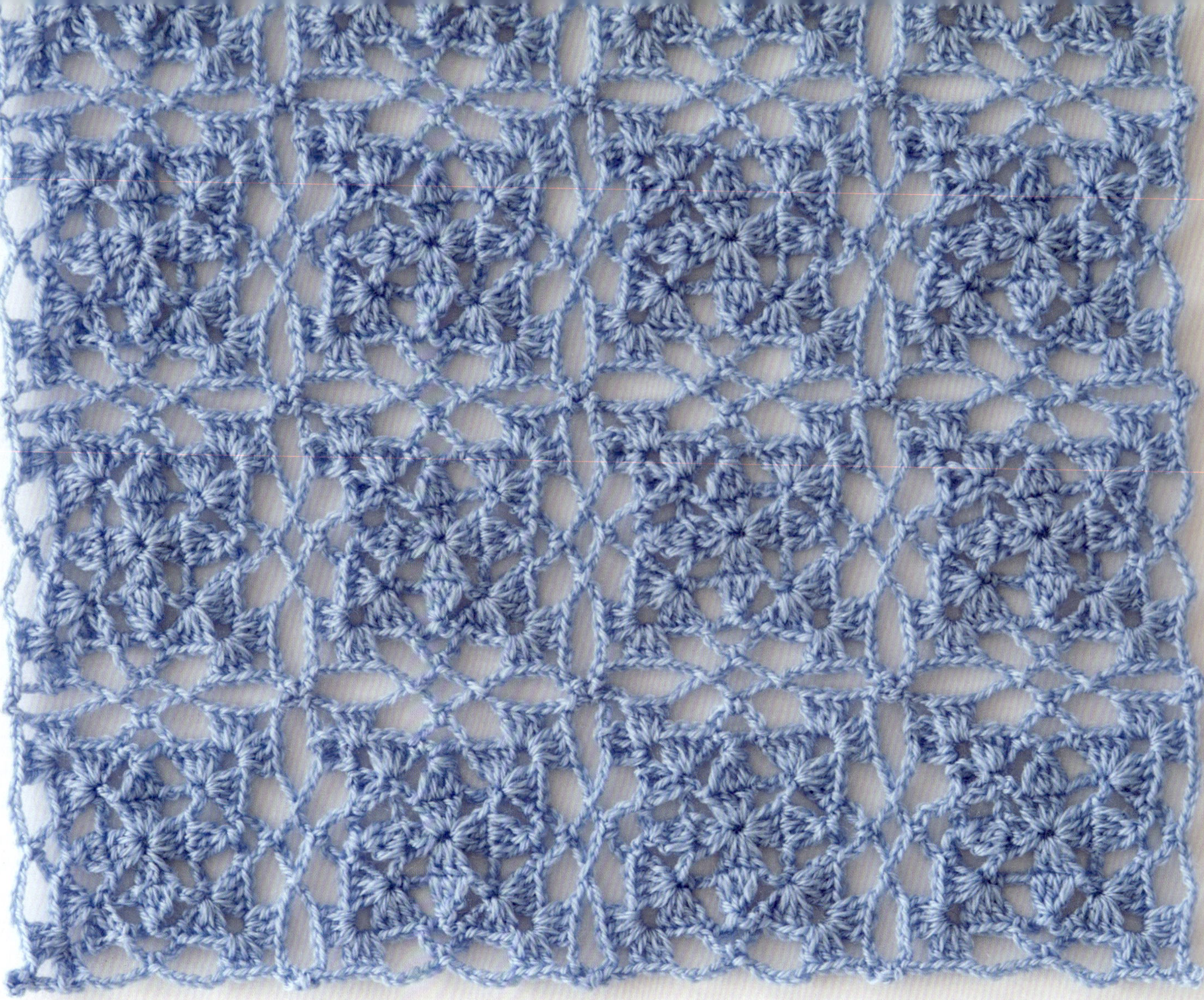

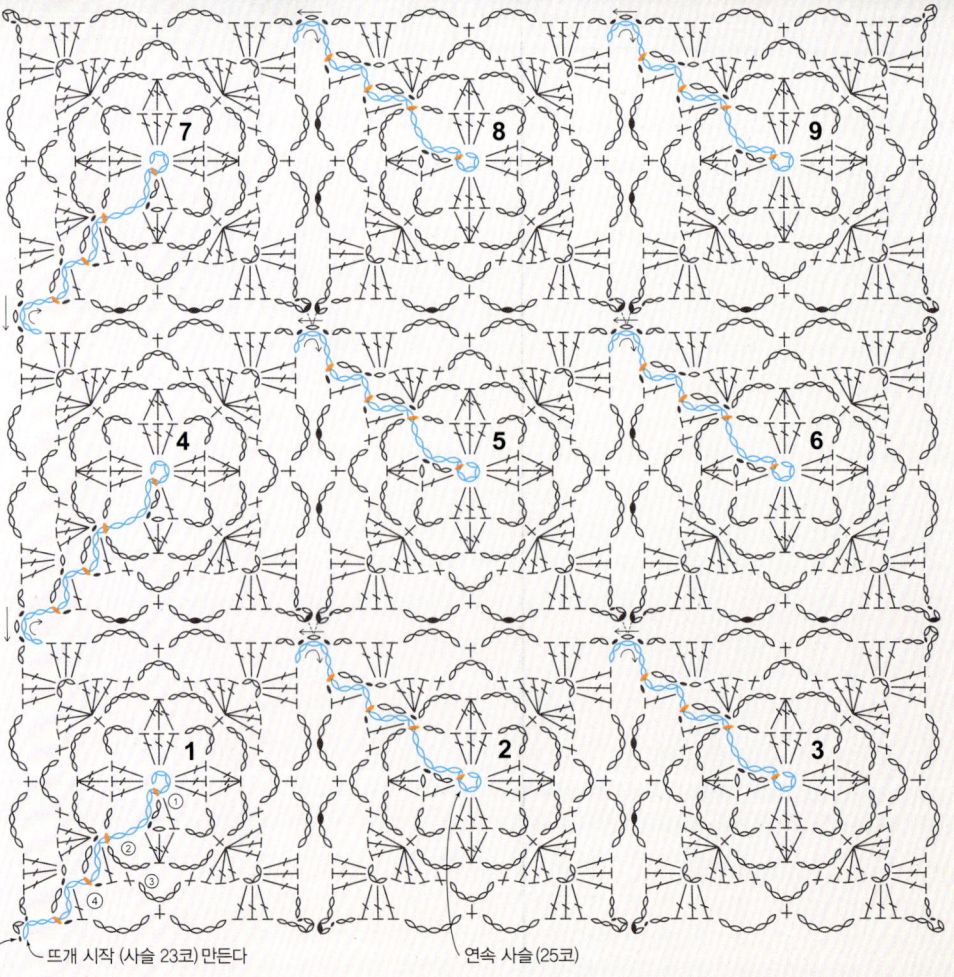

no.21

사각형이지만 눈 결정 무늬로도 보이는 매력적인 모티브입니다. 한길 긴뜨기를 위치에 따라 다르게 뜨는 것은 무늬의 일그러짐을 최소화하여 예쁘게 완성하기 위한 방법입니다.
(105쪽 참조)

7
8
9
4
5
6
1
2
3
①
②
③
④
뜨개 끝
뜨개 시작 (사슬 23코) 만든다
연속 사슬 (25코)

no.22

no.21의 숨어 있던 다이아몬드를 발견했습니다! 3단의 짧은뜨기는 다발을 줍기 때문에 뜨기는 쉽지만, 배색으로 인해 신경이 쓰일 수도 있습니다. 그때는 사슬을 갈라서 주우면 표가 나지 않습니다.

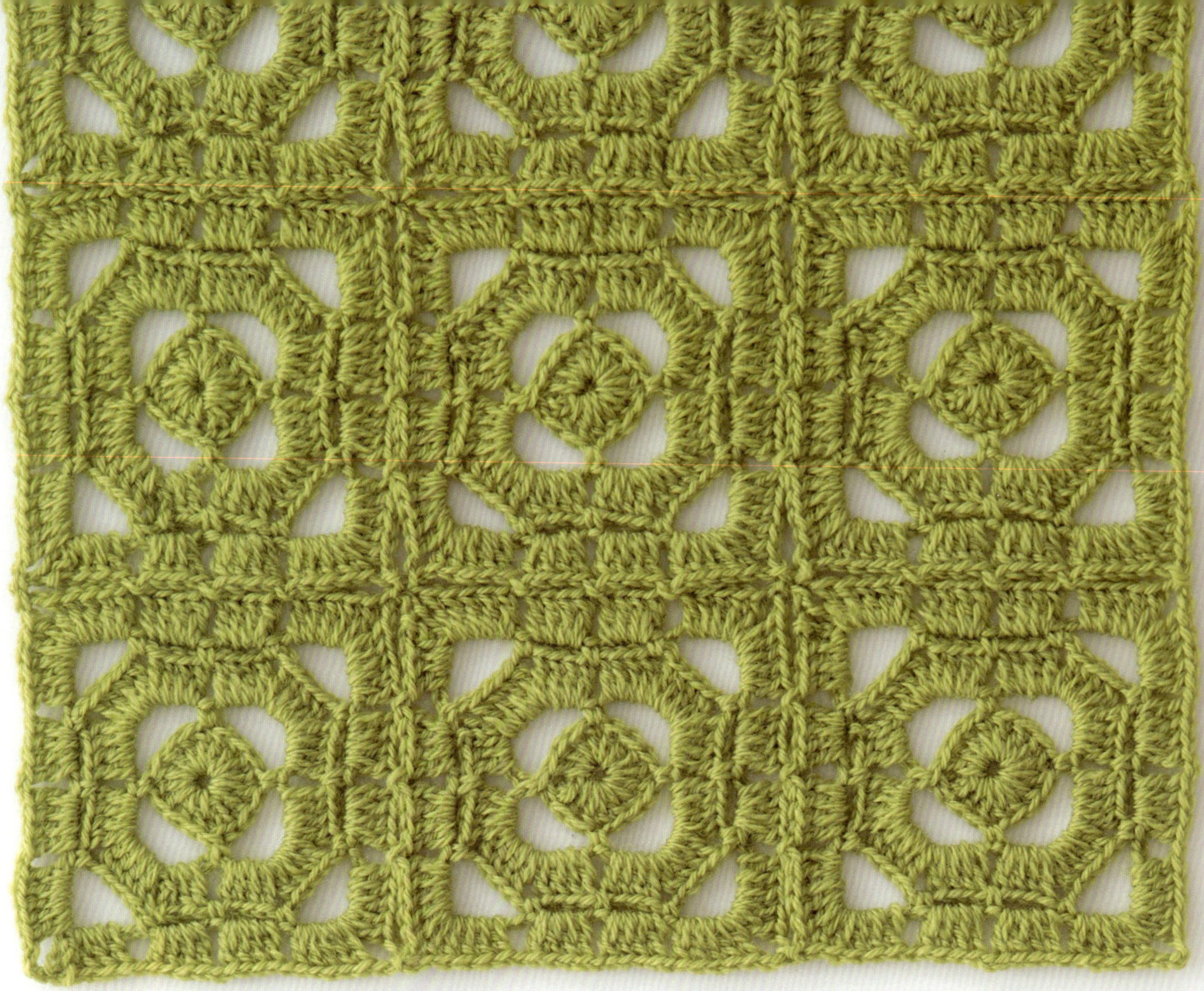

no.23

연속 모티브는 단수가 많아질수록 난도가 높아지기 마련입니다. 하지만 이 모티브는 반복해서 똑같이 뜨기 때문에, 5단이지만 난도는 의외로 낮은 편입니다.

7
8
9
4
5
6
1
2
3
뜨개 끝
뜨개 시작 (사슬 25코) 만든다
연속 사슬(26코)

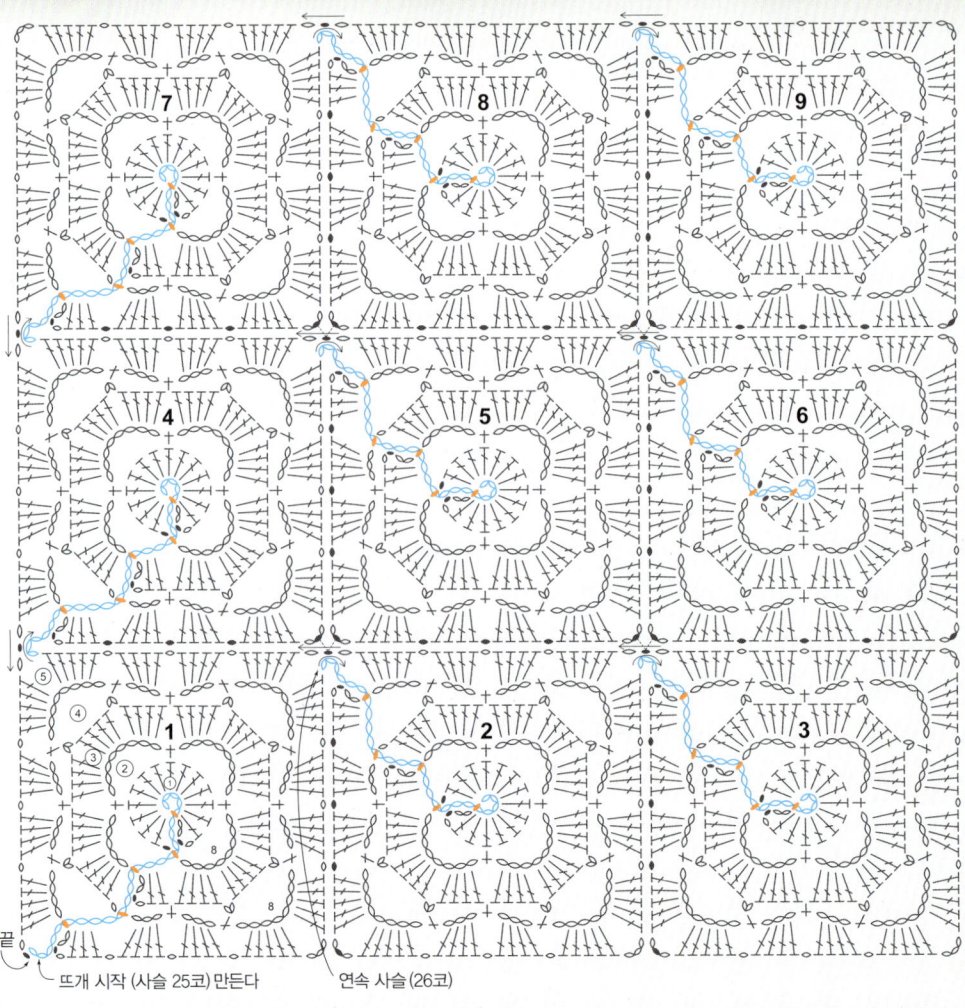

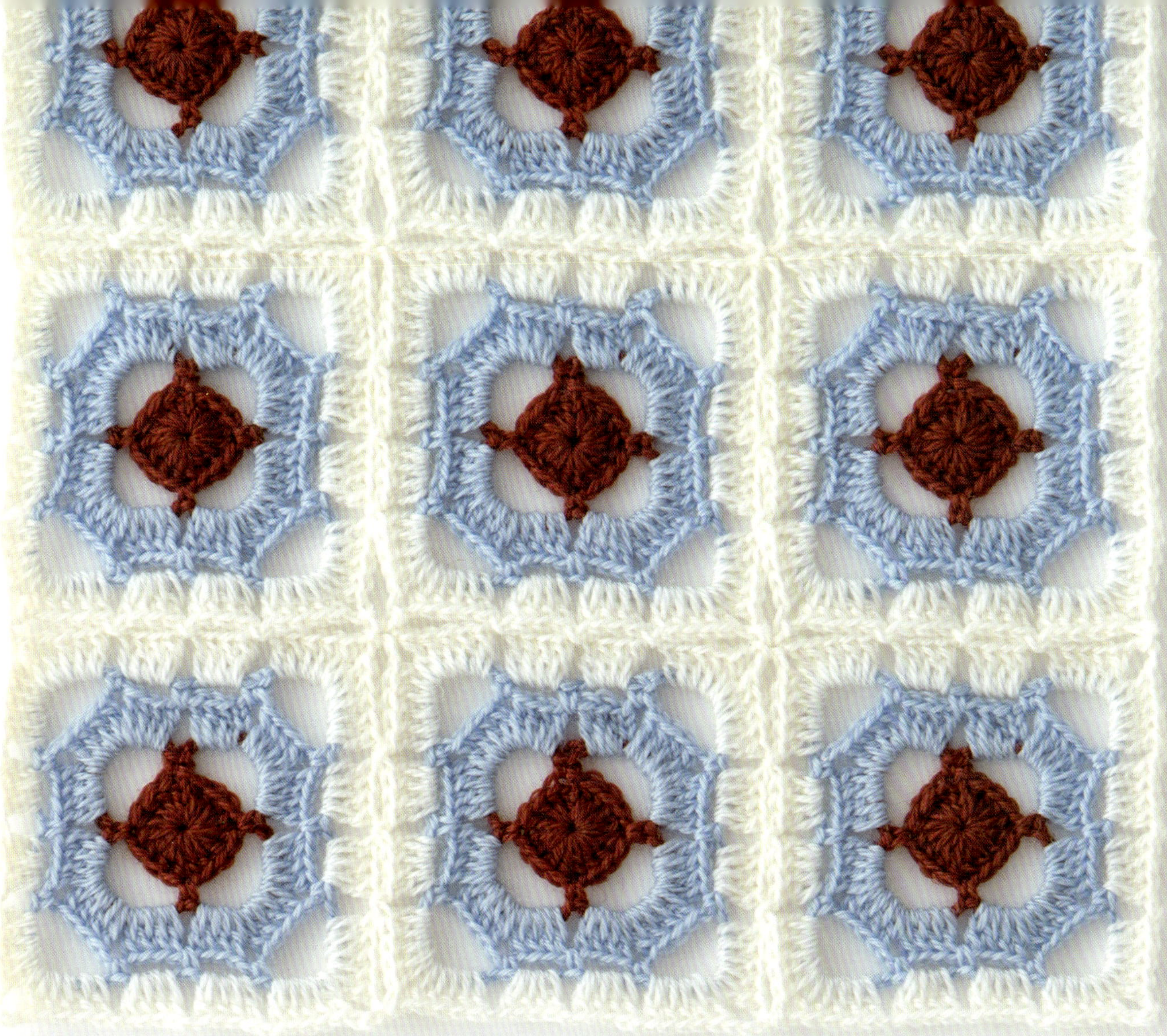

no.24

no.23 모티브에 들어 있는 원, 팔각형, 사각형의 배색을 각각 다르게 하면, 모양이 더욱 강조됩니다. 작품으로 만들 때는 마음껏 컬러풀하게 즐겨주세요!

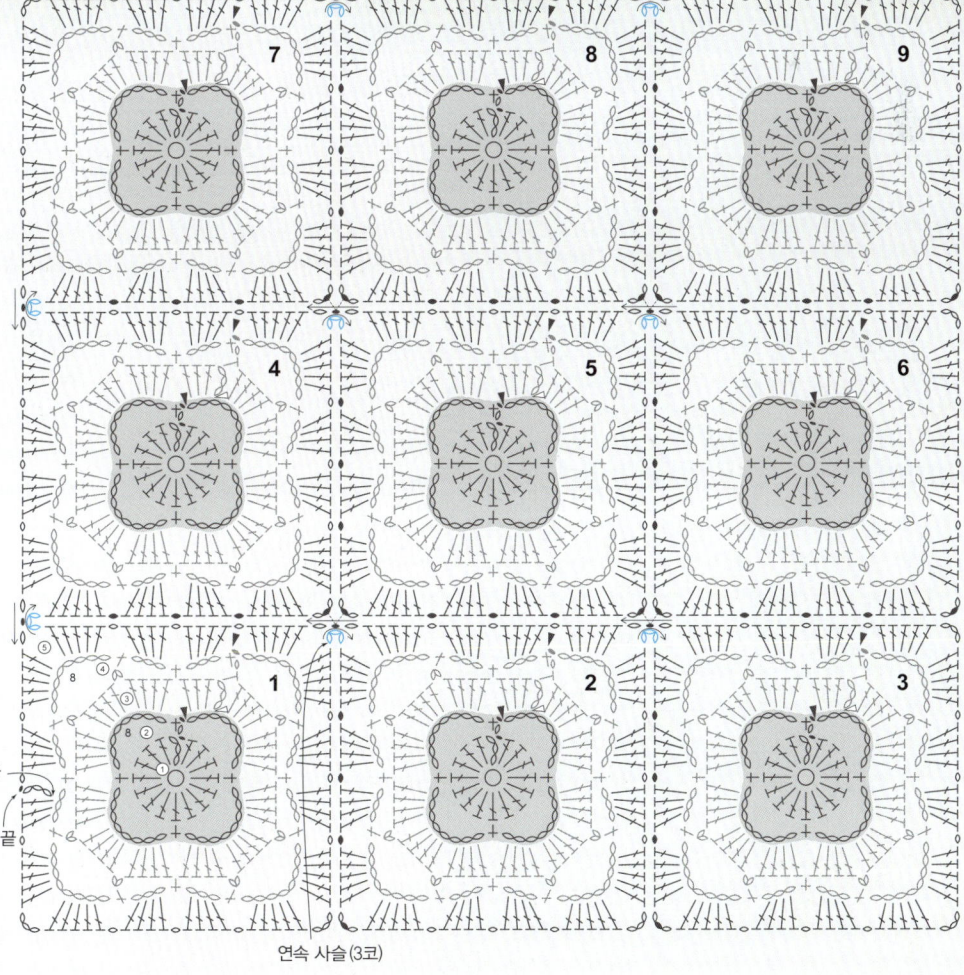

실을 연결한다

배색 ─── A색
     ─── B색
     ─── 바탕색

▷ 실을 연결한다
► 실을 자른다

뜨개 끝

연속 사슬(3코)

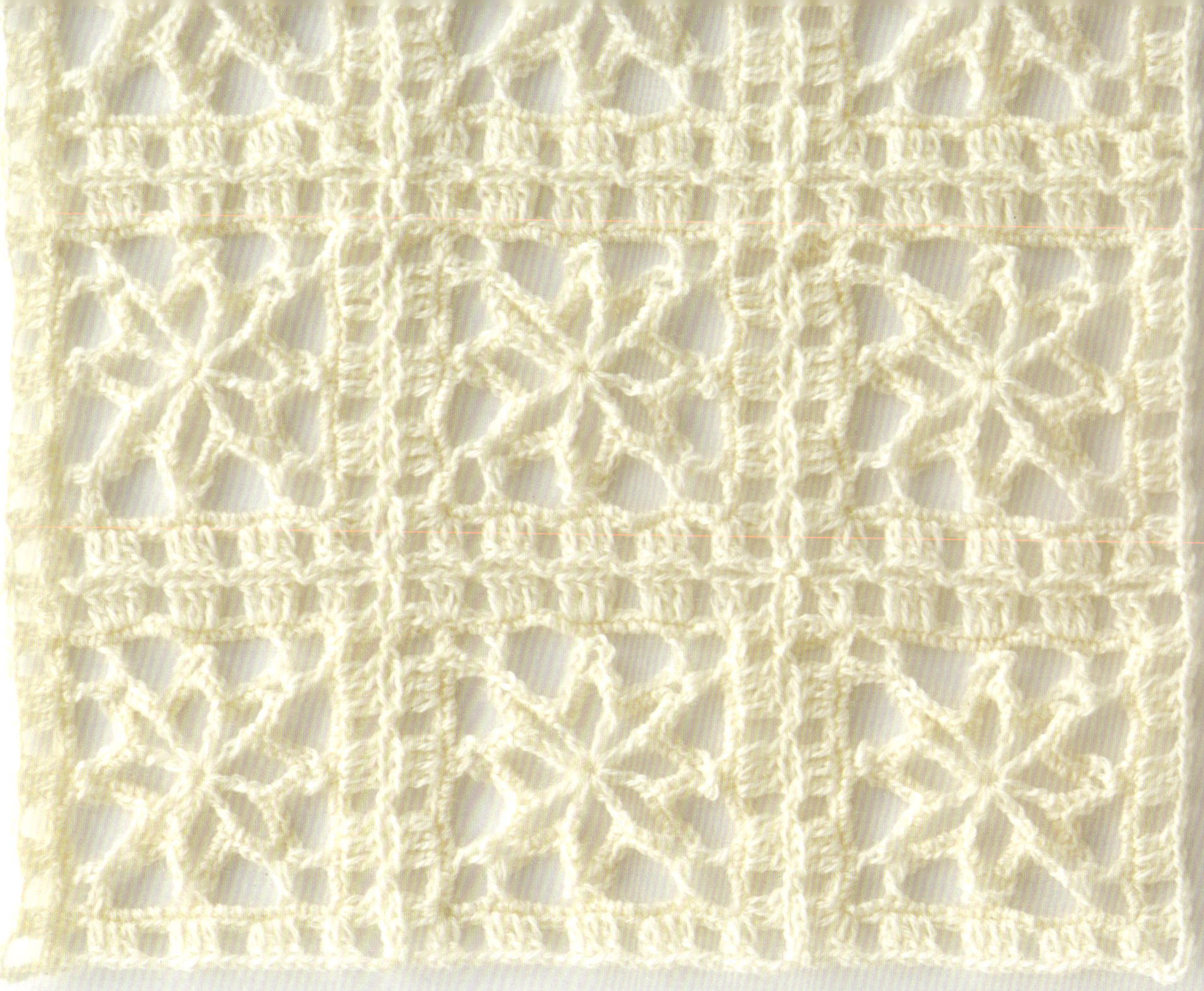

no.25

중심에 팔각별을 넣은 모티브입니다. 빈틈없이 단단하게 뜨면 무늬의 모양이 예쁘게 나오지 않으니, 부드러운 실로 폭신하게 떠주세요.

7
8
9
4
5
6
1
2
3
뜨개 끝
뜨개 시작 (사슬 28코) 만든다
연속 사슬(30코)

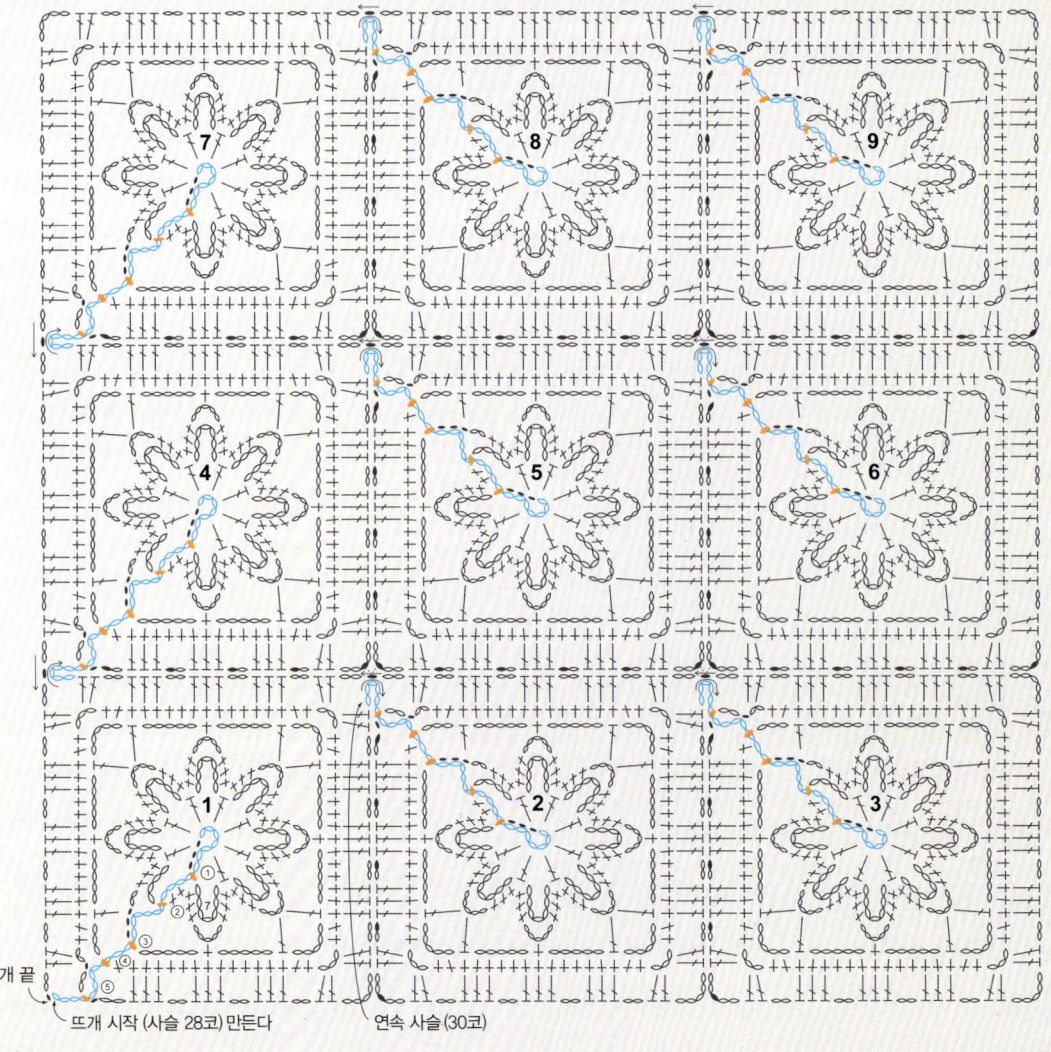

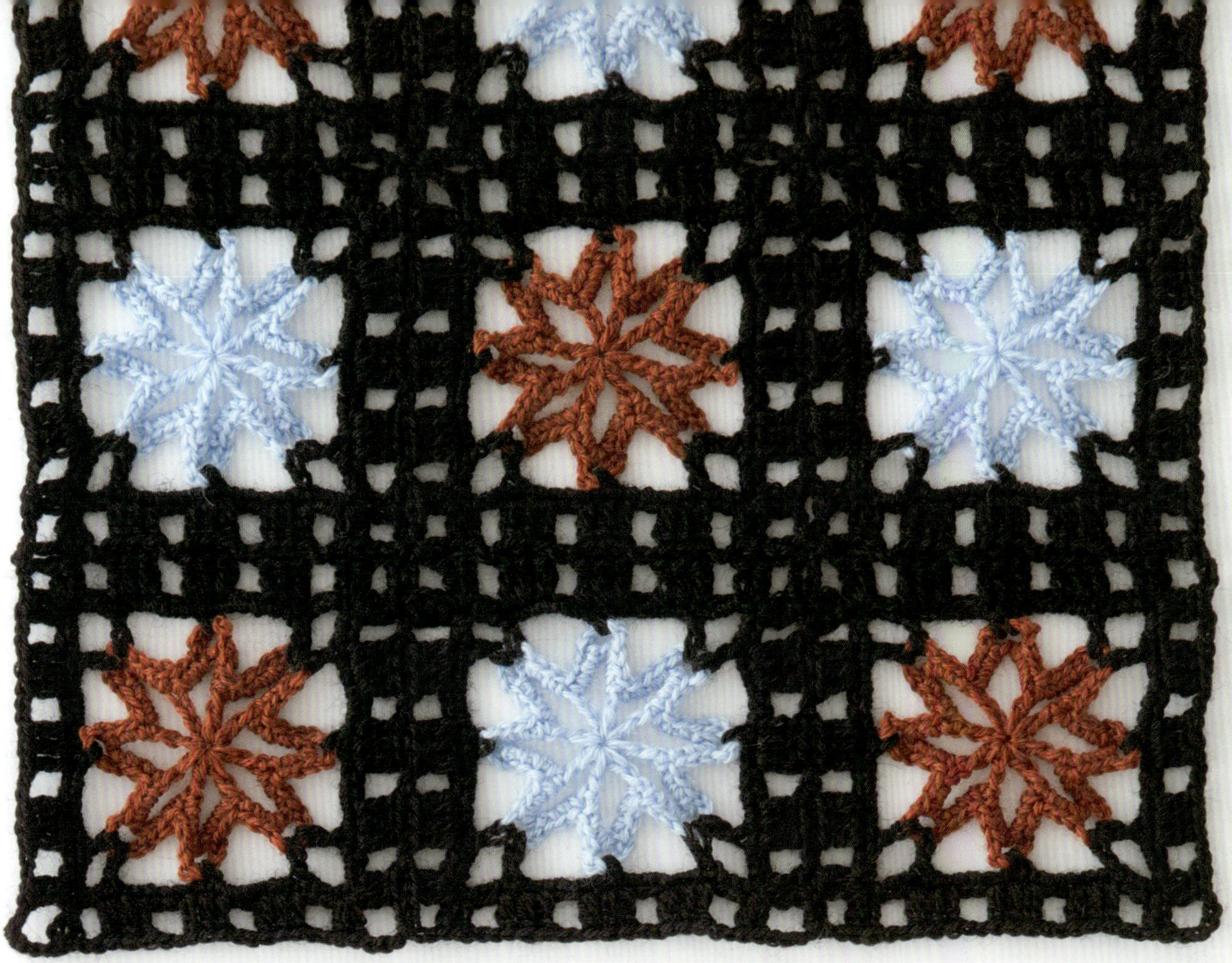

no.26

칠흑 같은 밤하늘에 빛나는 팔각별을 표현한 듯한 no.25의 배색 버전입니다. 모티브가 크기 때문에, 가는 실로 뜨더라도 몇 장만에 금방 작품이 완성됩니다.

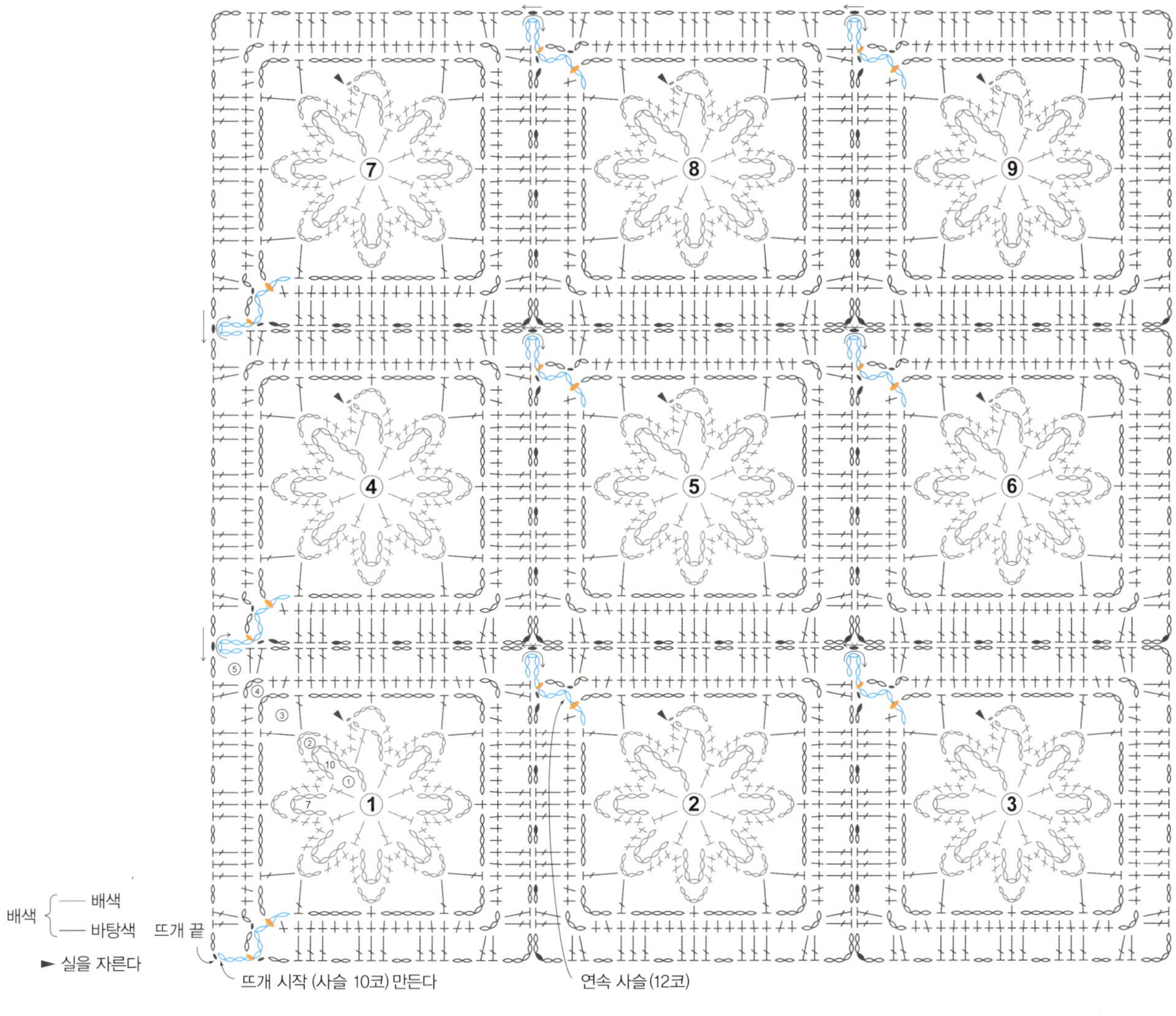
7
8
9
4
5
6
1
2
3
배색
배색
바탕색
► 실을 자른다
뜨개 끝
뜨개 시작 (사슬 10코) 만든다
연속 사슬(12코)

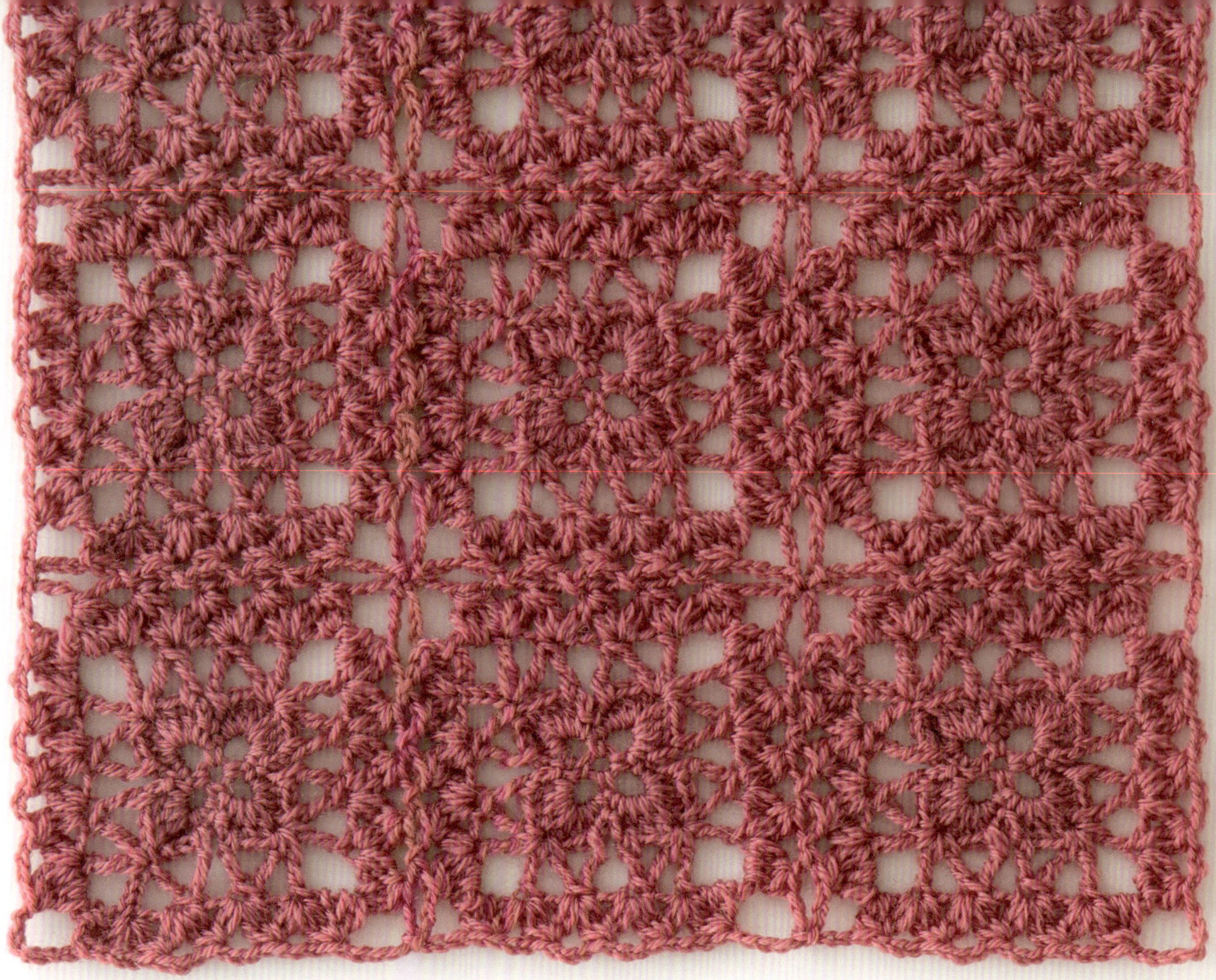

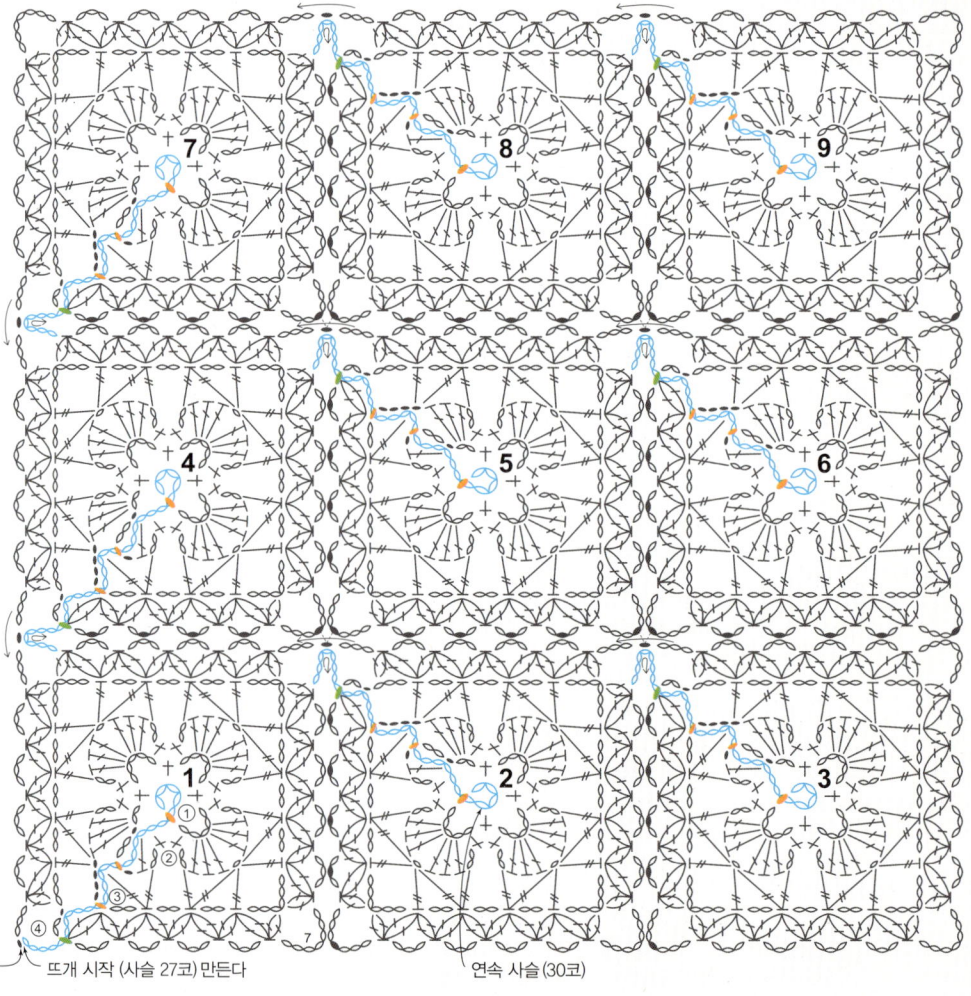

no.27

나란히 줄지어 있는 구슬뜨기가 사랑스러운 모티브이지만 조금 복잡합니다. 귀여운 모양과는 반대로, 도전 정신에 불을 지피는 고난도의 뜨개 바탕입니다. 가는 실로 떠 주세요.

7
8
9
4
5
6
1
2
3
①
②
③
④
뜨개 끝
뜨개 시작 (사슬 27코) 만든다
연속 사슬(30코)

no.28

조금 복잡한 no.27이지만, 배색 버전으로 하면 연속해서 뜨는 것은 한 단뿐입니다. 한결 뜨기 쉬워집니다. 초심자도 걱정 없습니다.

배색 { ─── A색
        ─── B색
        ─── 바탕색
        ▷ 실을 연결한다
        ▶ 실을 자른다
        ▷ 실을 연결한다

뜨개 끝

연속 사슬(7코)

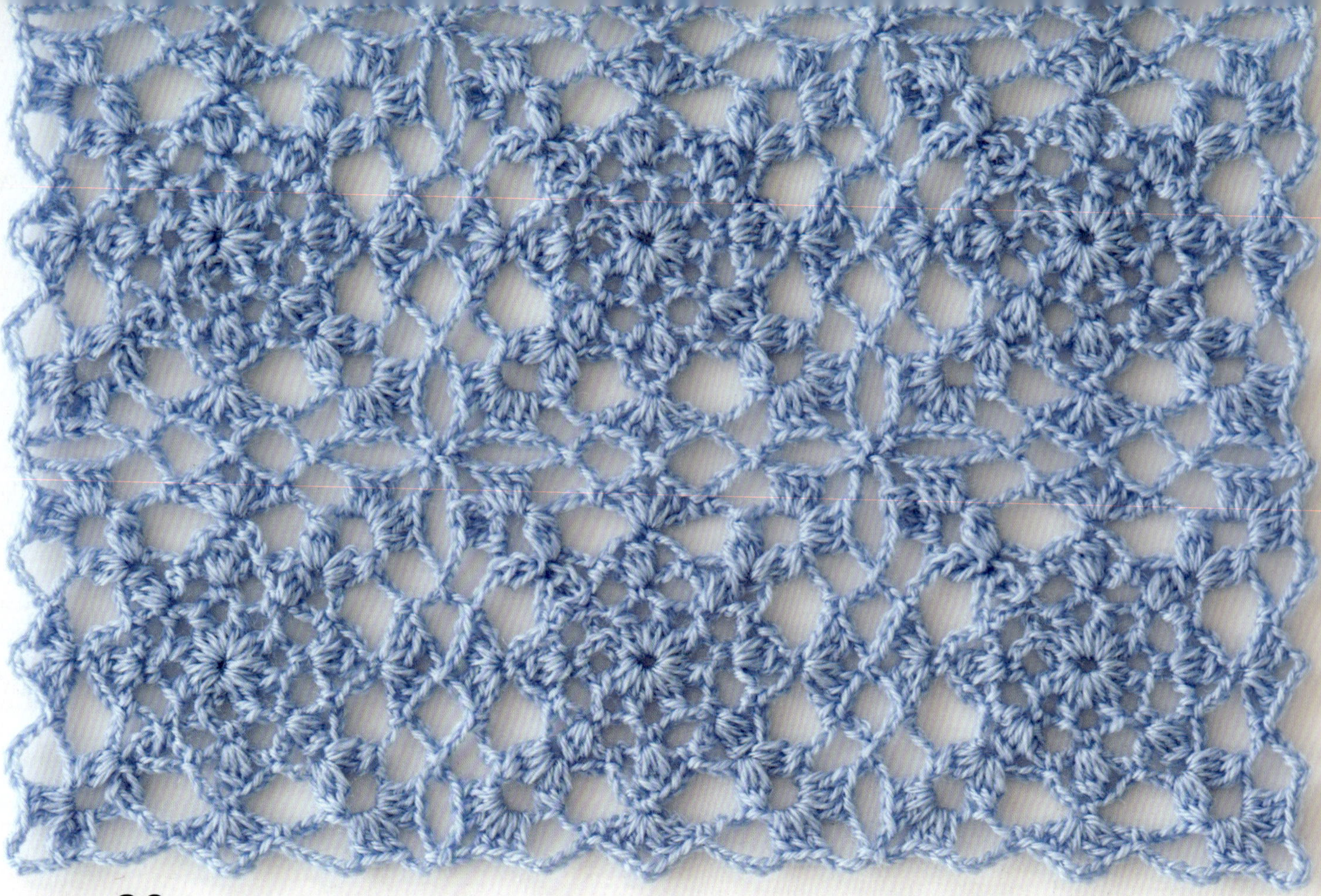

no.29

레이스 느낌의 화려하고 큼직한 모티브는 단수가 많아 복잡합니다. 연결 부분은 그물뜨기가 기본인 만큼, 늘어나도 괜찮은 아이템을 선택하여 가는 실로 뜹니다.

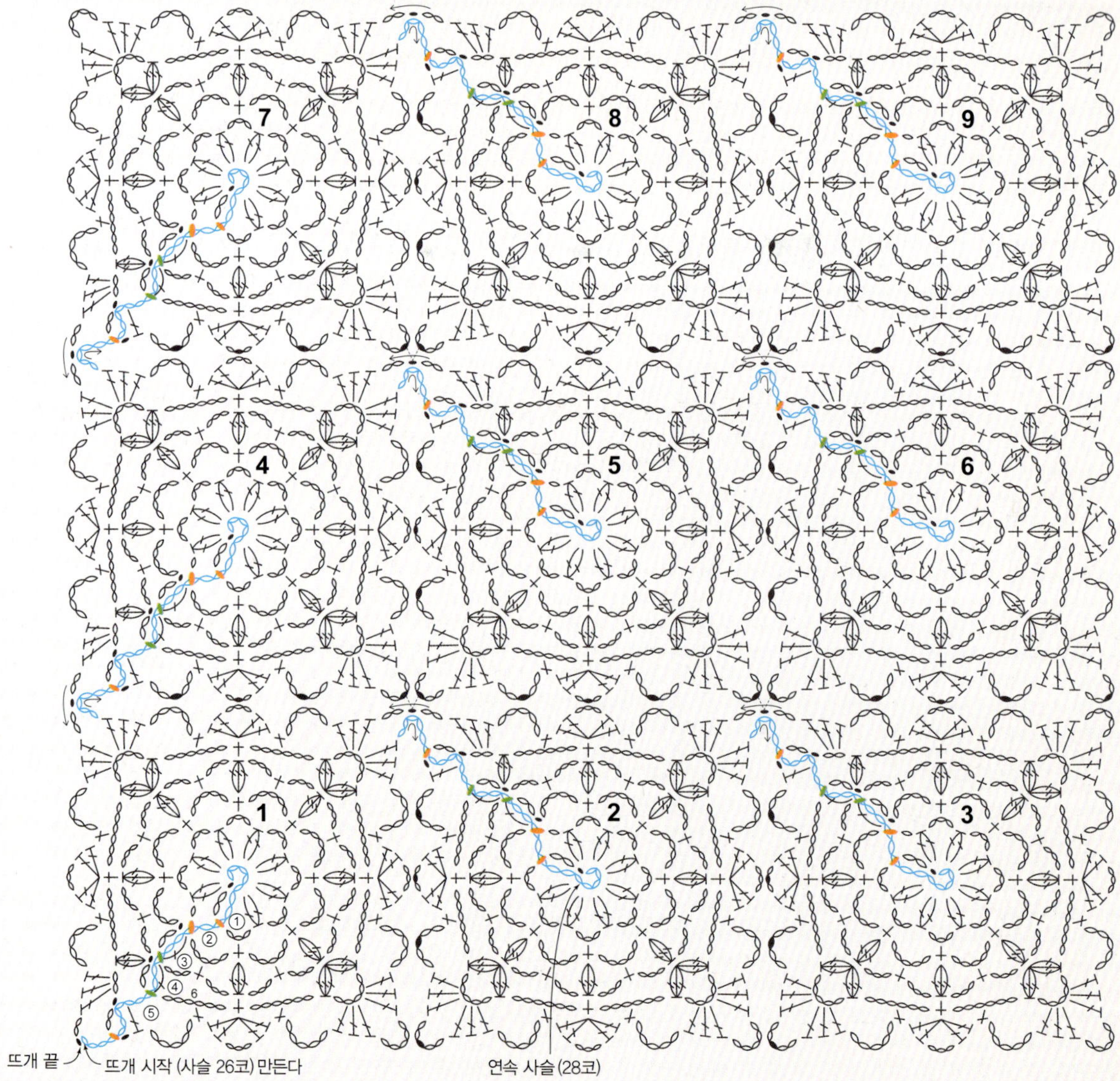
7
8
9
4
5
6
1
2
3
①
②
③
④
6
⑤
뜨개 끝
뜨개 시작 (사슬 26코) 만든다
연속 사슬(28코)

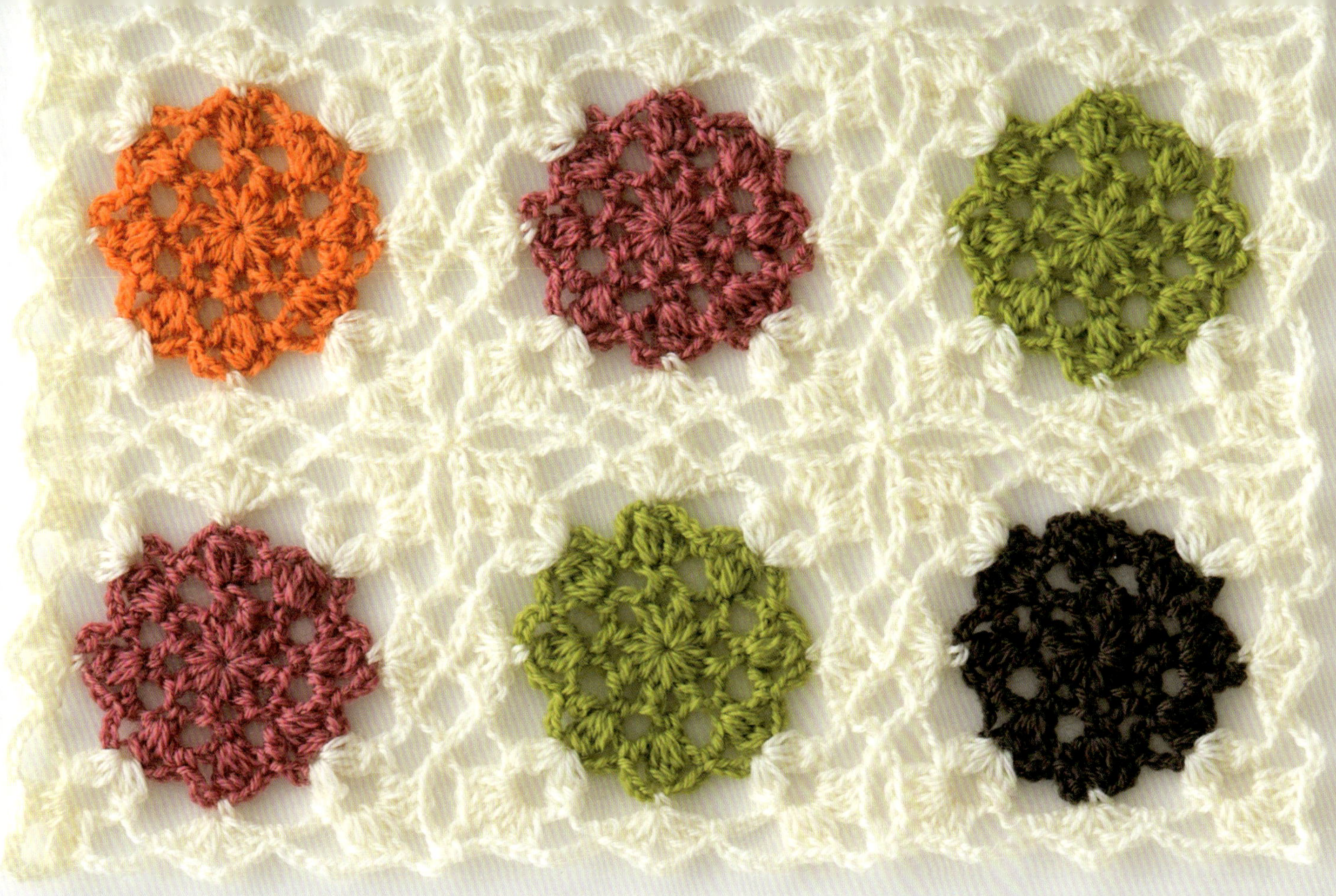

no.30

no.29의 배색 버전. 연속 모티브 부분이 줄어서 쉽게 뜰 수 있습니다. 모티브 잇기와는 다른 연속 뜨기만의 재미를 찾아보세요.

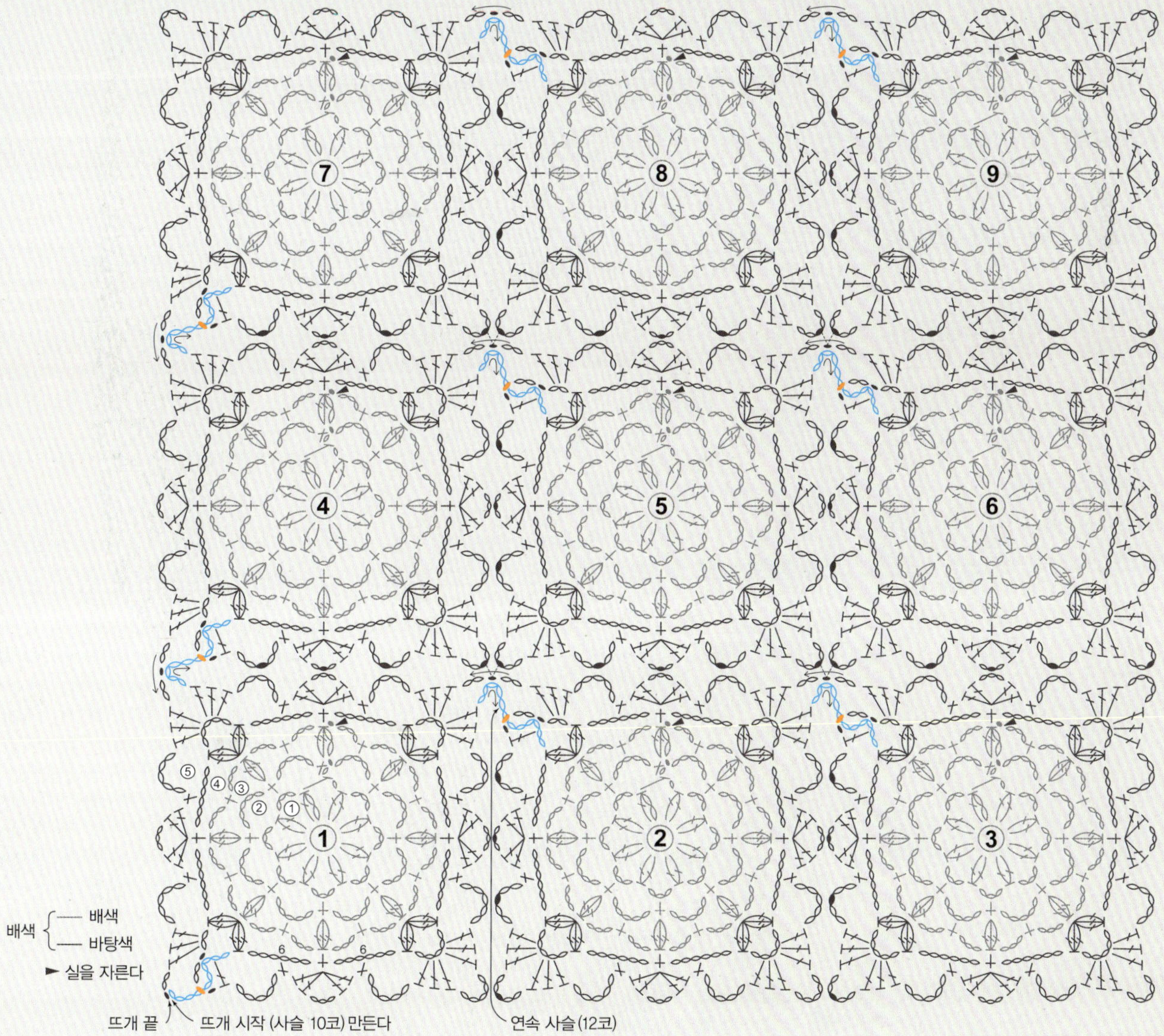

7
8
9
4
5
6
1
2
3
배색
배색
바탕색
► 실을 자른다
뜨개 끝
뜨개 시작 (사슬 10코) 만든다
연속 사슬(12코)

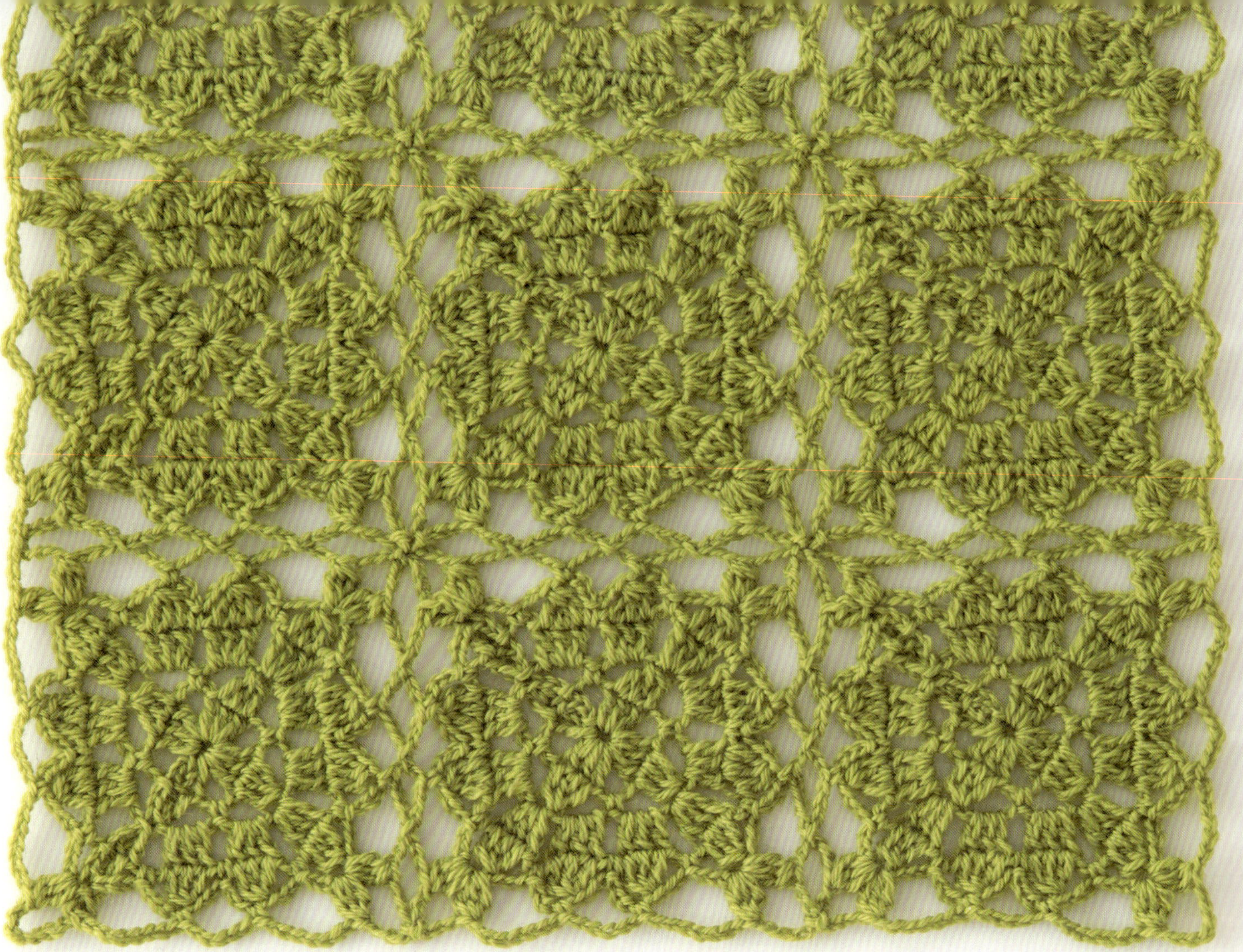

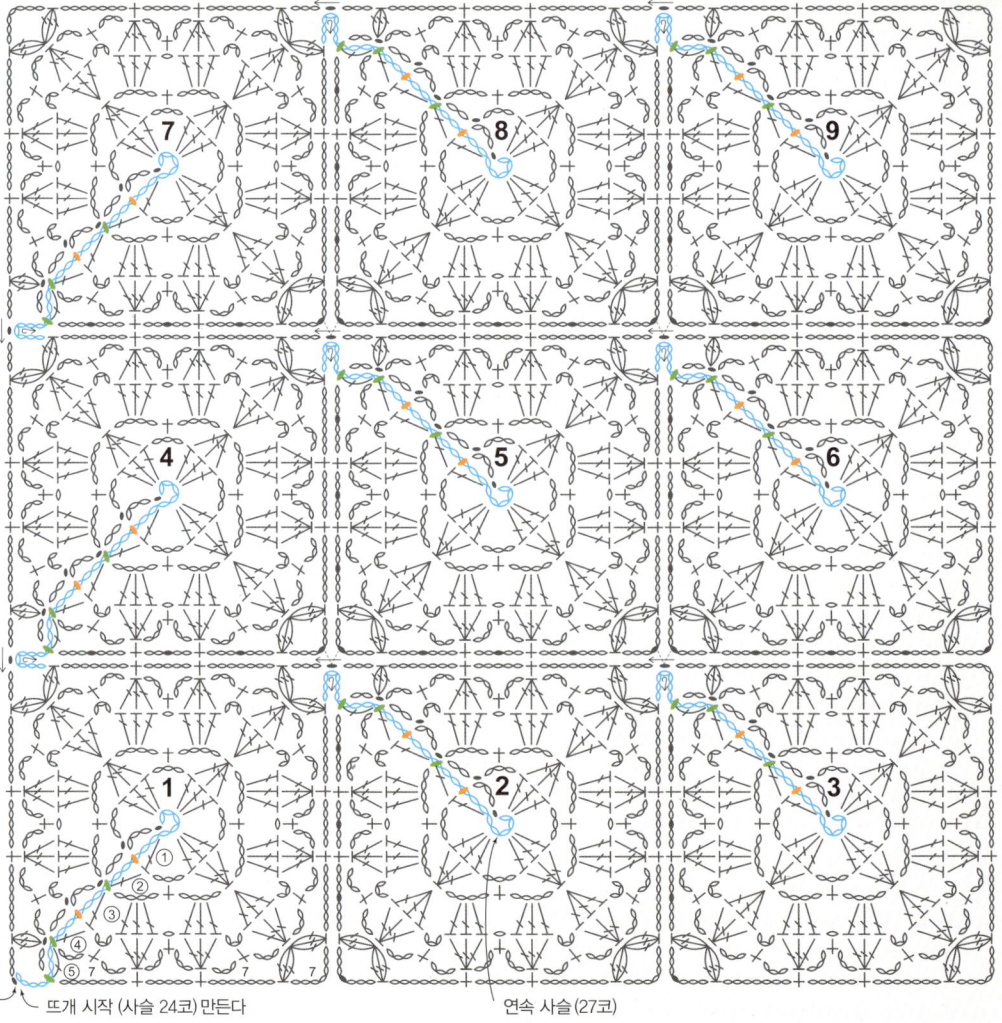

no.31

큰 모티브는 완성했을 때의 기쁨도 각별합니다. 한길 긴뜨기 중심의 모티브이므로 무거워지지 않도록 가벼운 실을 선택하여, 그물이 늘어나지 않게 주의하며 뜹니다.

7
8
9
4
5
6
1
2
3
①
②
③
④
⑤
뜨개 끝
뜨개 시작 (사슬 24코) 만든다
연속 사슬(27코)

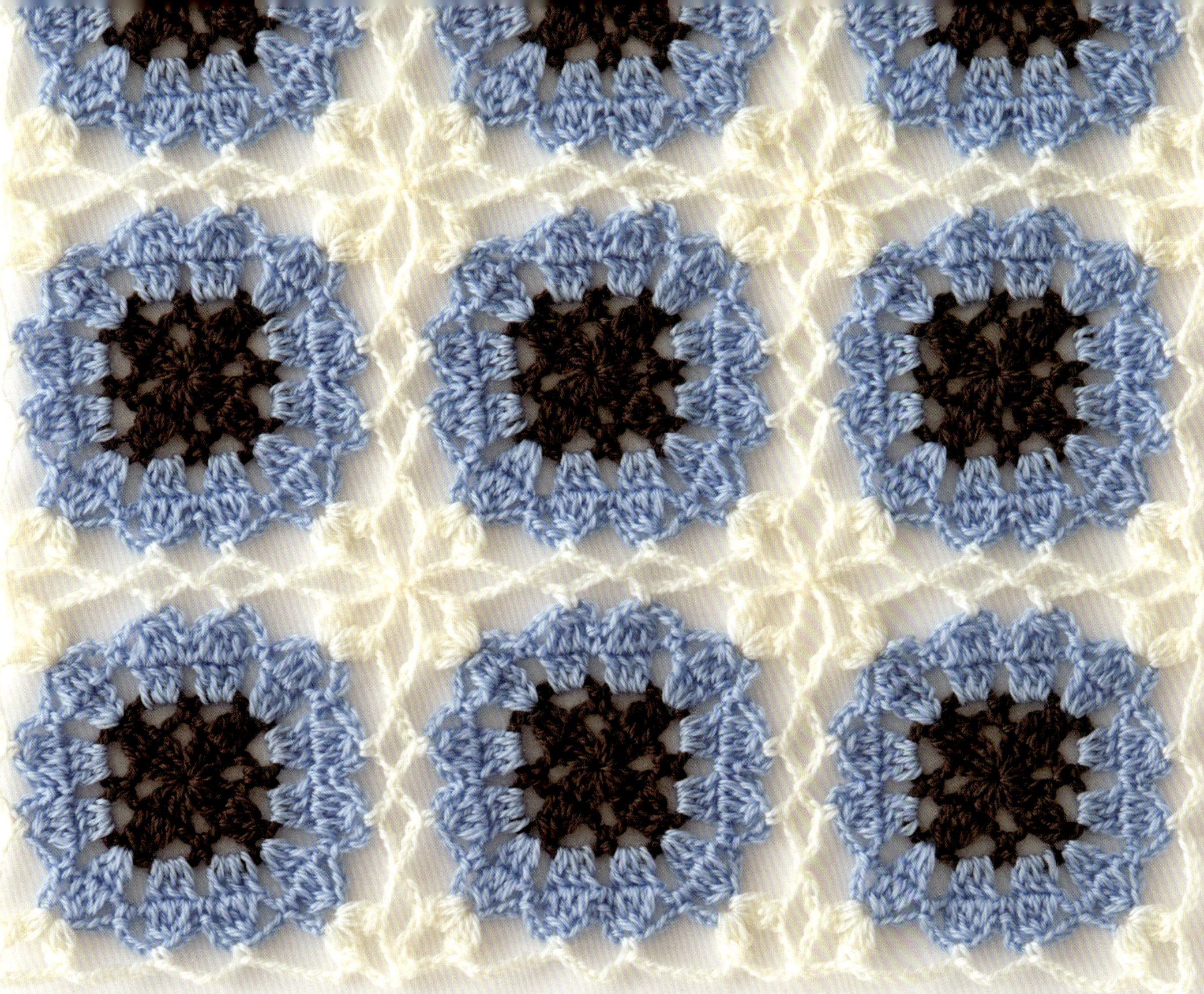

no.32

no.31의 배색 버전. 연속해서 뜨는 마지막 단의 배색이 섬세한 레이스의 느낌을 강조합니다. 복잡한 모티브도 배색 덕분에 난도가 낮아졌습니다.

7
8
9
4
5
6
1
2
3
①
②
③
④
⑤
7
7
7
실을 연결한다
뜨개 끝
배색
A색
B색
바탕색
▷ 실을 연결한다
► 실을 자른다
연속 사슬(7코)

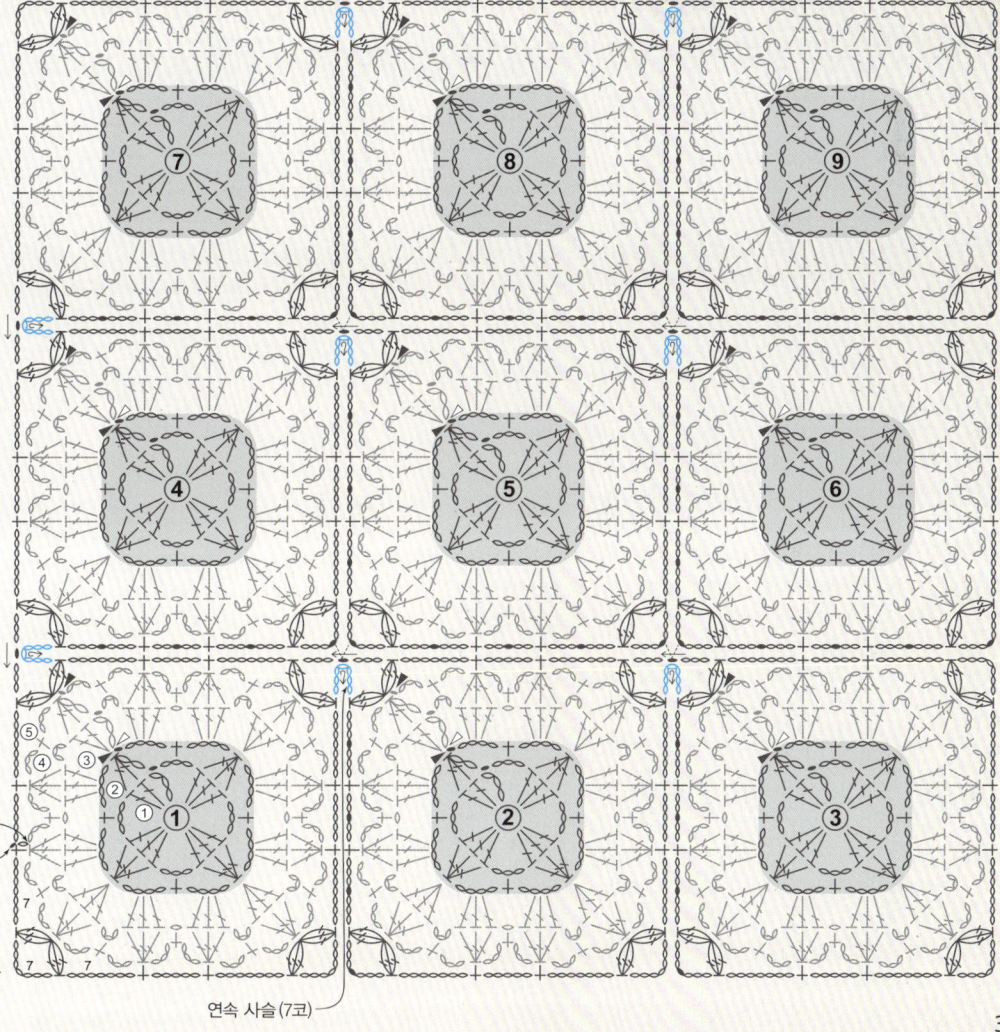

no.33

변형 구슬뜨기의 통통한 방울이 매력적입니다. 단수가 많아 난도는 높은 편입니다. 모티브를 연결한 모서리에 또 다른 무늬가 떠오르는 것은 깜짝 선물입니다.

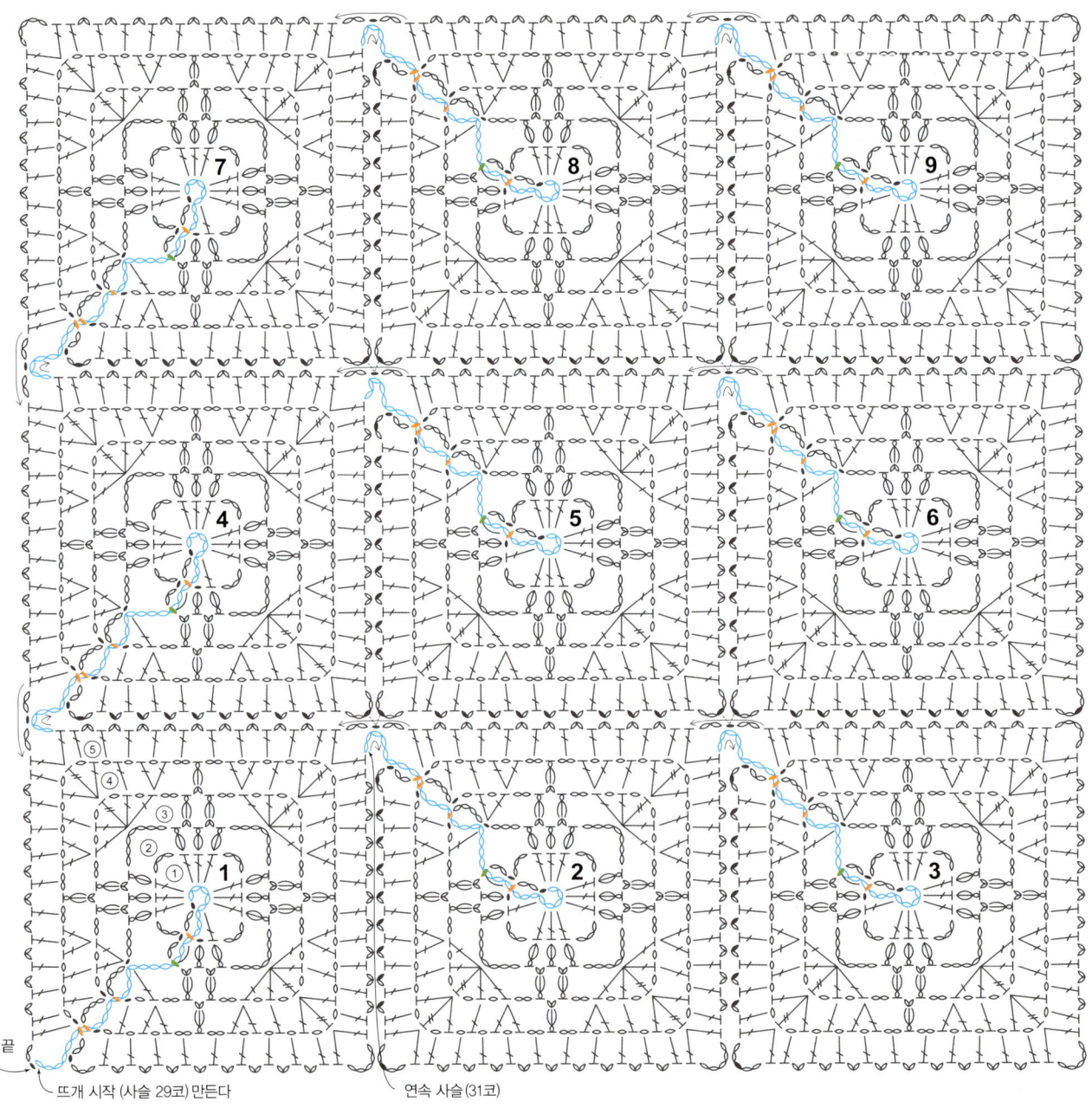

뜨개 끝

뜨개 시작 (사슬 29코) 만든다

연속 사슬(31코)

no.34

no.33의 배색 버전은 난이도도 낮아지고 컬러
풀하게 완성되었습니다. 알록달록 색공을 연
상시키는 둥근 부분이 색다른 아름다움을
느끼게 합니다.

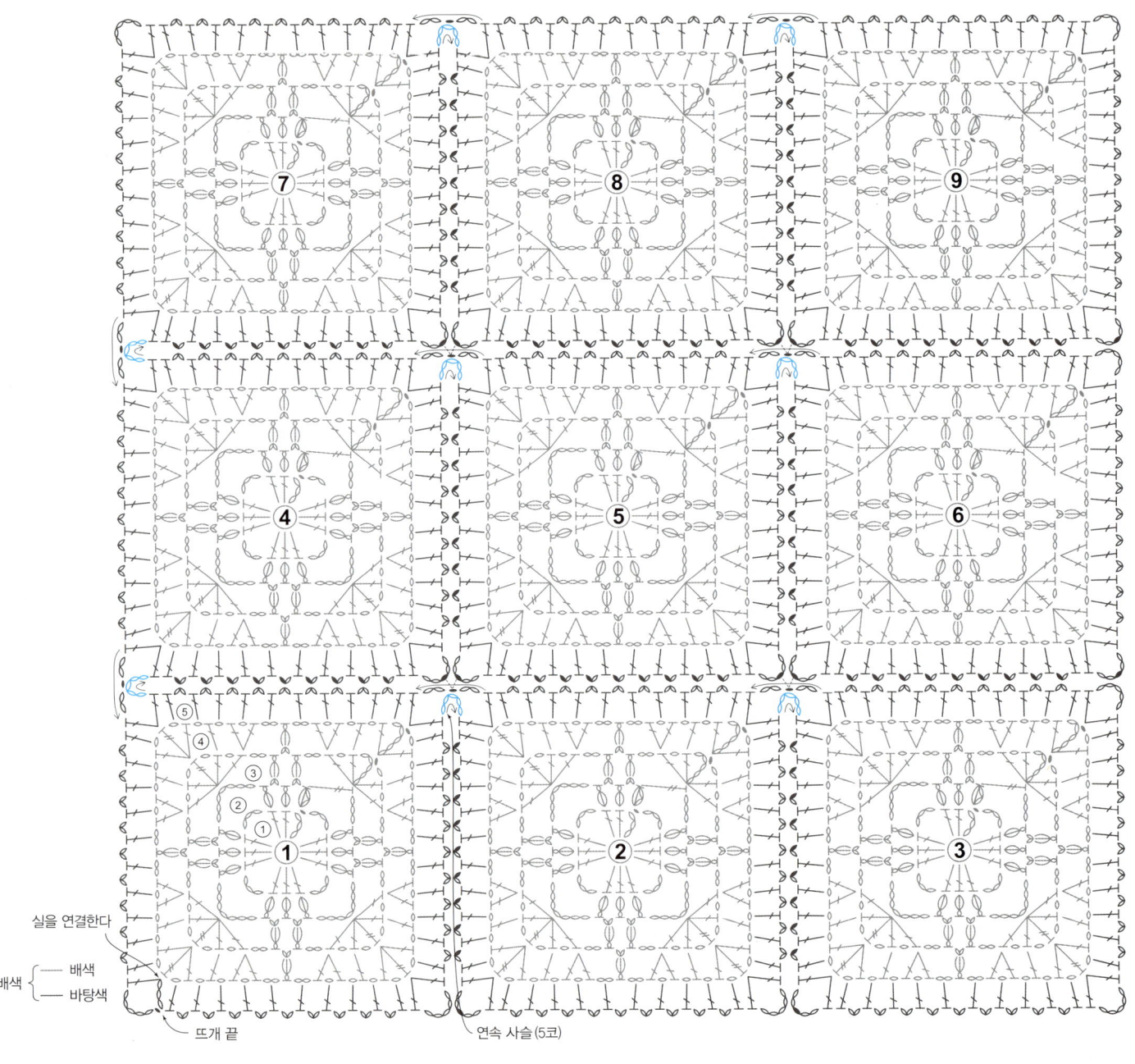

실을 연결한다

배색 { 배색
       바탕색

뜨개 끝

연속 사슬(5코)

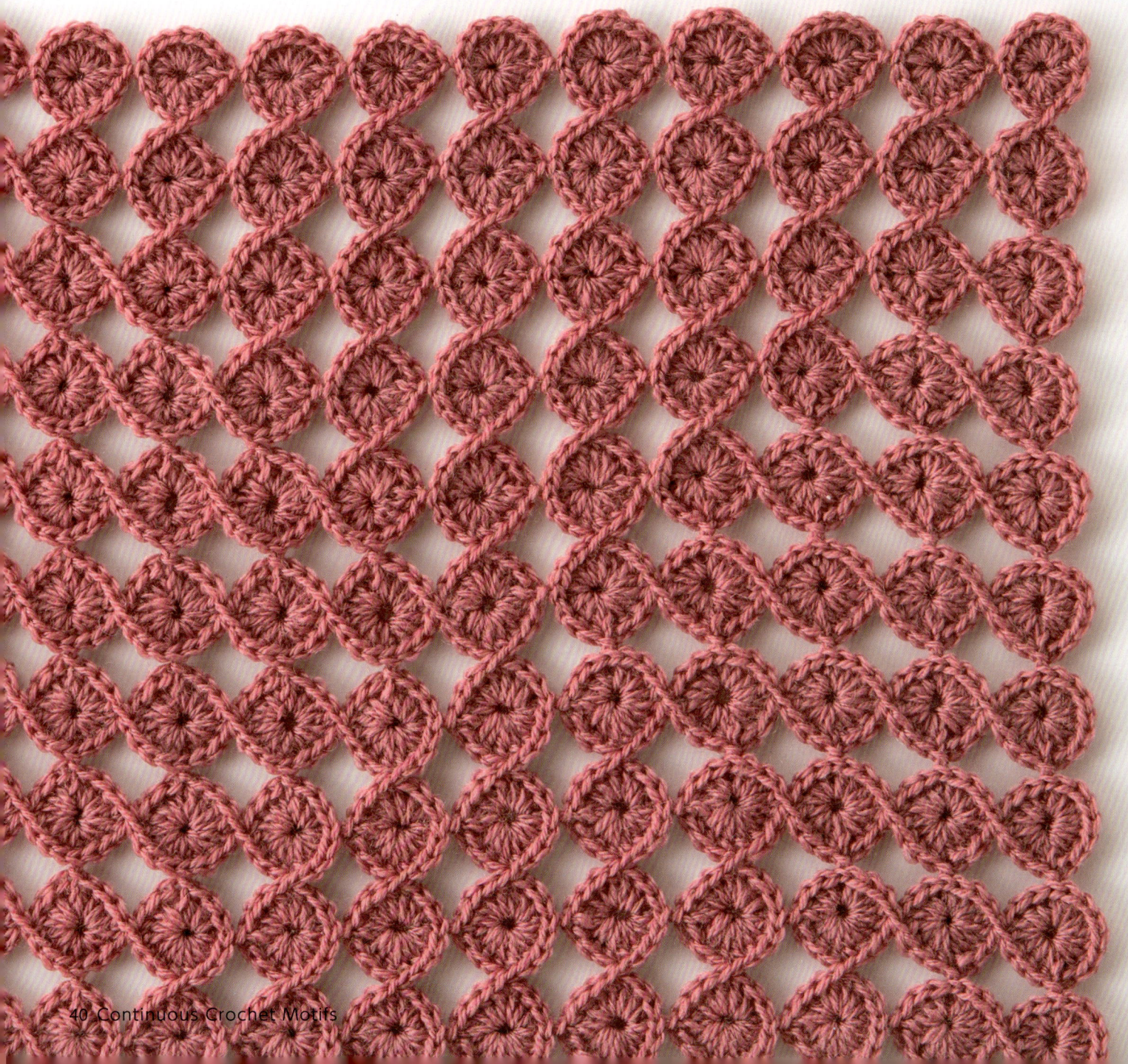

no.35

한가운데에서부터 작은 원이 빙글빙글 이어
진 모습이 재미있습니다! 연속 모티브에는 드
물게 1개씩 완성해 나가는 방식이므로, 그러
데이션 실로 떠도 재미있을 듯합니다. (105쪽
참조)

뜨개 끝

연속 사슬 (7코)

뜨개 시작
(사슬 7코) 만든다

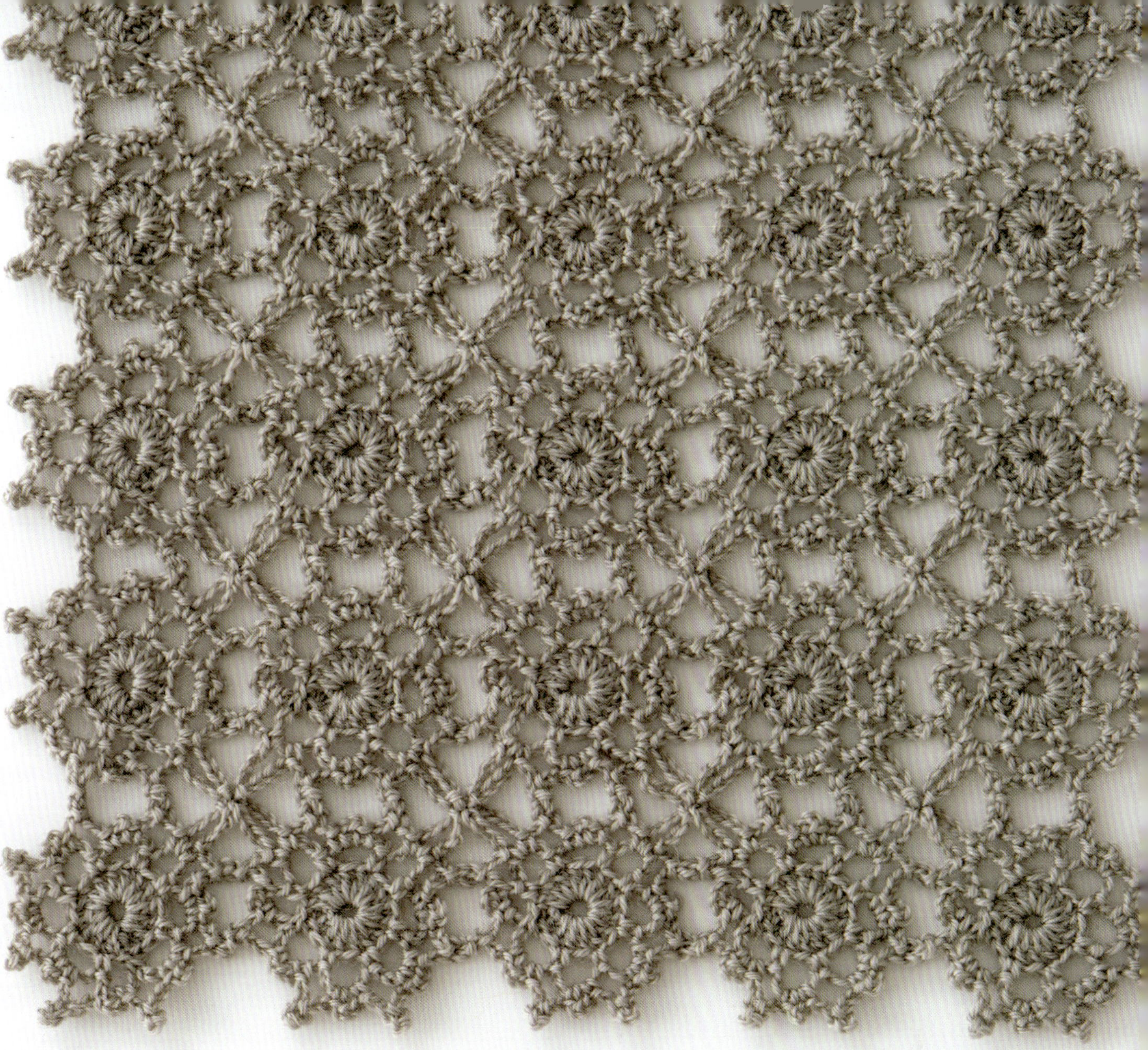

no.36

레이스 느낌의 무늬가 복잡하게 보이지만 난도는 낮은 편입니다. 뜨는 데 열중하여 매력 포인트인 피코뜨기를 빠트리지 않도록 주의하세요.

7
8
9
4
5
6
1
2
3
③
②
①
뜨개 끝
뜨개 시작
(사슬 17코) 만든다
연속 사슬(19코)

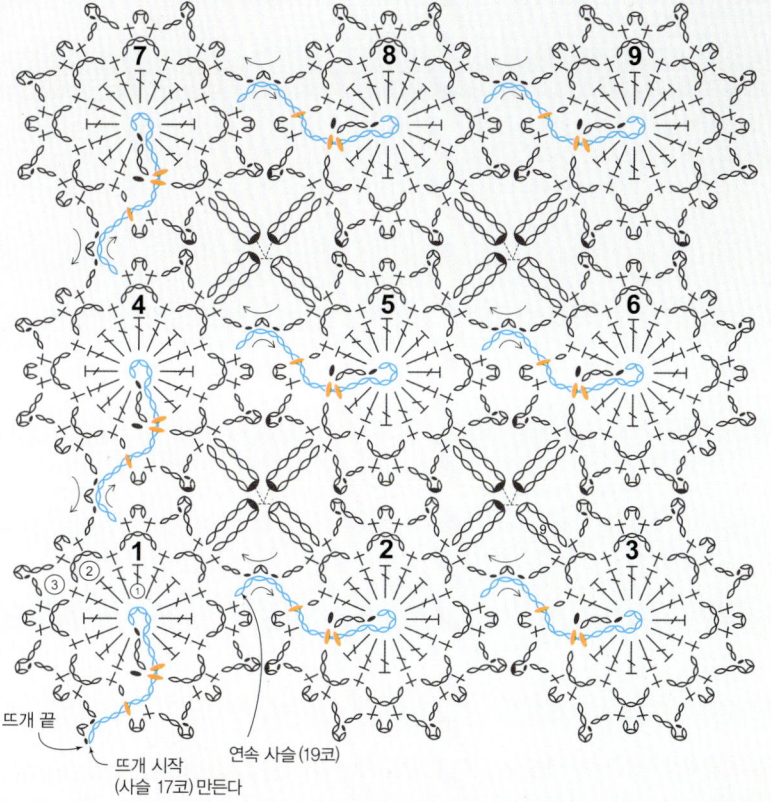

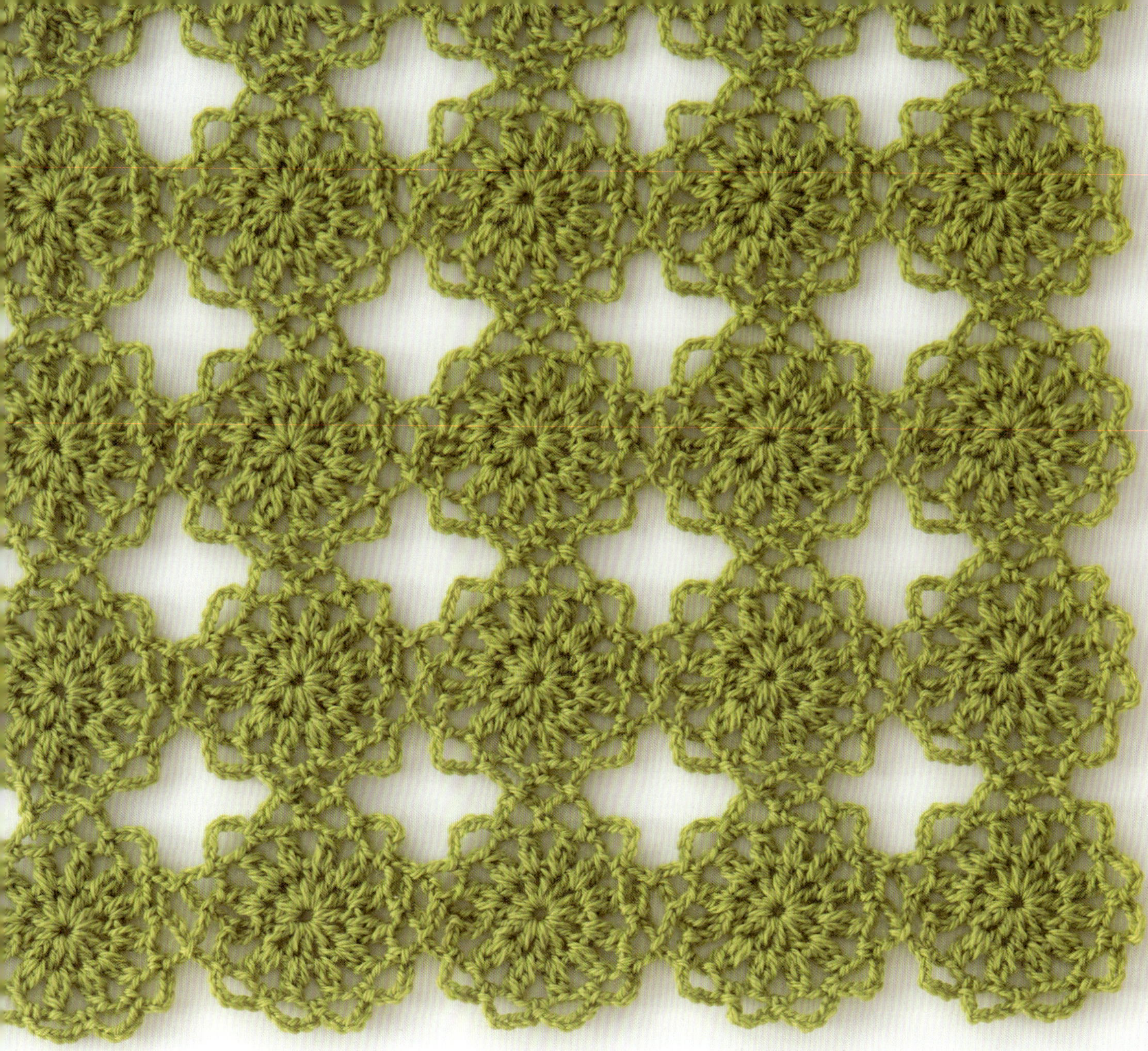

no.37

심플한 원형 모티브를 반듯하게 연결한 패턴입니다. 깔끔한 배치가 멋집니다. 완성하고 나서 모티브 사이를 작은 모티브로 메워도 좋겠지요.

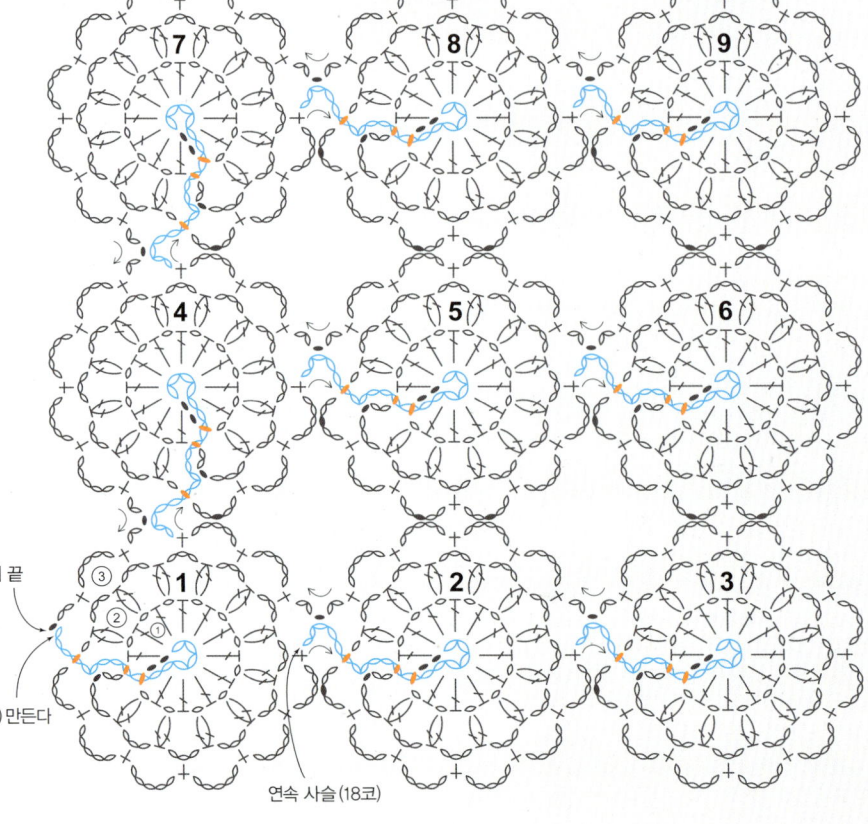

뜨개 끝

뜨개 시작 (사슬 16코) 만든다

연속 사슬 (18코)

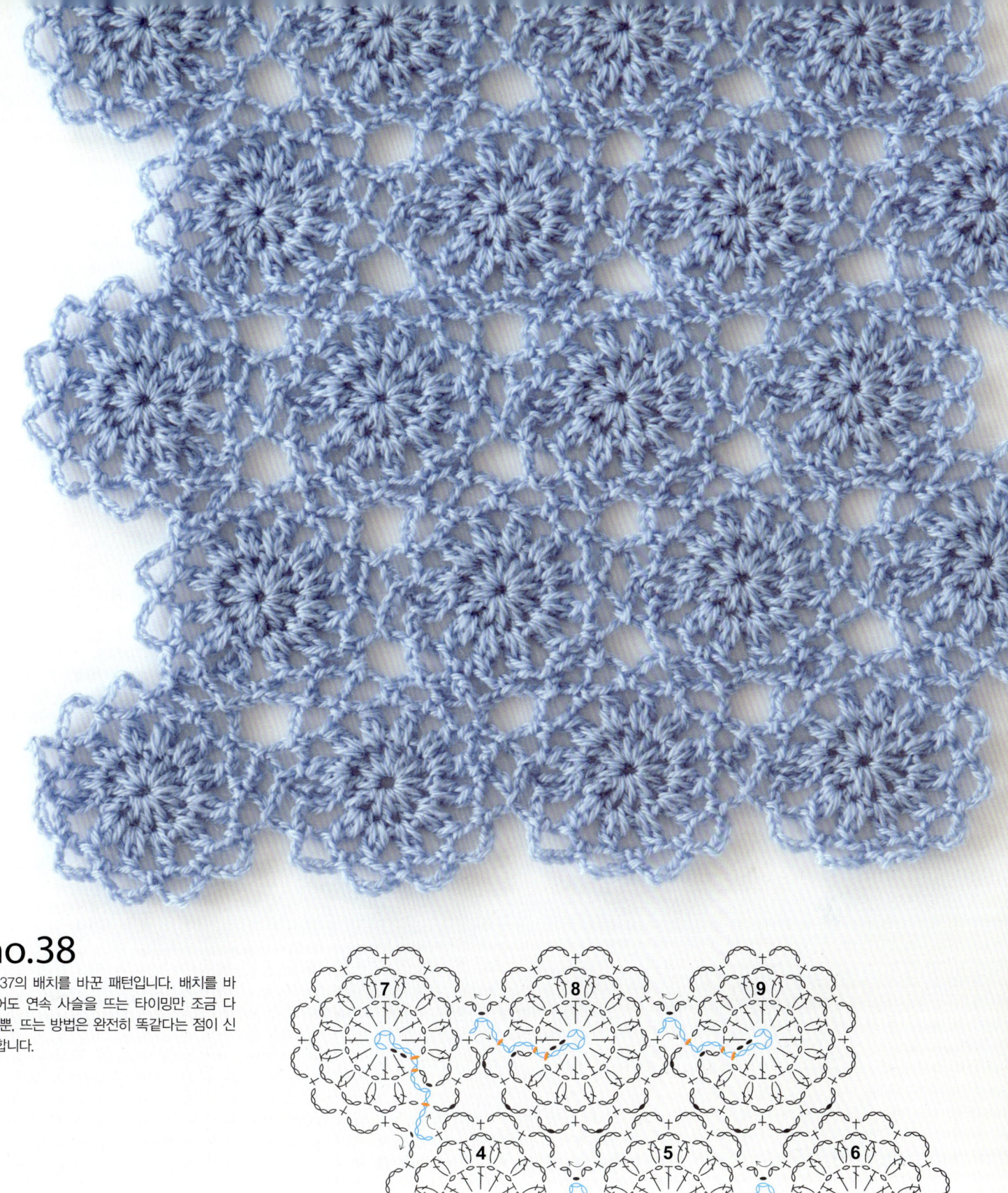

no.38

no.37의 배치를 바꾼 패턴입니다. 배치를 바꾸어도 연속 사슬을 뜨는 타이밍만 조금 다를 뿐, 뜨는 방법은 완전히 똑같다는 점이 신기합니다.

뜨개 끝

뜨개 시작 (사슬 16코) 만든다

연속 사슬 (18코)

no.39

또렷하고 큼직한 원형 모티브는 남다른 존재감을 드러냅니다. **뽀족뽀족** 이어지는 피코가 매력 포인트입니다. 제법 큰 모티브이므로 가는 실로 떠 주세요.

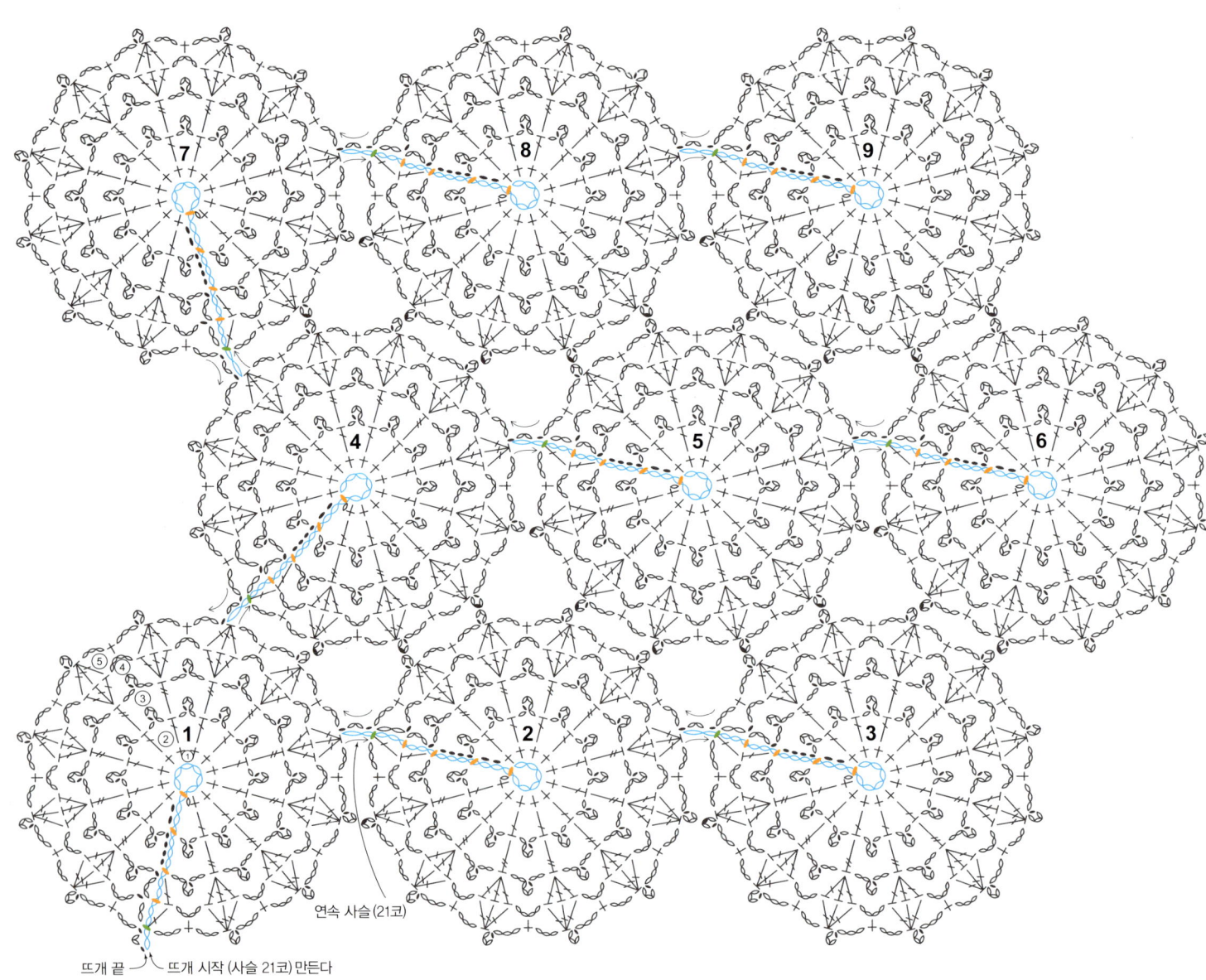

연속 사슬(21코)

뜨개 끝 ── 뜨개 시작 (사슬 21코) 만든다

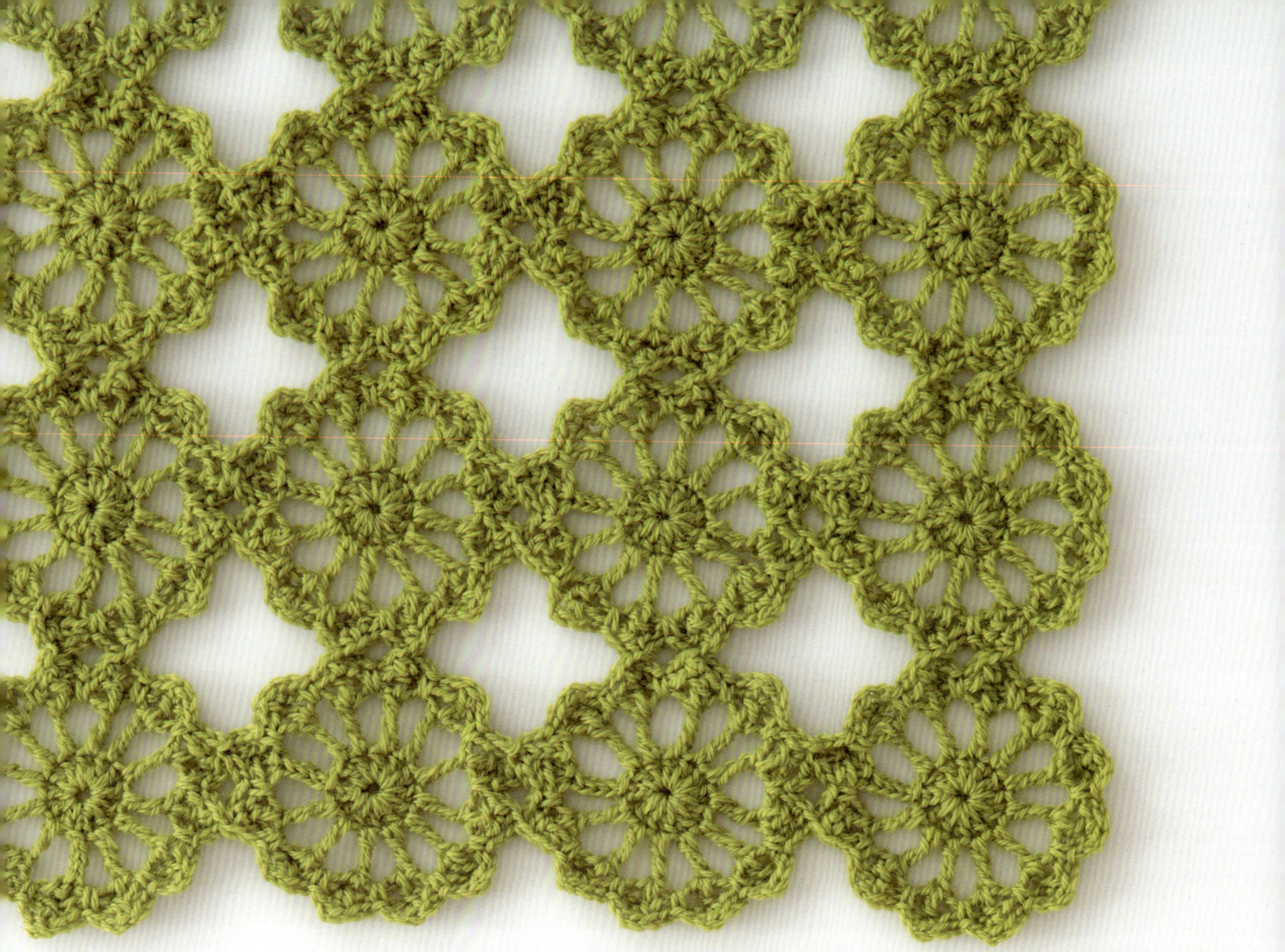

no.40

모티브 사이 공간의 모양도 귀여운 모티브입니다. 마지막 단의 짧은뜨기를 앞의 앞단에 떠서, 꽃잎의 실루엣을 예쁘게 표현하였습니다.

7
8
9
4
5
6
1
2
3
④
③
②
①
뜨개 끝
연속 사슬(16코)
뜨개 시작 (사슬 16코) 만든다

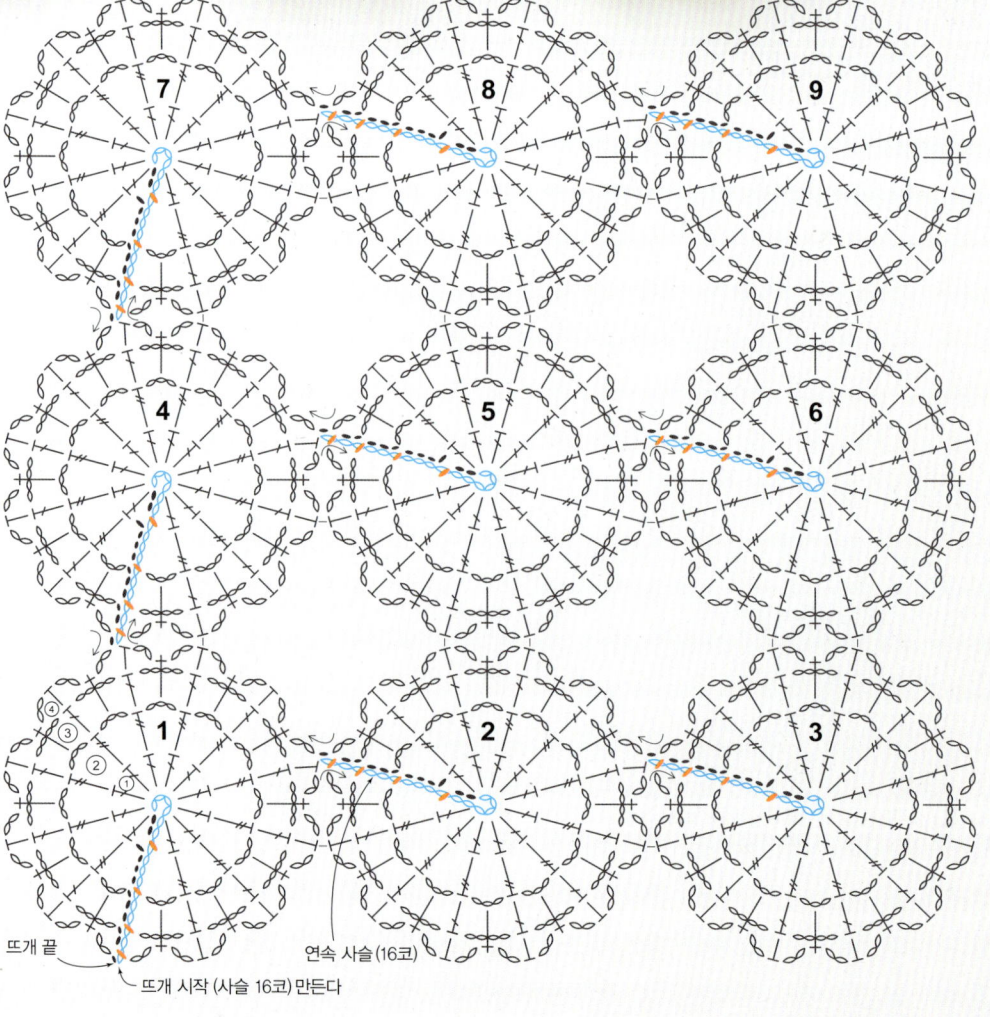

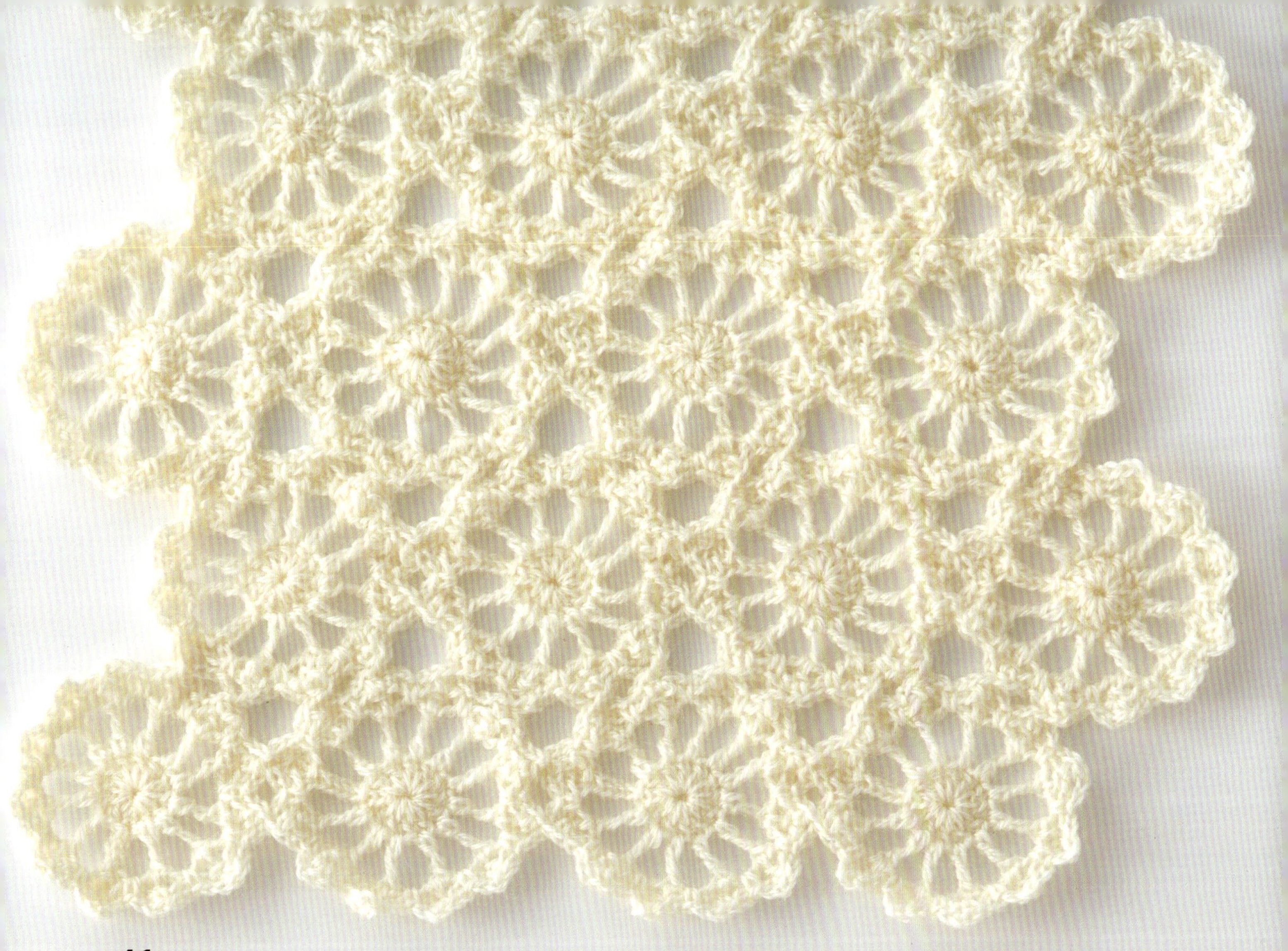

no.41

no.40의 배치를 바꾼 패턴입니다. 엇갈리게 배치하여 안정감이 아주 좋습니다. 연속 사슬에 빼뜨기를 하여 다음 단으로 넘어가기 때문에, 난도는 낮은 편입니다.

7
8
9
4
5
6
1
2
3
연속 사슬(16코)
뜨개 끝
뜨개 시작 (사슬 16코) 만든다

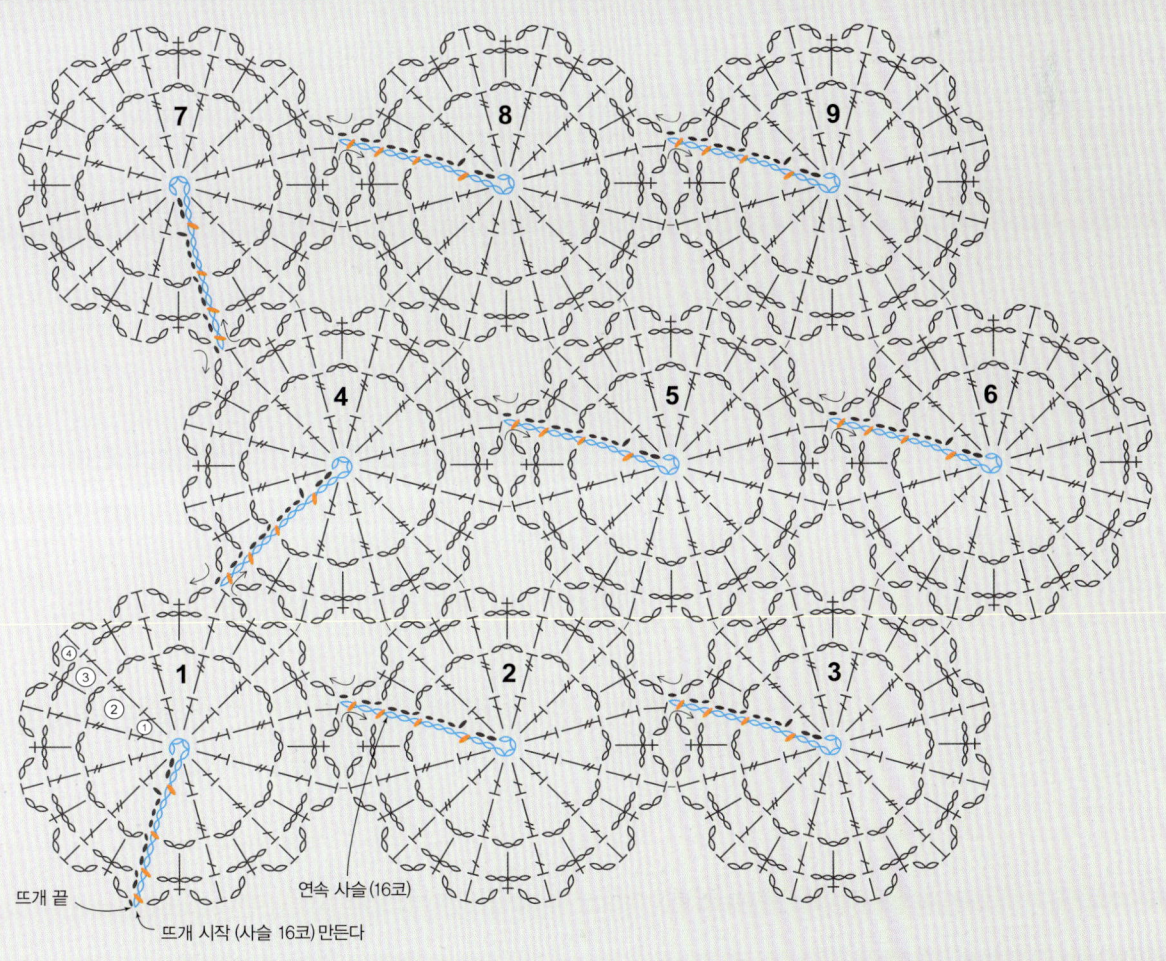

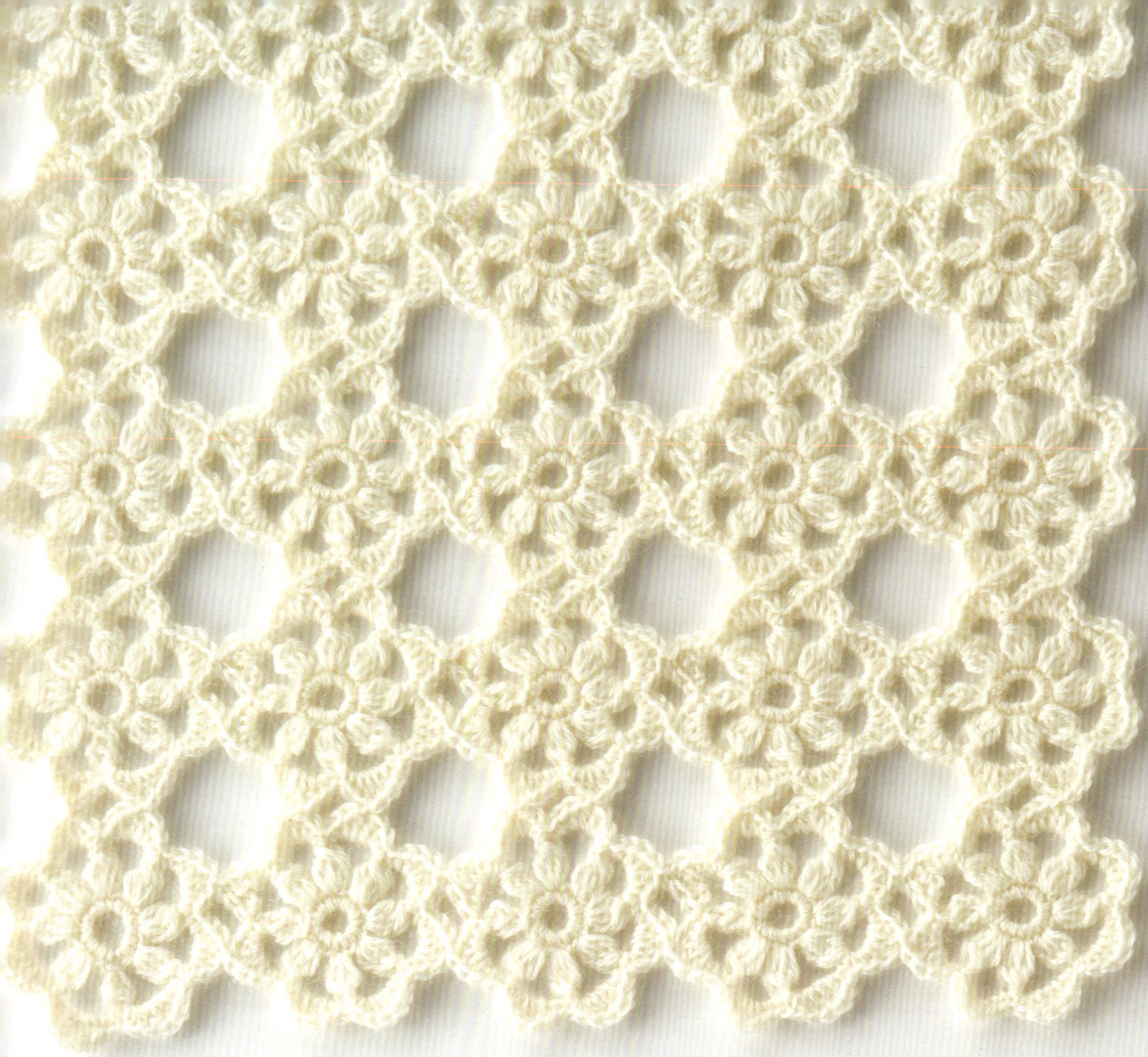

no.42

데이지처럼 귀여운 꽃 모티브를 우선은 반듯하게 뜨는 패턴입니다. 단색 작품도 색상 선택에 따라 전혀 다른 분위기가 됩니다. (105쪽 참조)

7
8
9
4
5
6
1
2
3
뜨개 끝
뜨개 시작 (사슬 16코) 만든다
연속 사슬(16코)

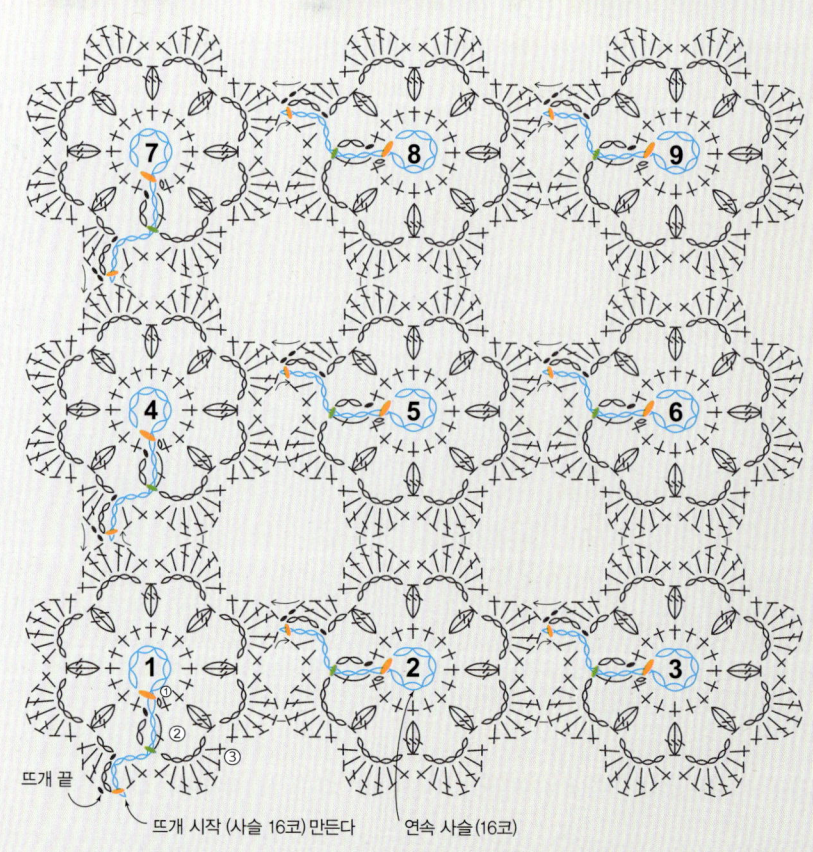

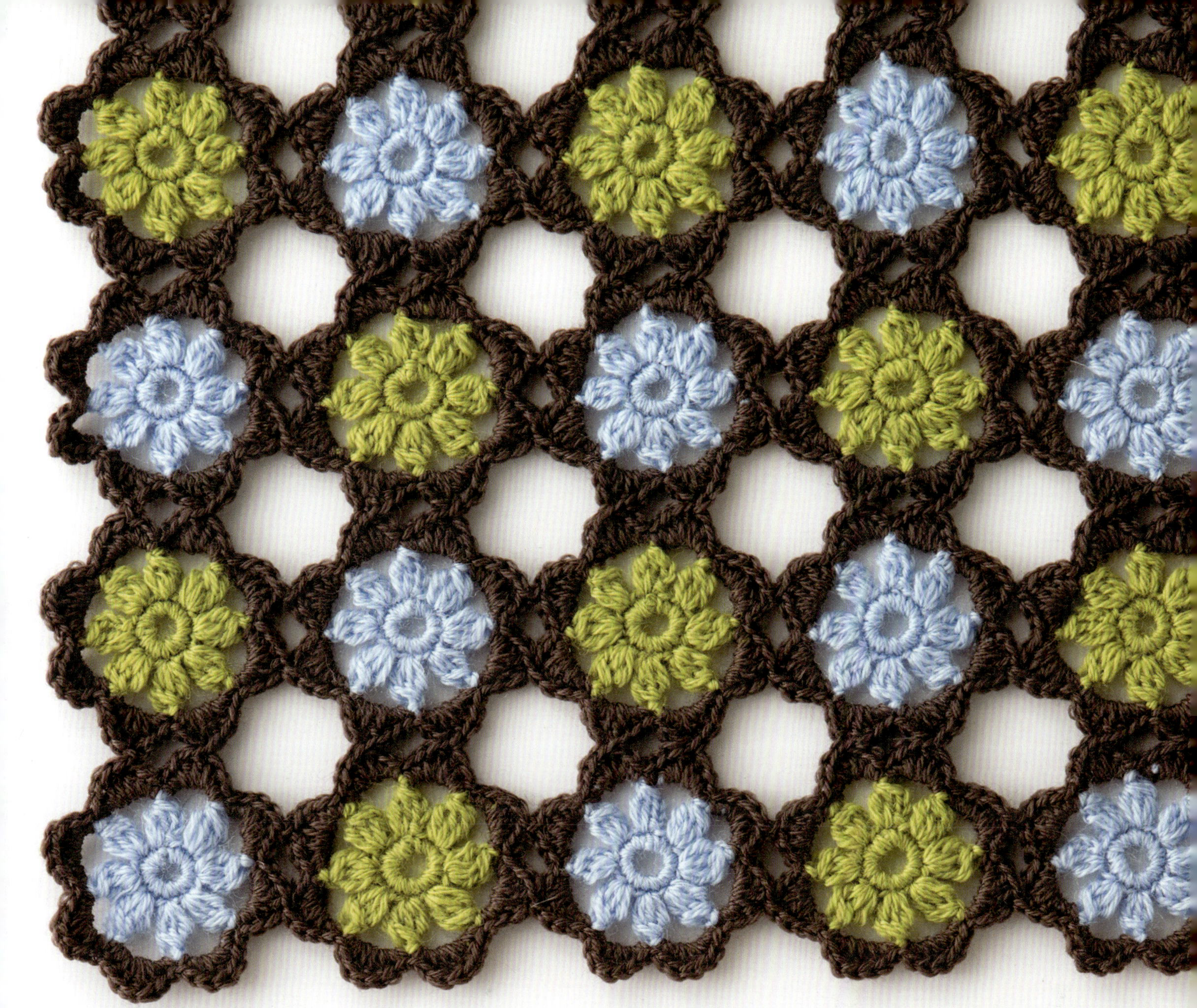

no.43

마지막 단을 진한 색으로 할까 연한 색으로
할까, 배색을 고민하는 일은 아무리 해도 질
리지 않습니다. no.42의 배색 버전은 진한 색
으로 차분하게 정돈하는 쪽을 택하였습니다.
(105쪽 참조)

배색 { 배색
배색 { 바탕색
▶ 실을 자른다
실을 연결한다
뜨개 끝

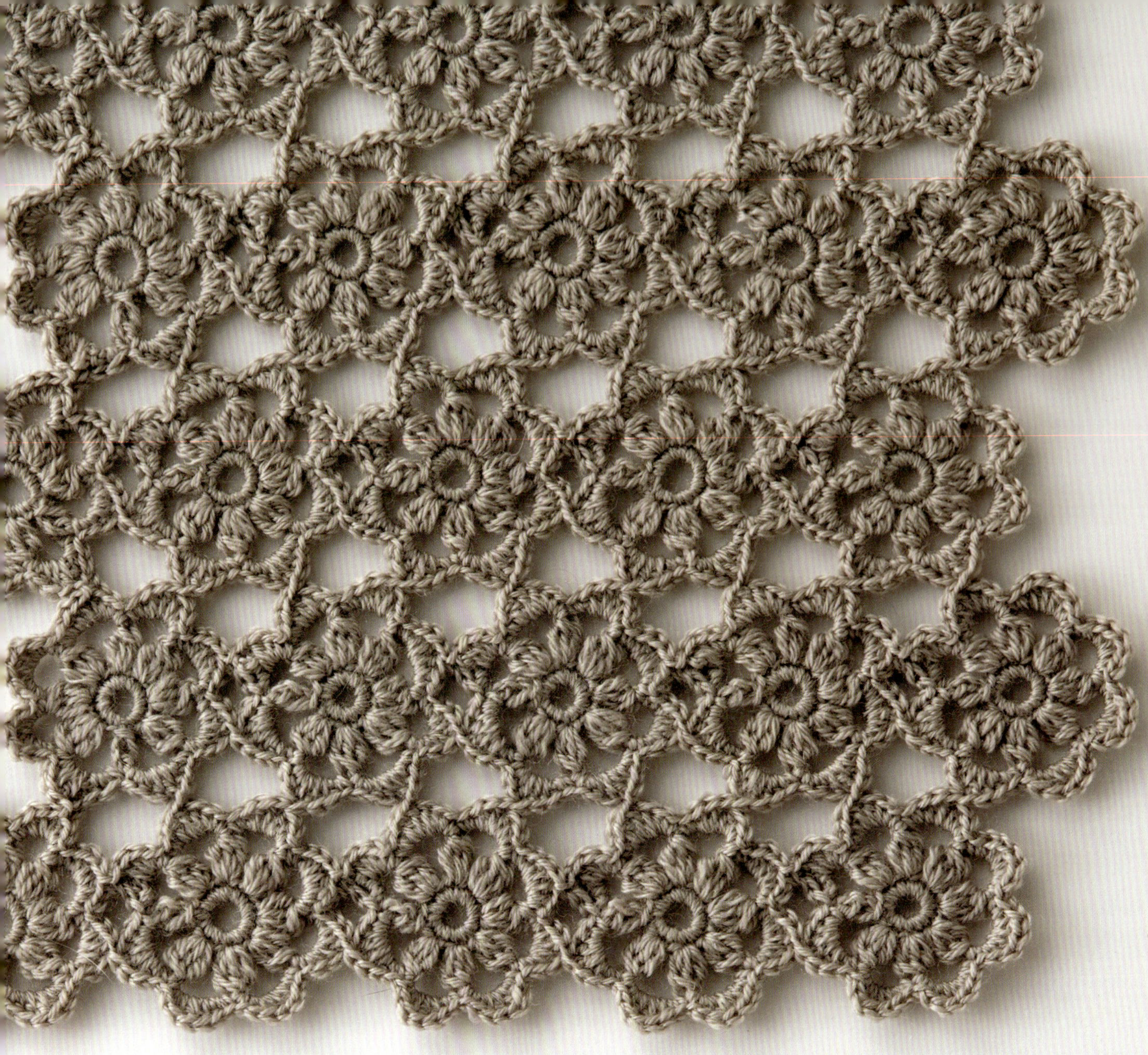

no.44

no.42의 배치를 바꾸어, 꽃밭을 지나는 바람의 움직임이 느껴지는 듯한 패턴을 만들었습니다. 엇갈리게 배치하여 더욱 안정감이 있습니다. (105쪽 참조)

뜨개 끝　　　뜨개 시작 (사슬 16코) 만든다　　연속 사슬 (16코)

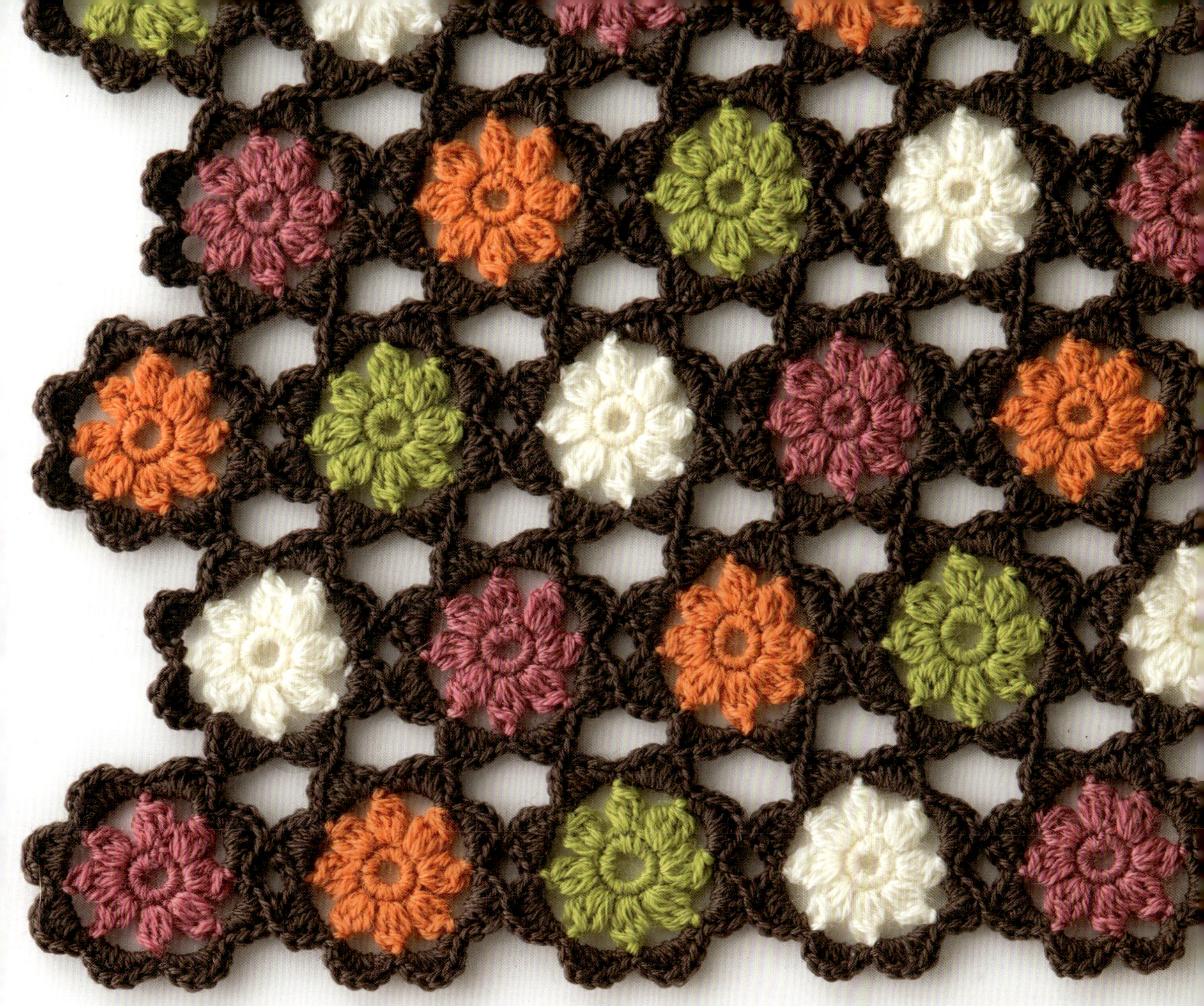

no.45

no.44의 배색 버전. 배색실의 가짓수를 늘렸더니 꽃밭 느낌이 더욱 강해졌습니다. 비타민 컬러로 활기 충전하세요! (105쪽 참조)

7
8
9
4
5
6
1
2
3
실을 연결한다
뜨개 끝
배색
배색
바탕색
실을 자른다

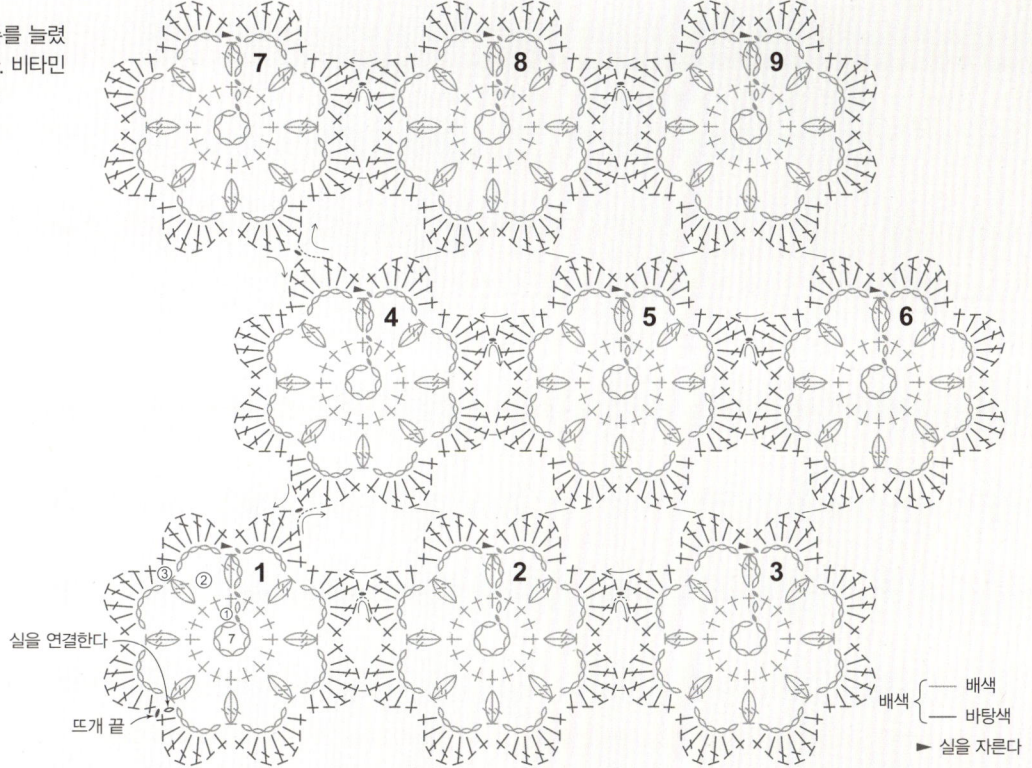

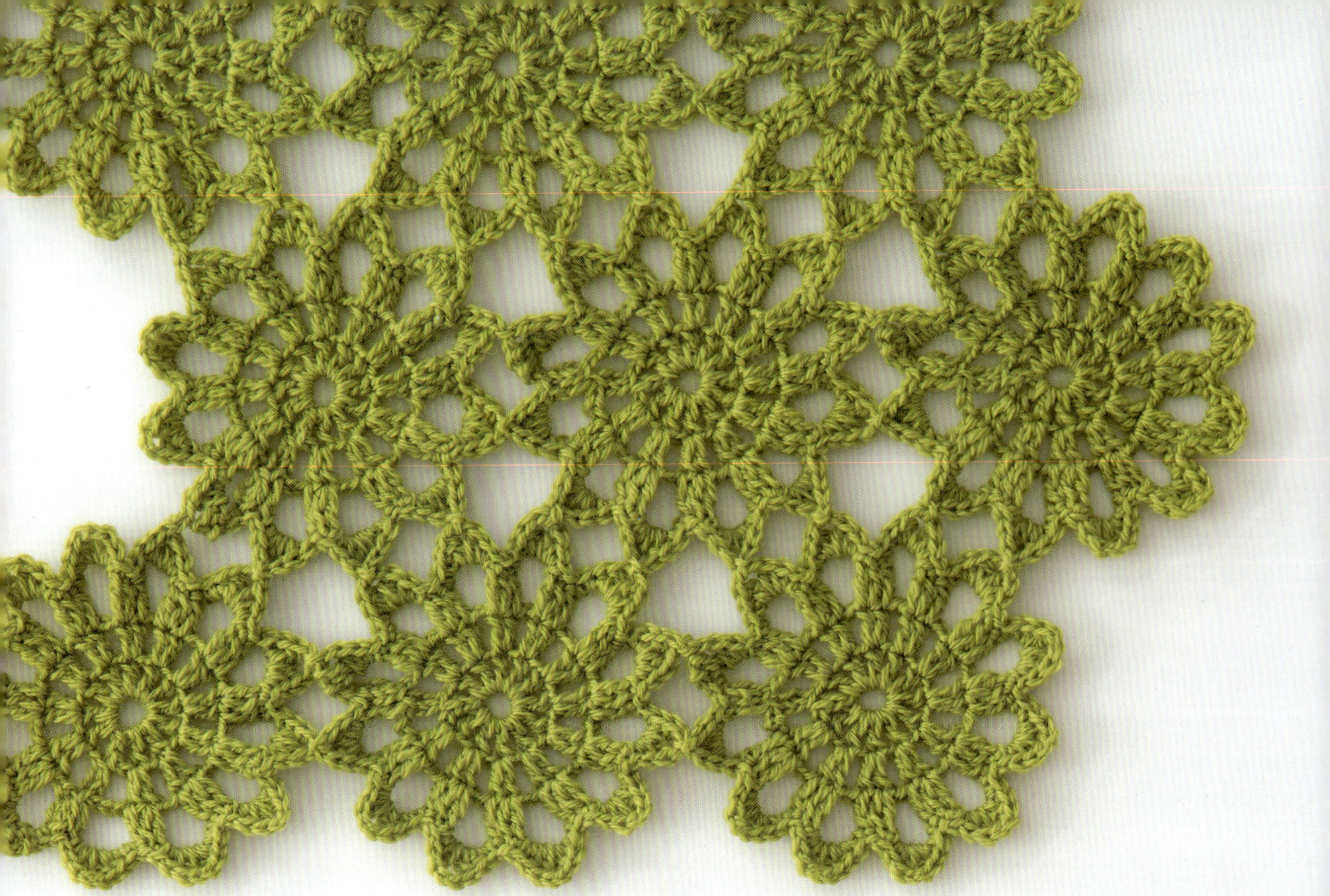

no.46

중심이 크고 둥근 해바라기를 닮은 모티브입니다. 엇갈리게 배치해서 안정감이 있지만, 큰 작품으로 만들 때는 모양이 변형되지 않도록 주의하세요.

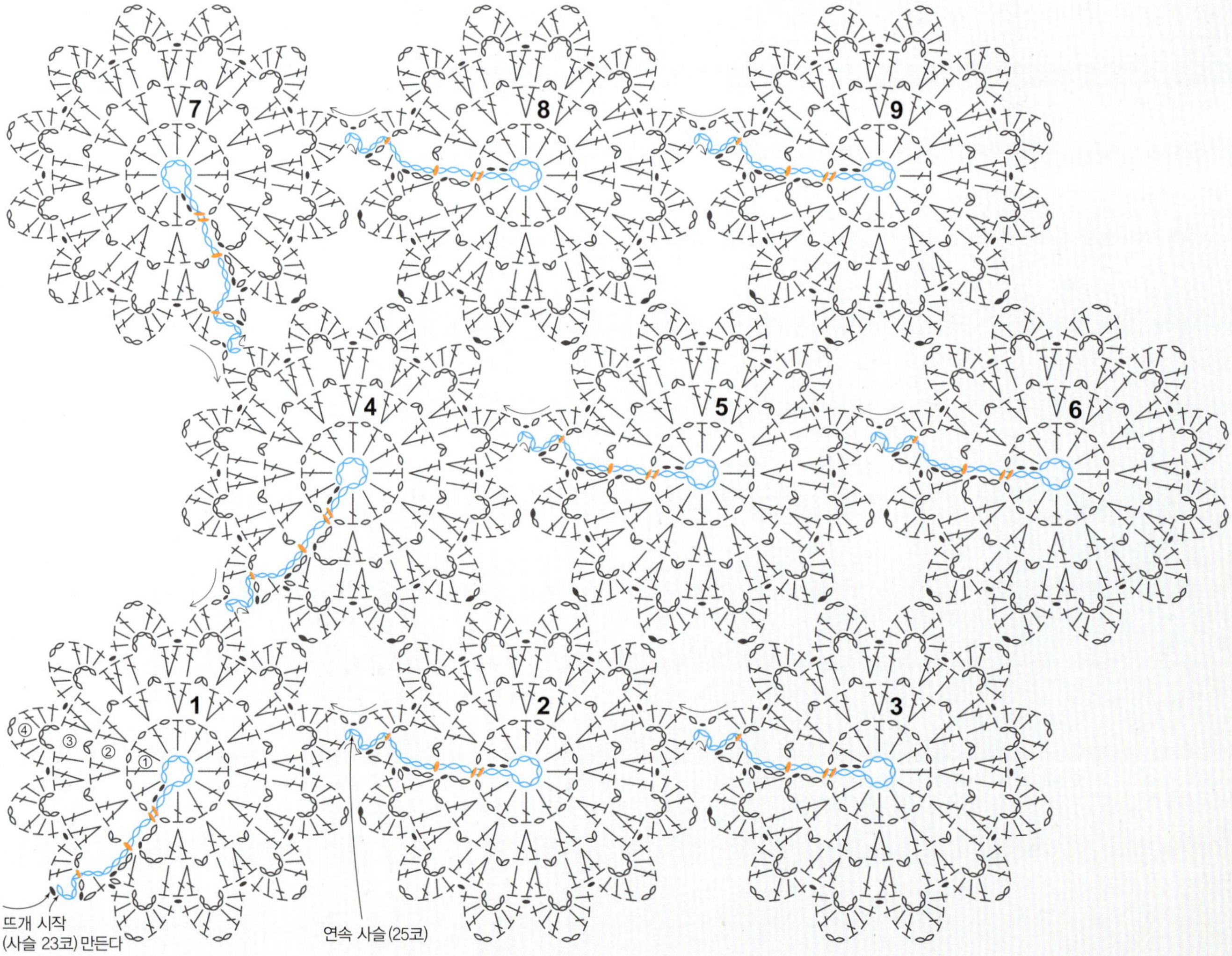

뜨개 끝
뜨개 시작
(사슬 23코) 만든다

연속 사슬 (25코)

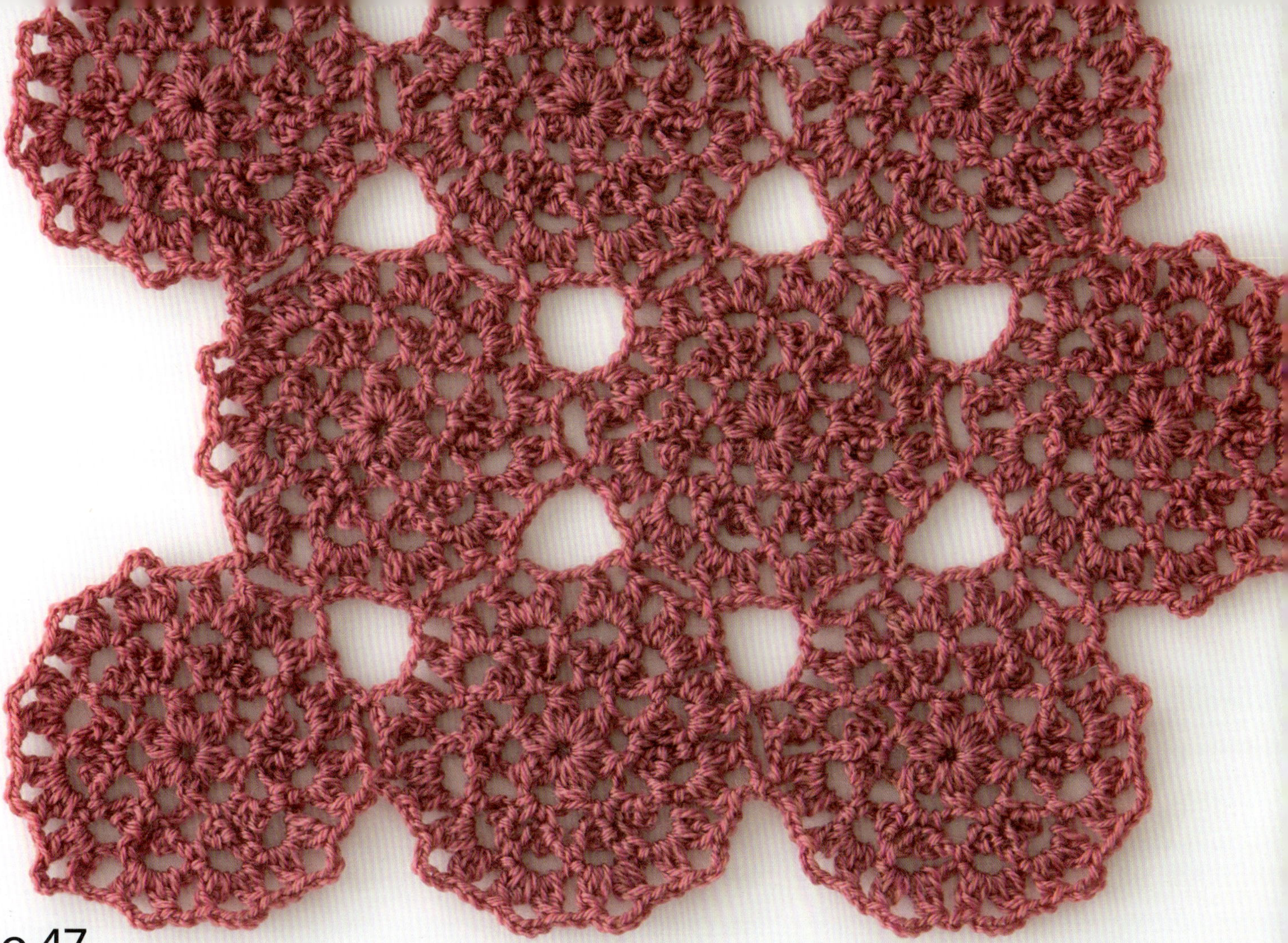

no.47

4단으로 완성하는 꽃 모티브는, 초보자가 다음 단계로 도약하기 위해 활용하면 좋은 패턴입니다. 마지막 단의 사슬뜨기가 차분히 가라앉지 않을 때는 가장자리뜨기로 정돈하는 등, 마지막 단만 변형해도 좋겠지요.

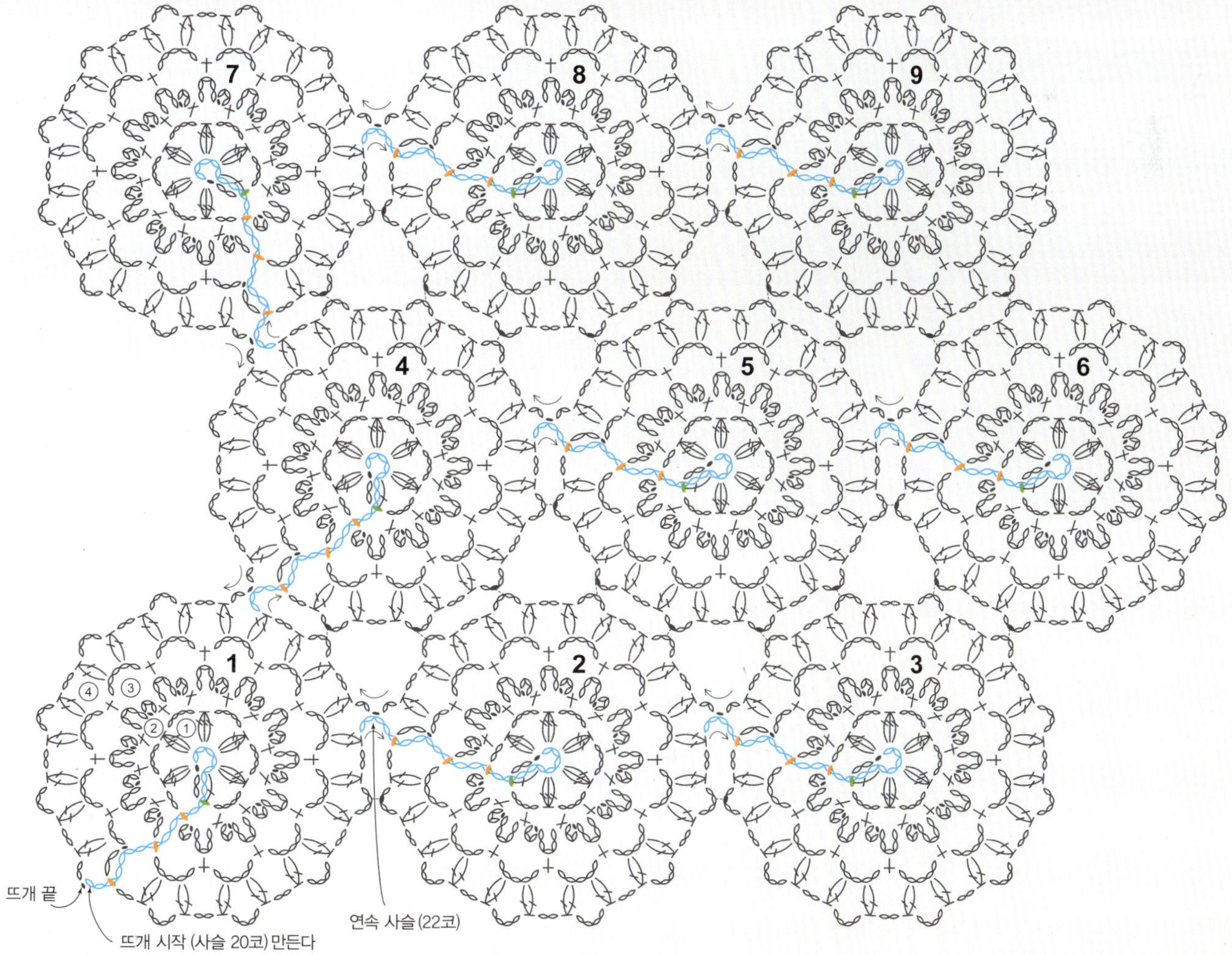

7
8
9
4
5
6
1
2
3
④
③
②
①
뜨개 끝
뜨개 시작 (사슬 20코) 만든다
연속 사슬 (22코)

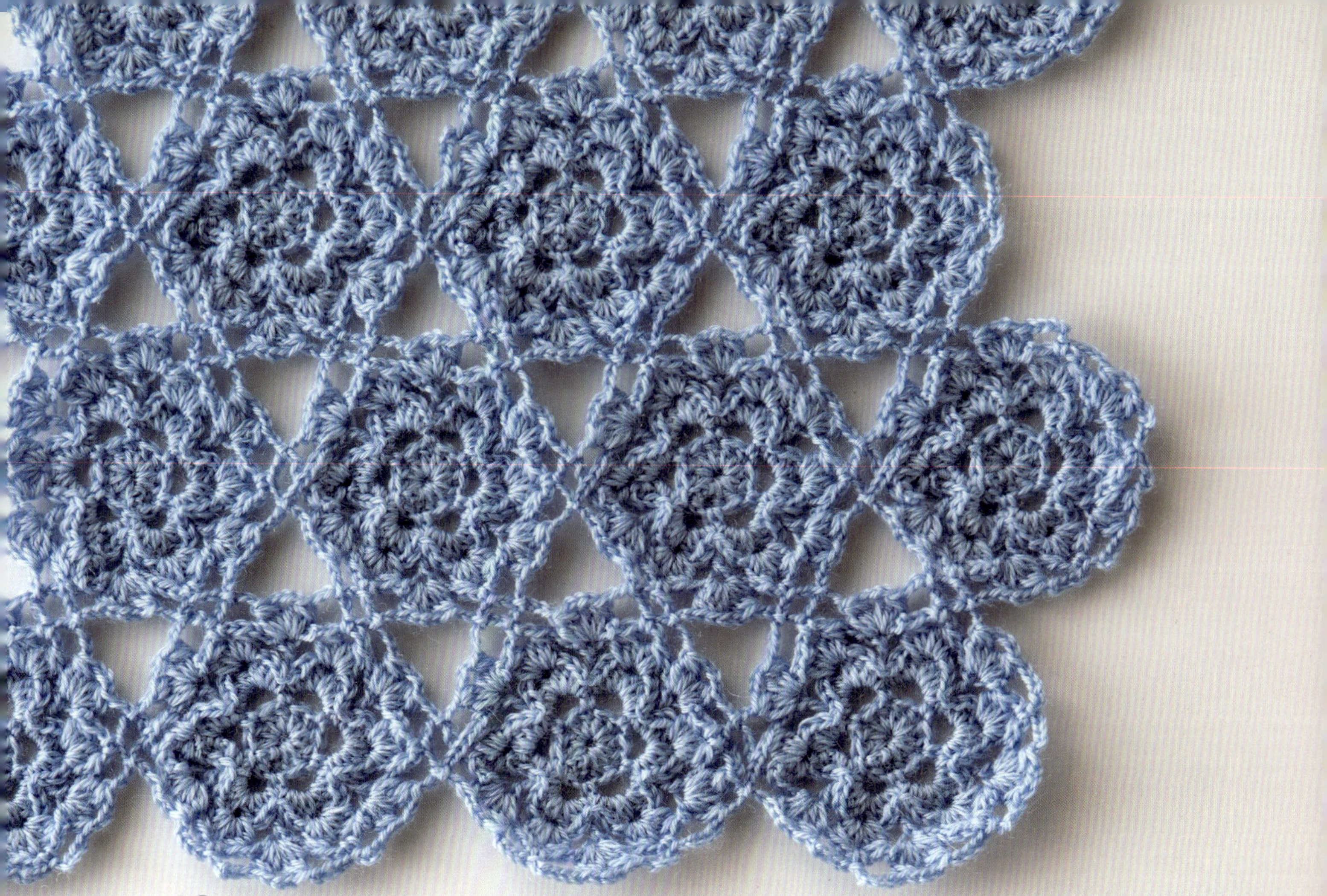

no.48

각각의 모티브가 가느다란 사다리로 연결된 듯한 모티브입니다. 이어져 있으면 육각형이지만 바깥쪽 가장자리 부분은 둥근 모양이 된다는 점이 재미있습니다. (106쪽 참조)

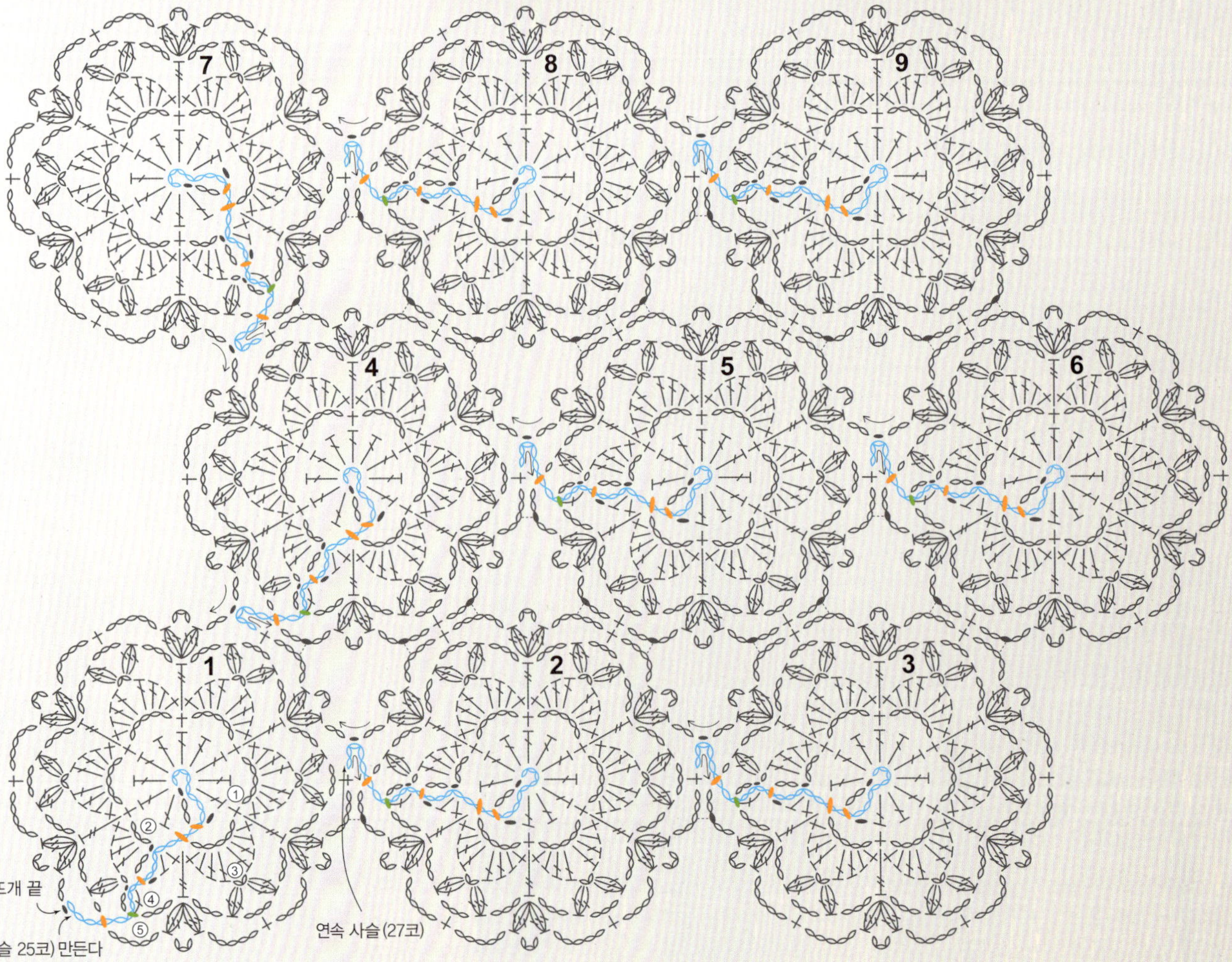
7
8
9
4
5
6
1
2
3
①
②
③
④
⑤
뜨개 끝
뜨개 시작 (사슬 25코) 만든다
연속 사슬(27코)

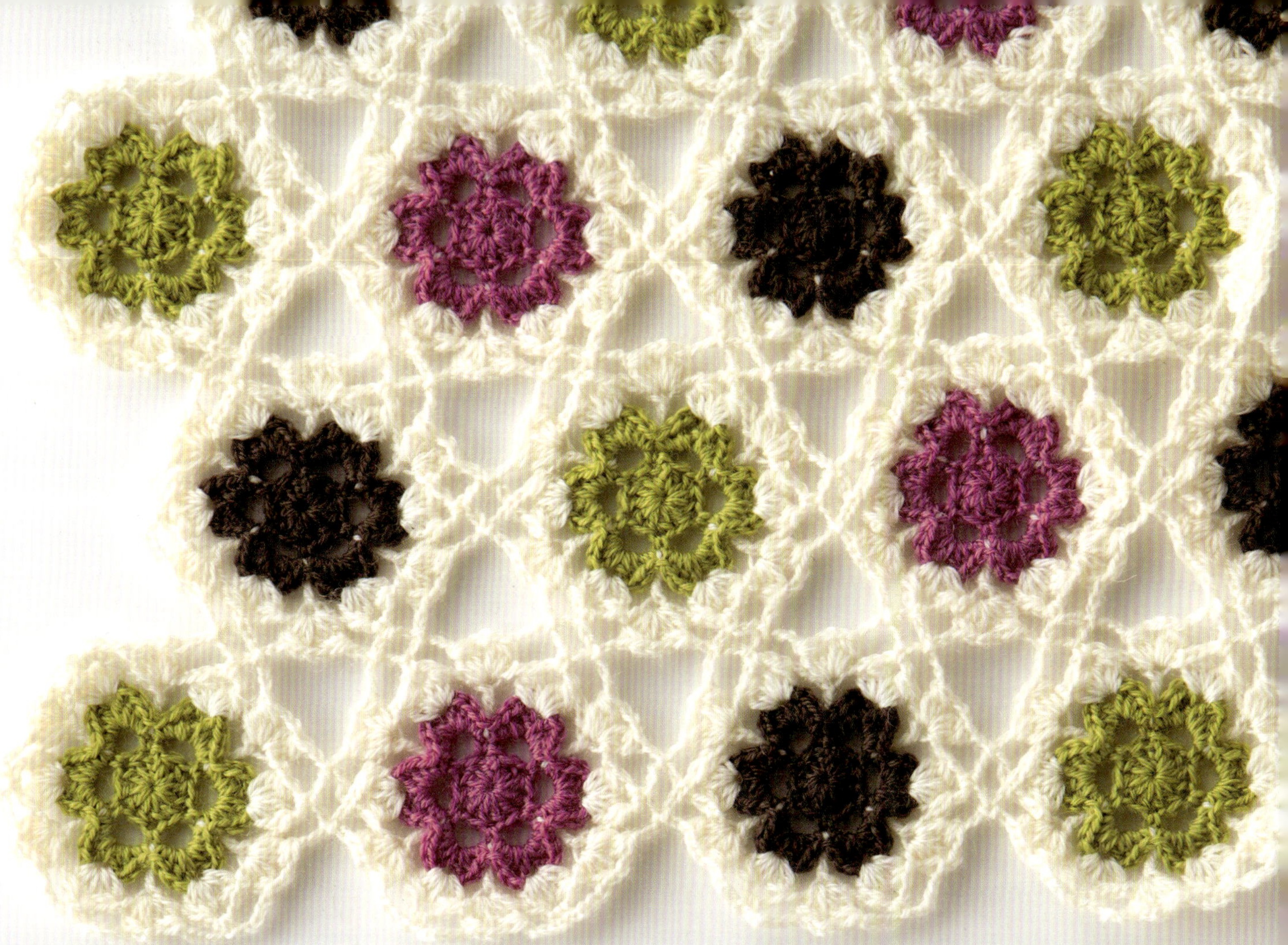

no.49

no.48의 배색 버전. 연한 색으로 배색한 마지막 두 단이, 우아하게 물결치듯 색색의 모티브를 감싸며 잇습니다. (106쪽 참조)

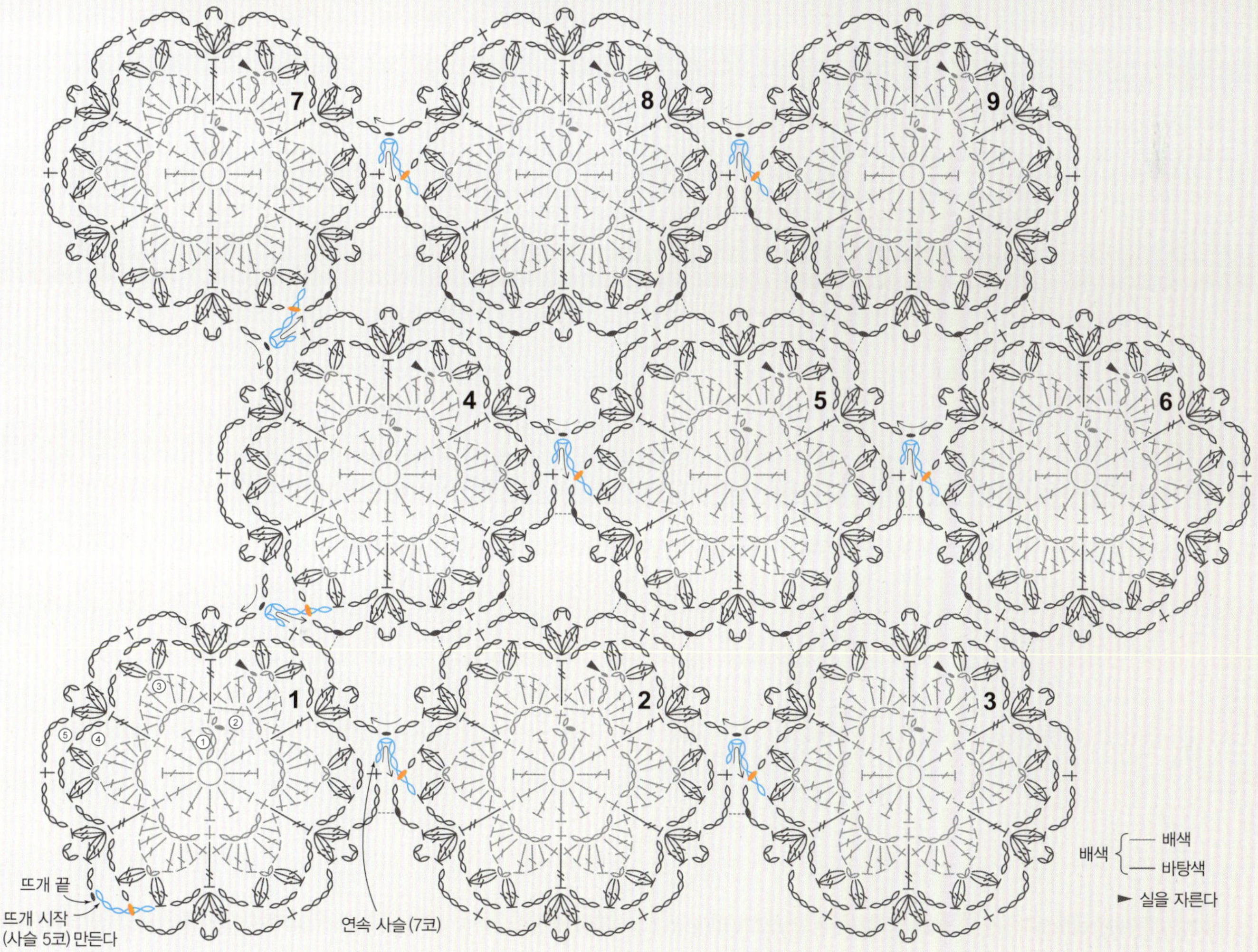
7
8
9
4
5
6
1
2
3
뜨개 끝
뜨개 시작 (사슬 5코) 만든다
연속 사슬(7코)
배색
배색
바탕색
실을 자른다

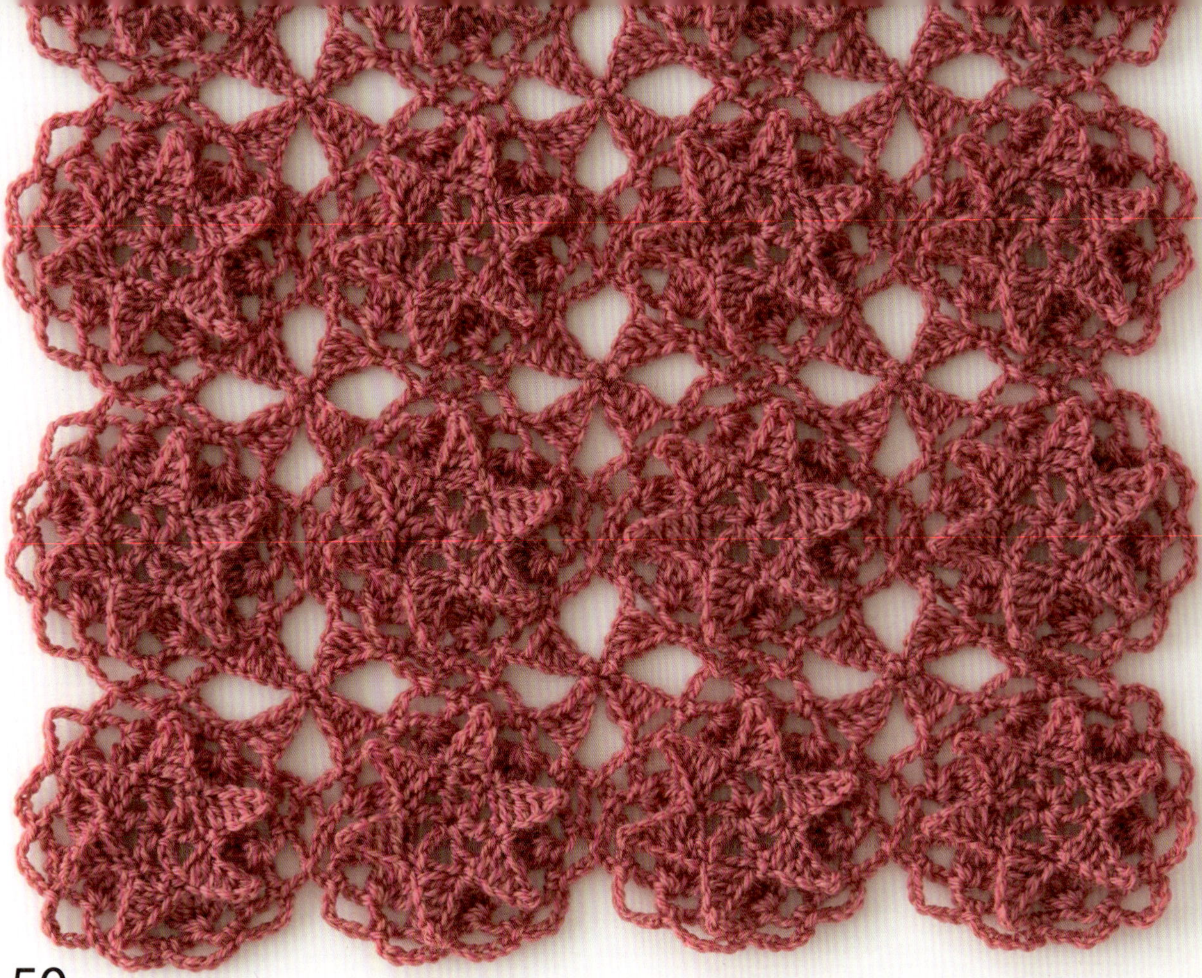

no.50

독특한 모양의 입체 모티브입니다. 뜨개 도안을 보면 어려울 것 같지만, 자세히 들여다보면 난도는 그리 높지 않습니다. 스팀 다림질로 깔끔하게 마무리합니다.

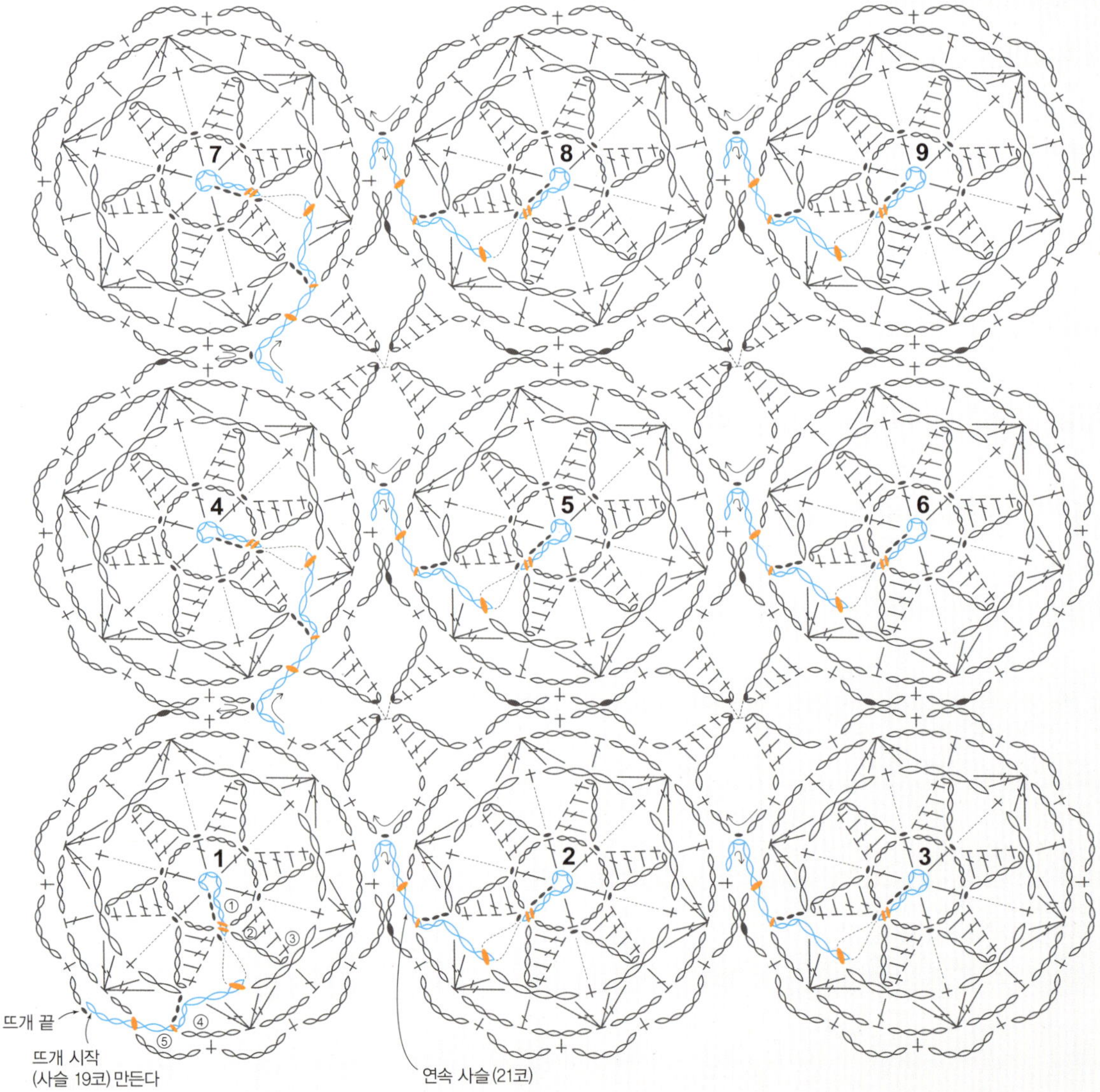

뜨개 끝

뜨개 시작
(사슬 19코) 만든다

연속 사슬 (21코)

no.51

no.50의 배색 버전은 입체 부분이 또렷하게 떠오르도록 짙은 색과 옅은 색을 조합하였습니다. 모티브 사이 공간을 메우는 풍차 무늬와도 잘 어울리는 디자인입니다.

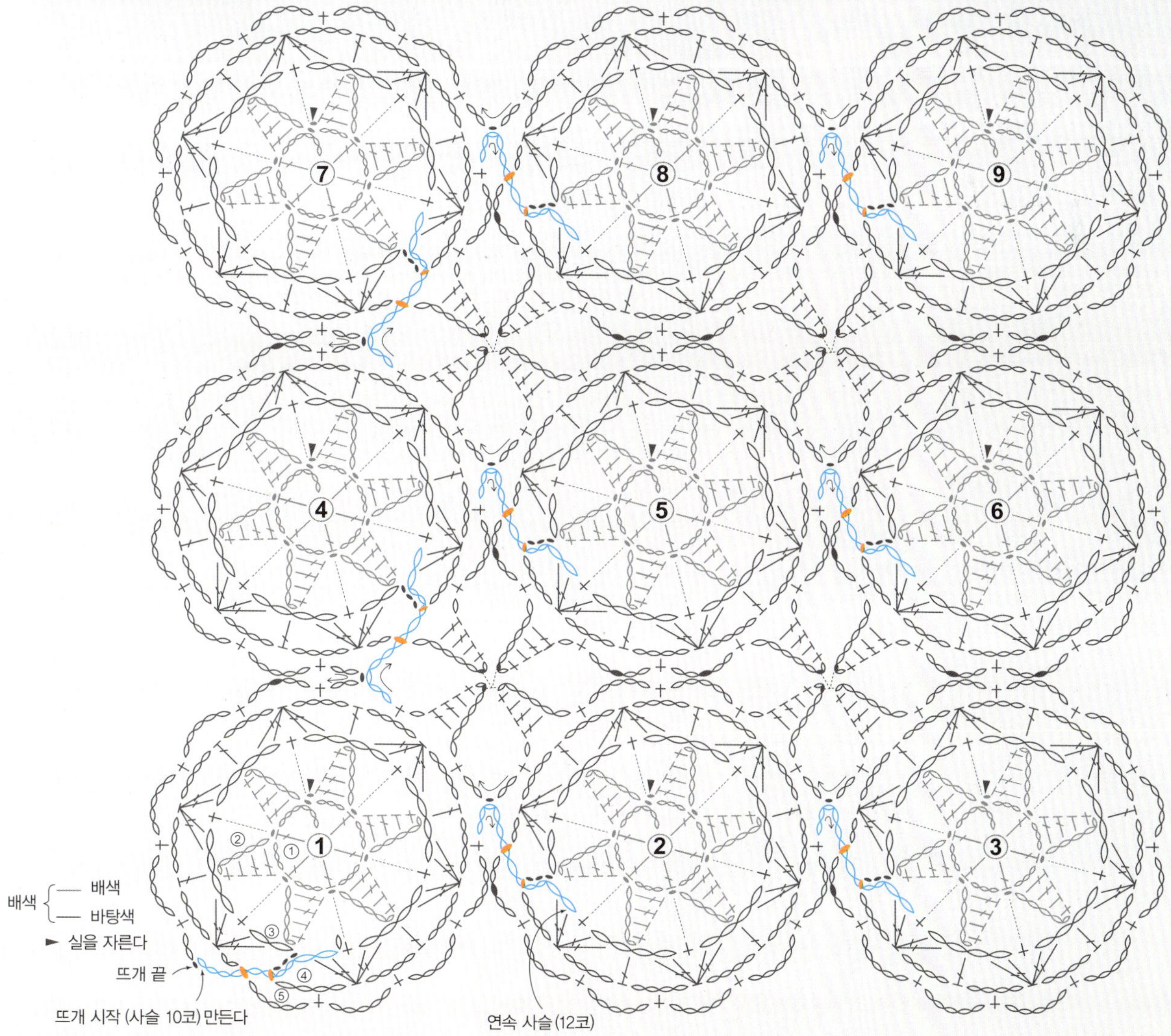

배색 { ── 배색
        ── 바탕색
► 실을 자른다
뜨개 끝
뜨개 시작 (사슬 10코) 만든다
연속 사슬 (12코)

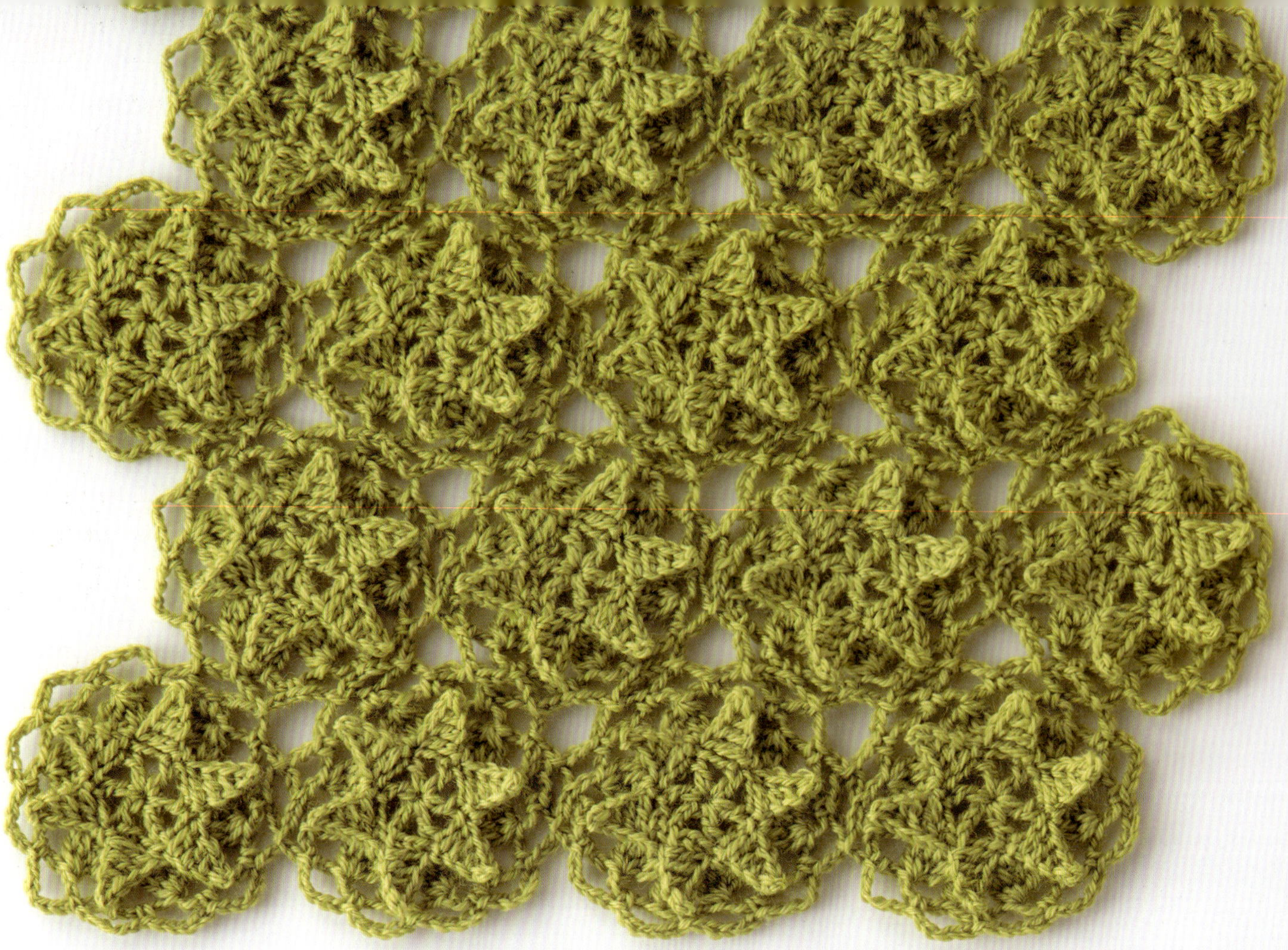

no.52

no.50을 엇갈리게 배치한 버전은 모티브 사이 공간을 메우는 작업이 없는 만큼, 조금은 쉽게 뜰 수 있습니다. 하지만 길게 만들려면 모티브를 더 많이 만들어야겠지요.

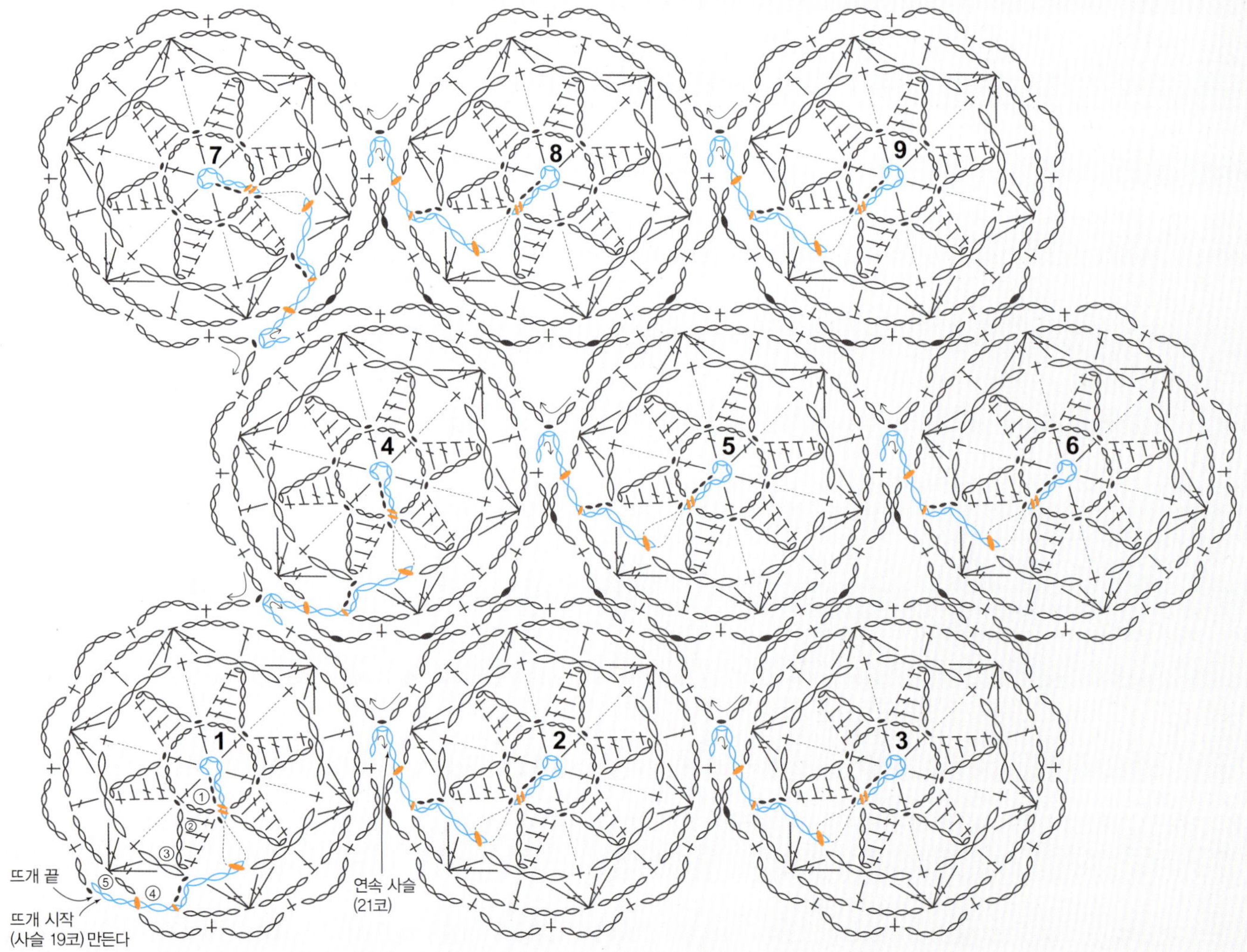

7
8
9
4
5
6
1
2
3
①
②
③
④
⑤
뜨개 끝
뜨개 시작
(사슬 19코) 만든다
연속 사슬
(21코)

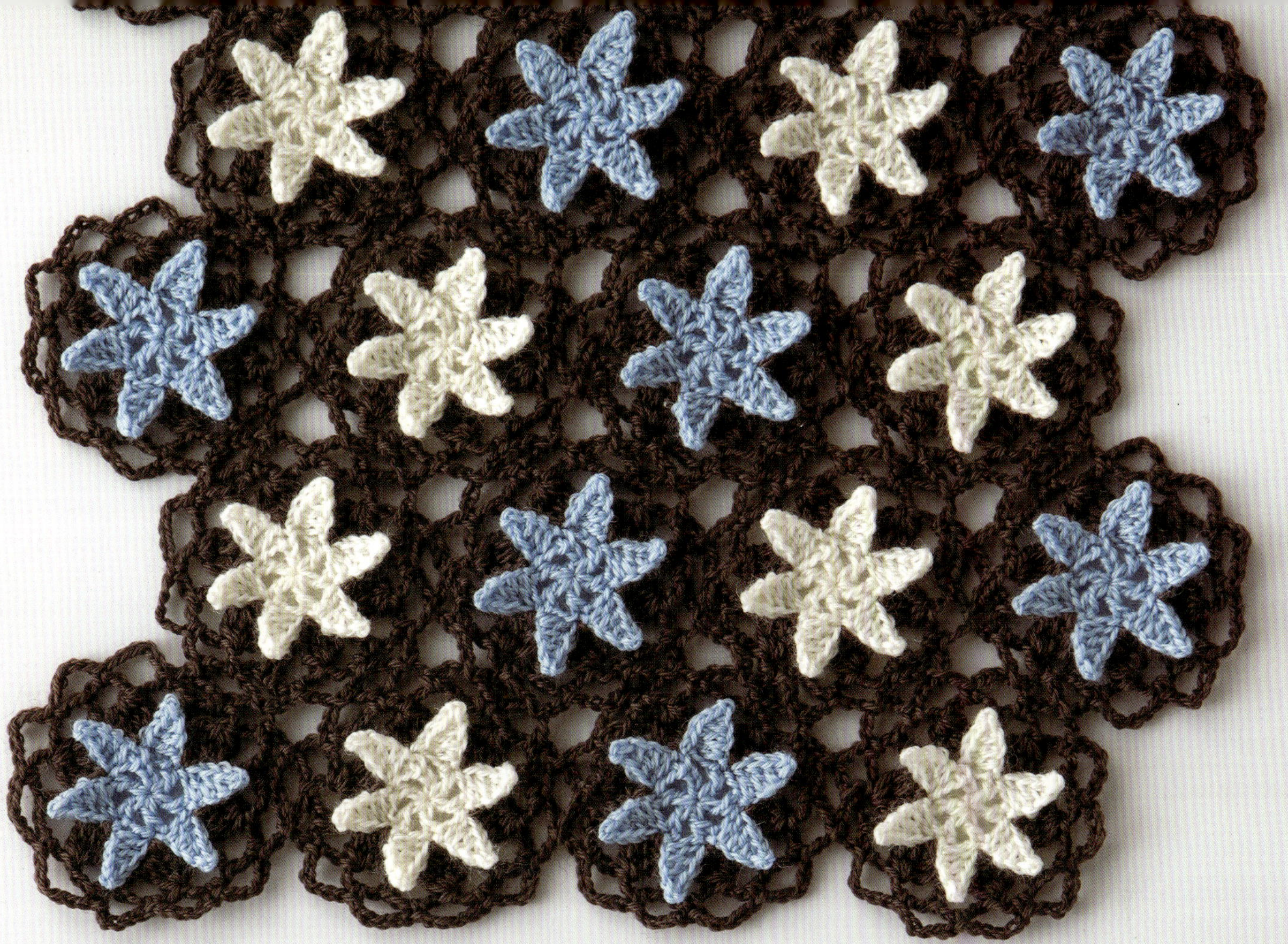

no.53

no.52의 배색 버전은 입체 부분의 색깔을 지그재그로 배치하였습니다. 이 모티브는 뒷면에서 보아도 재미있는 모양이 나오니 꼭 확인해 보세요.

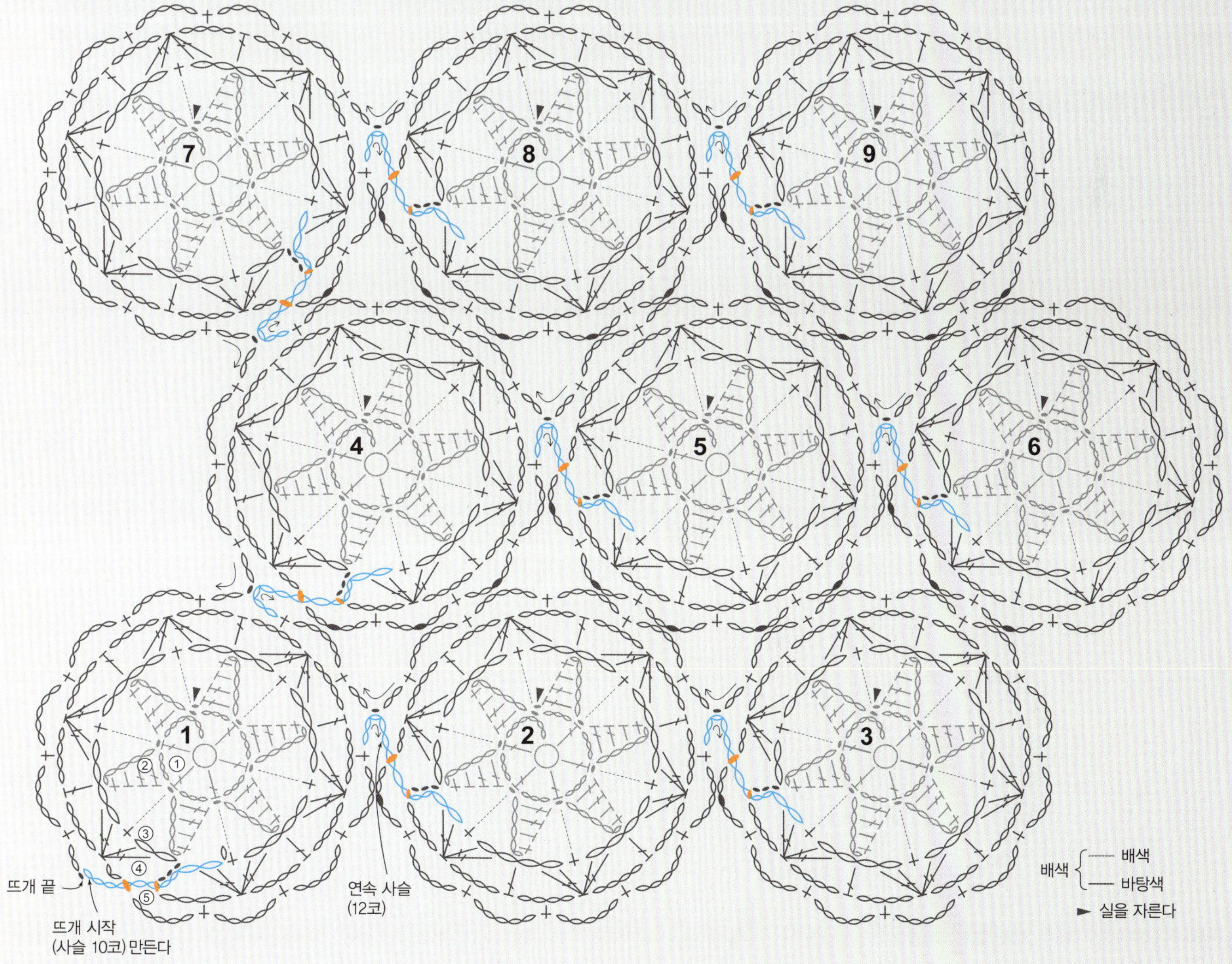

7
8
9
4
5
6
1
2
3
뜨개 끝
뜨개 시작
(사슬 10코) 만든다
연속 사슬
(12코)
배색
배색
바탕색
► 실을 자른다

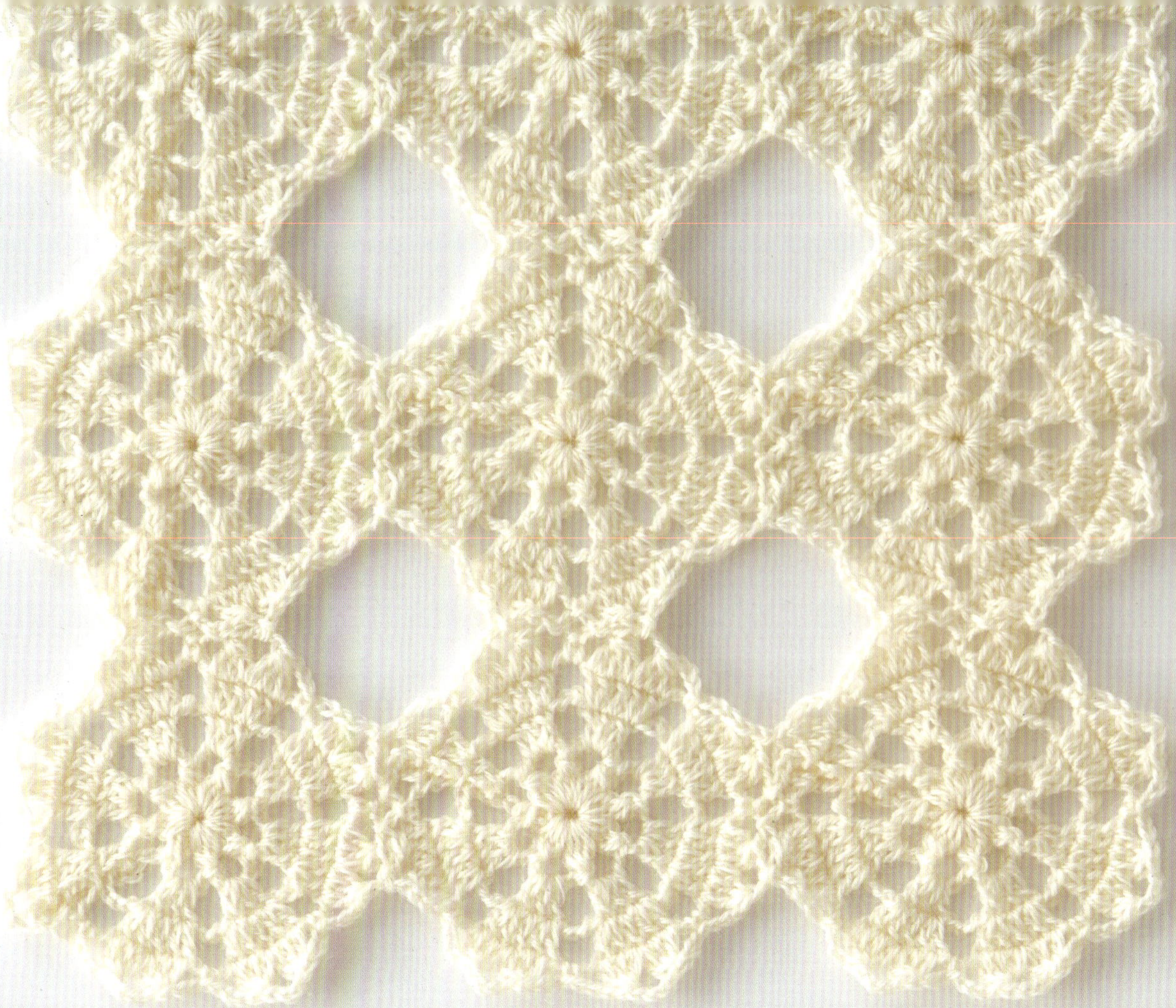

no.54

마거리트를 닮은 꽃 모티브는 큰 모티브 특유의 큰 공간이 포인트입니다. 천과 조합하거나 테이블 러너 등으로 활용하기 좋습니다.

7
8
9
4
5
6
1
2
3
①
②
③
④
연속 사슬
(21코)
뜨개 끝
뜨개 시작 (사슬 20코) 만든다

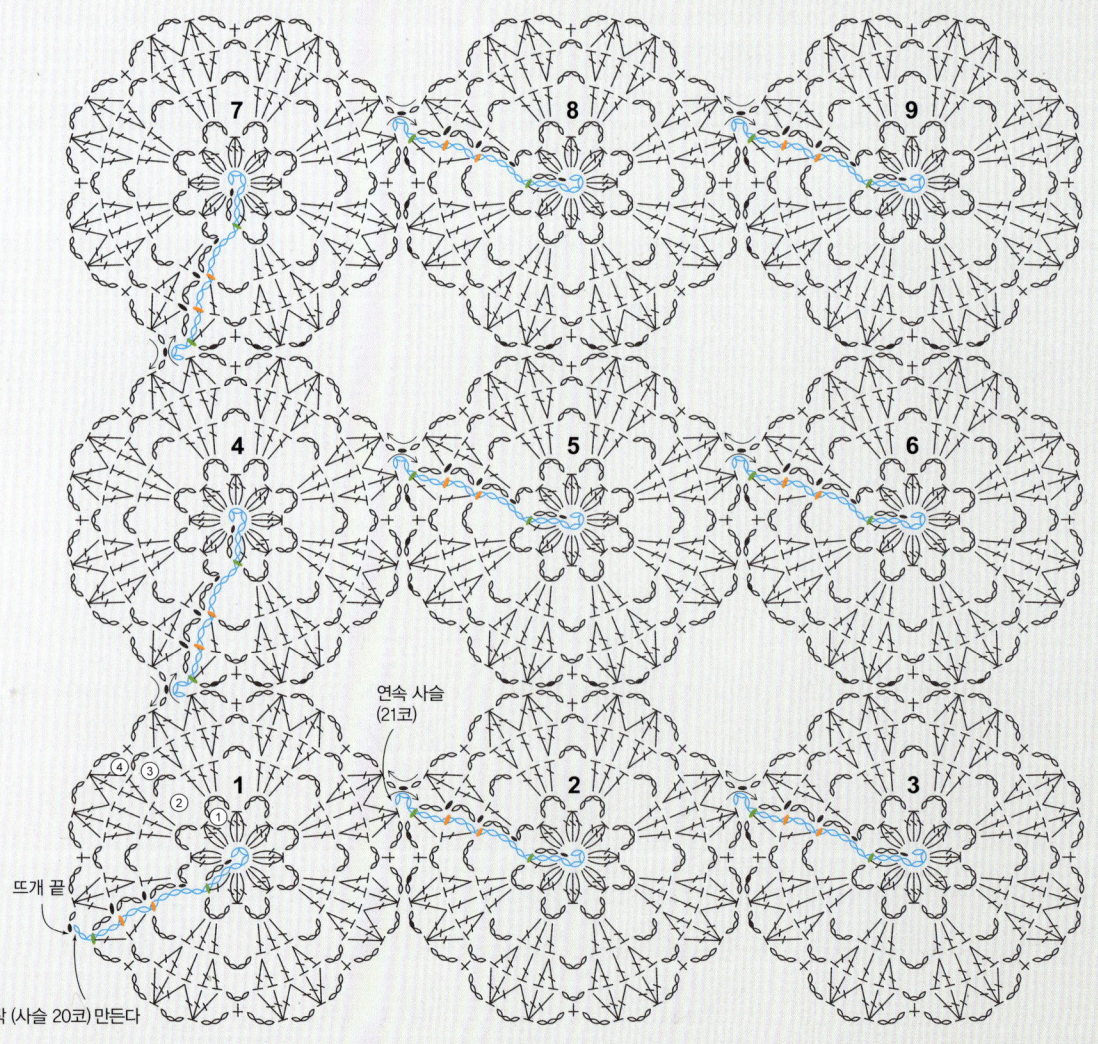

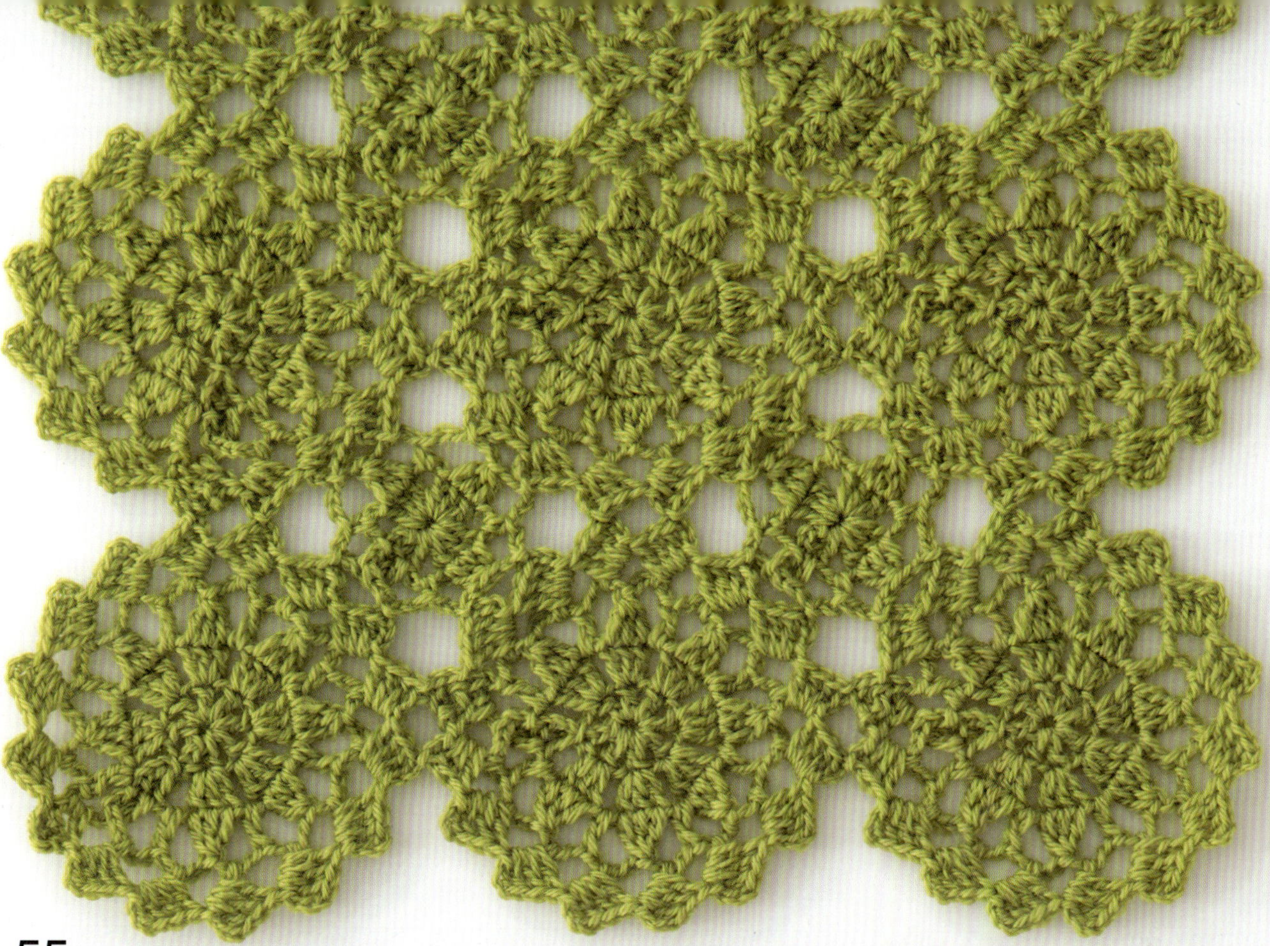

no.55

커다란 원형 모티브는 모티브 사이를 메우고 있는 모티브도 연속해서 뜰 수 있답니다! 난도는 조금 높지만 꼭 도전해보고 싶은 디자인입니다.

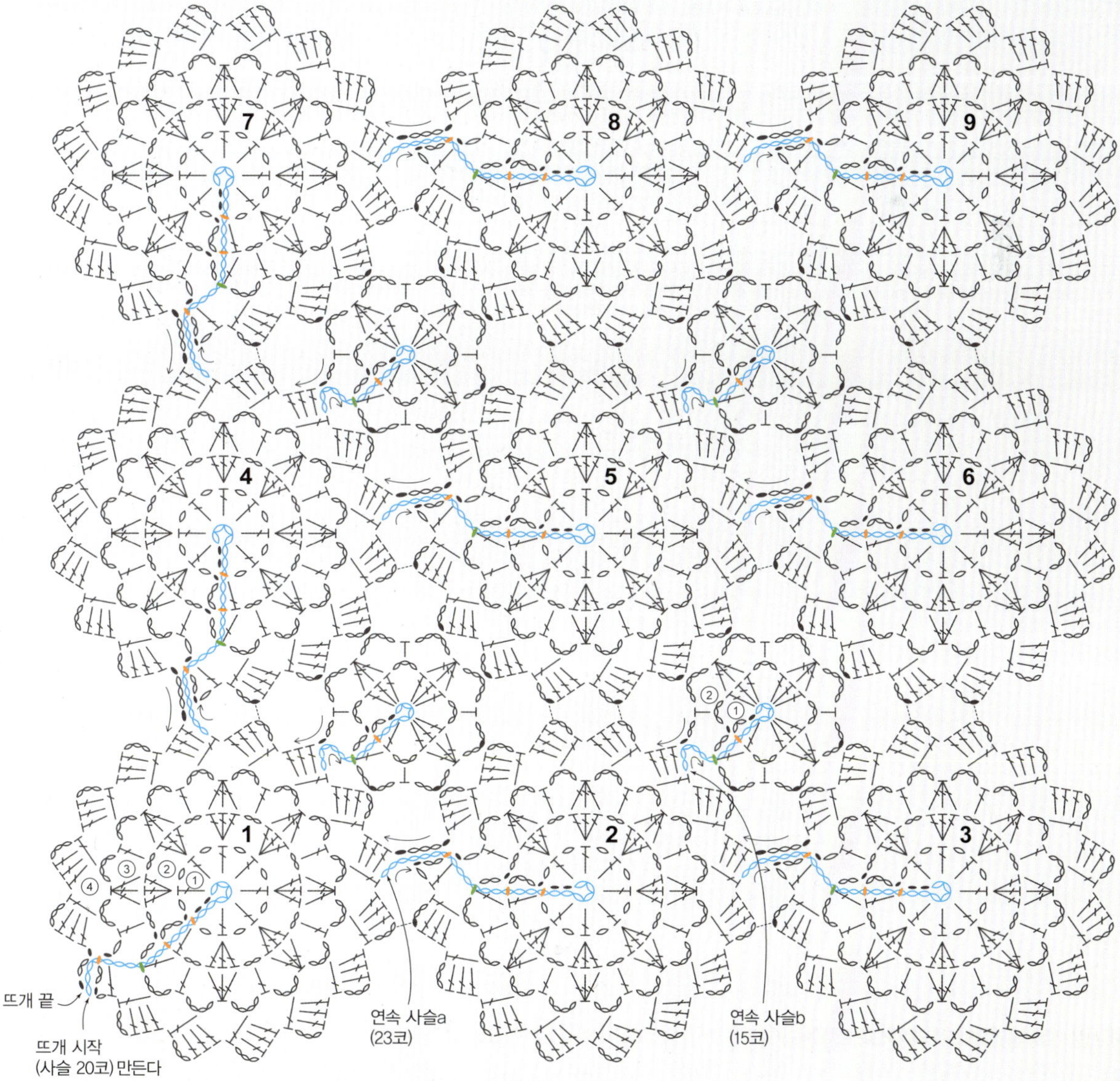

7
8
9
4
5
6
1
2
3
①
②
③
④
뜨개 끝
뜨개 시작
(사슬 20코) 만든다
연속 사슬a
(23코)
연속 사슬b
(15코)

no.56

연속 모티브를 마스터한 사람이라면 반드시 도전해보기를 바라는, 이 책에서 가장 어려운 모티브입니다. 마지막 단의 피코뜨기는 주의해서 떠 주세요! (106쪽 참조)

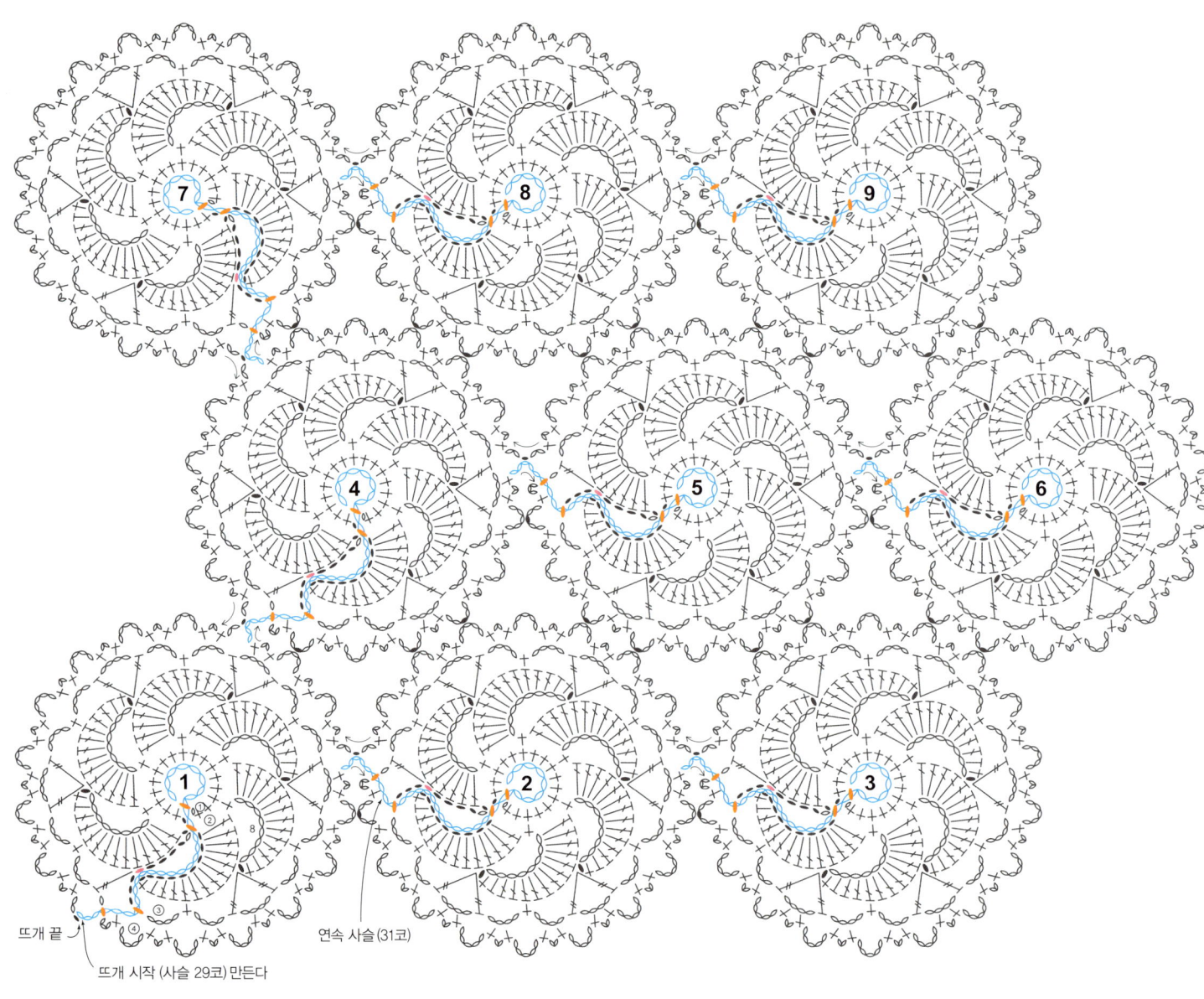

뜨개 끝

뜨개 시작 (사슬 29코) 만든다

연속 사슬 (31코)

no.57

no.56의 배색 버전입니다. 톱니바퀴를 연상
시키는 이 모티브는 어려운 만큼 뜨고 나면
뿌듯함을 느낄 수 있습니다. 연속해서 뜰 때
보다는 어려운 부분이 많이 줄어 한시름 놓
았습니다. (107쪽 참조)

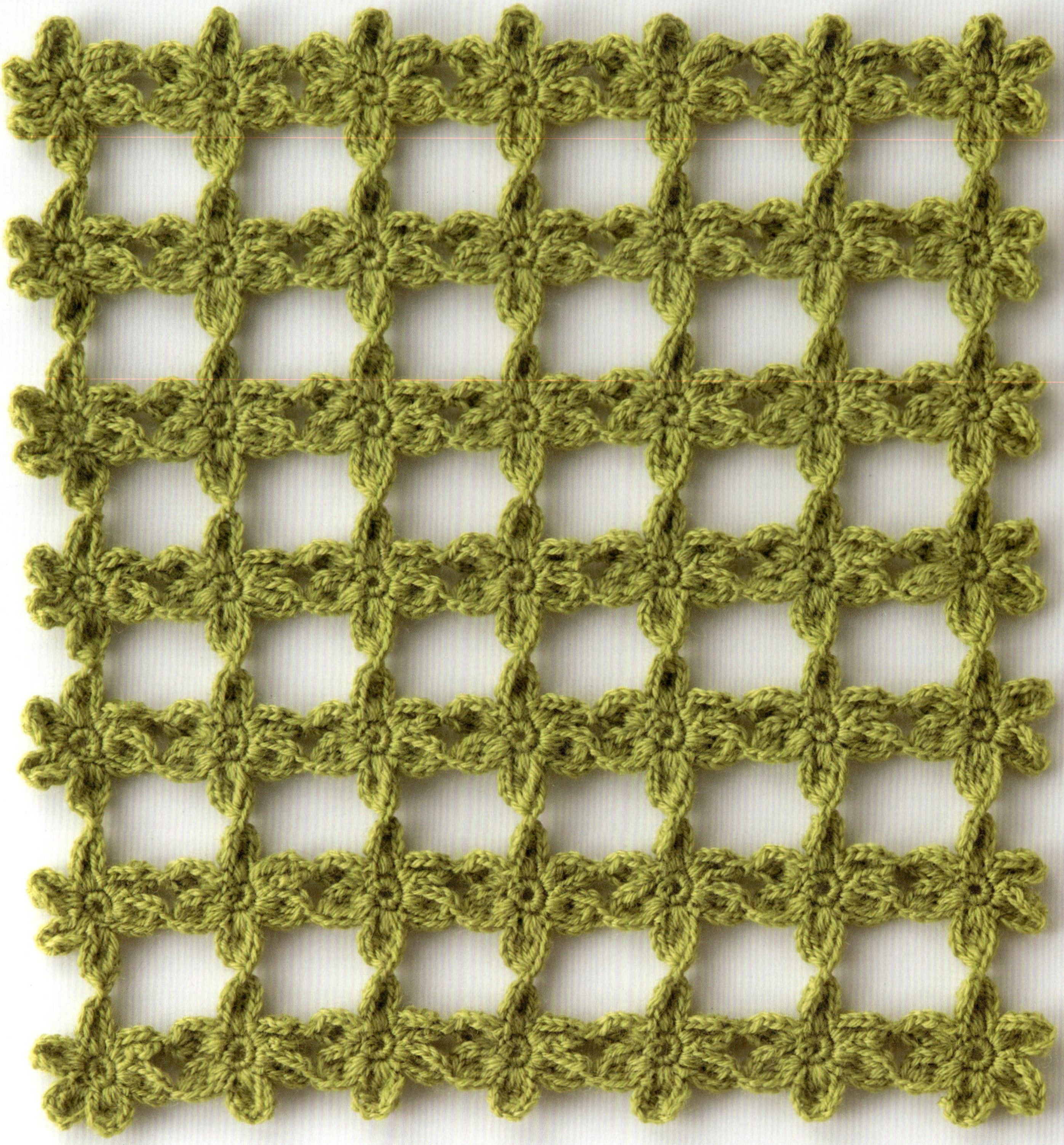

no.58

두 단으로 뜰 수 있는 여섯 꽃잎 모티브를 심플하게 이어 보았습니다. 작은 모티브이기 때문에 굵은 실은 물론, 어떤 실로도 뜰 수 있습니다. (107쪽 참조)

7
8
9
4
5
6
1
2
3
②
①
뜨개 끝
뜨개 시작
(사슬 10코) 만든다
연속 사슬(15코)

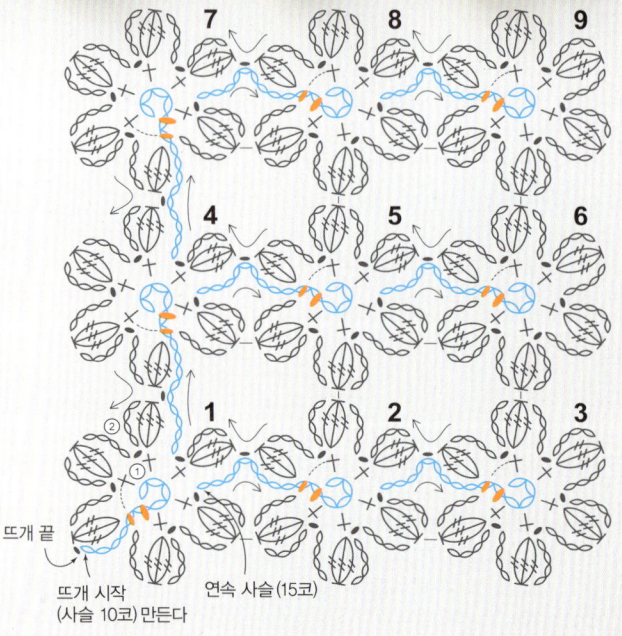

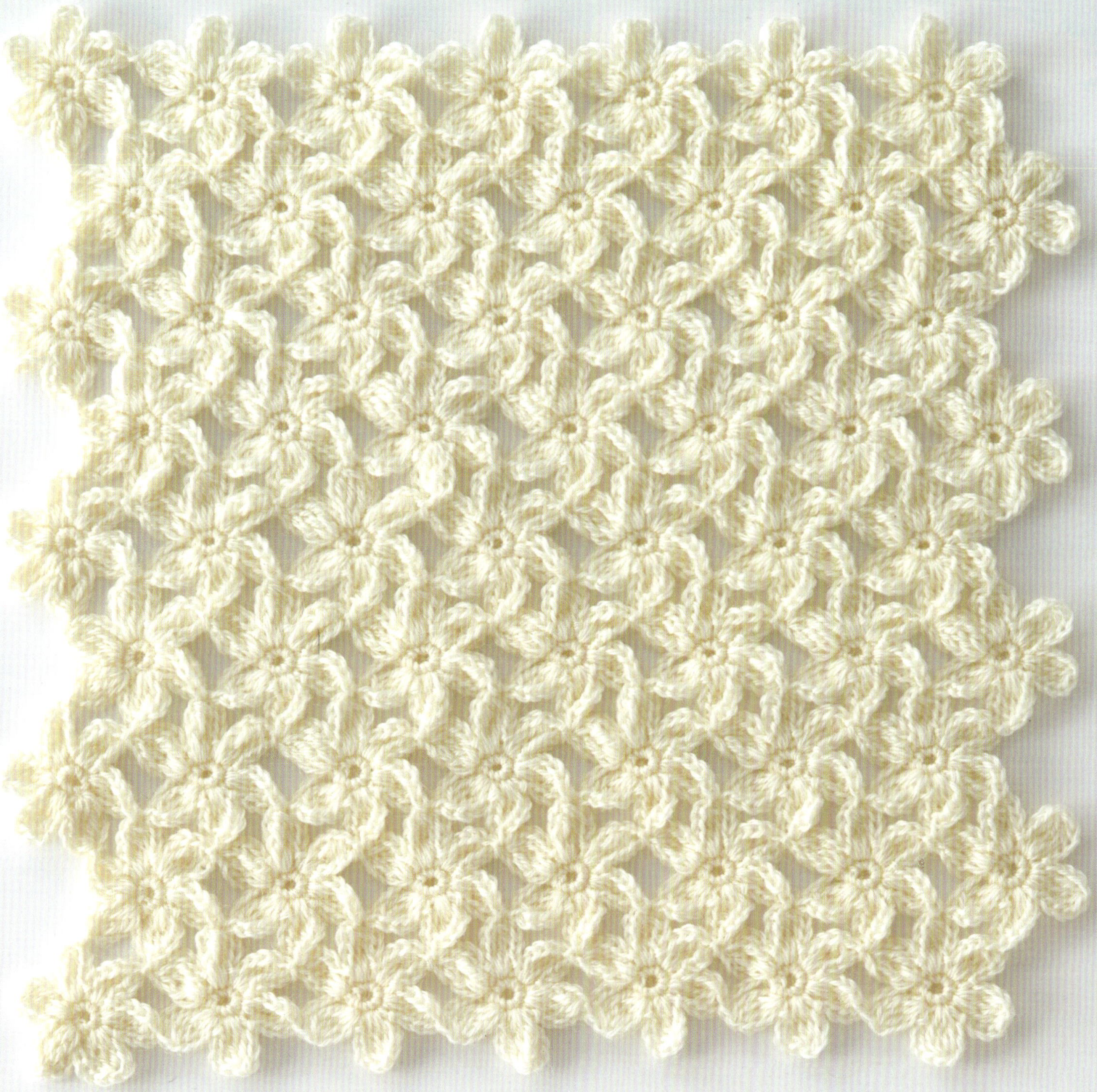

no.59

no.58을 엇갈리게 배치한 버전입니다. 작은 꽃을 촘촘하게 모아서, 단색이지만 힘이 느껴지는 작품으로 완성하였습니다. 모헤어로 떠도 멋스럽습니다. (107쪽 참조)

7
8
9
4
5
6
②
①
1
2
3
뜨개 끝
뜨개 시작
(사슬 10코) 만든다
연속 사슬(15코)

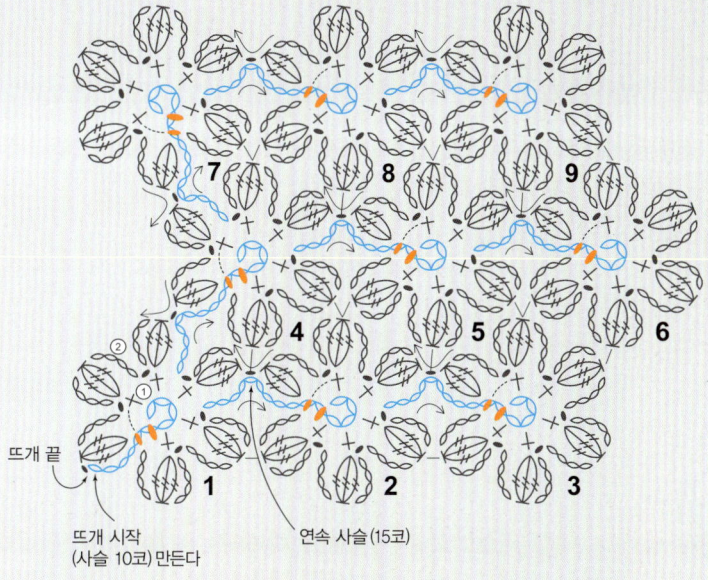

no.60

모티브 사이의 사슬뜨기 공간과 육각형의 모티브가 어우러져 거북등 모양처럼 보입니다. 피코의 콧수를 조정하여 모티브 사이의 공간 부분을 튼튼하게 연결하였습니다.

뜨개 끝

뜨개 시작
(사슬 17코) 만든다

연속 사슬 (18코)

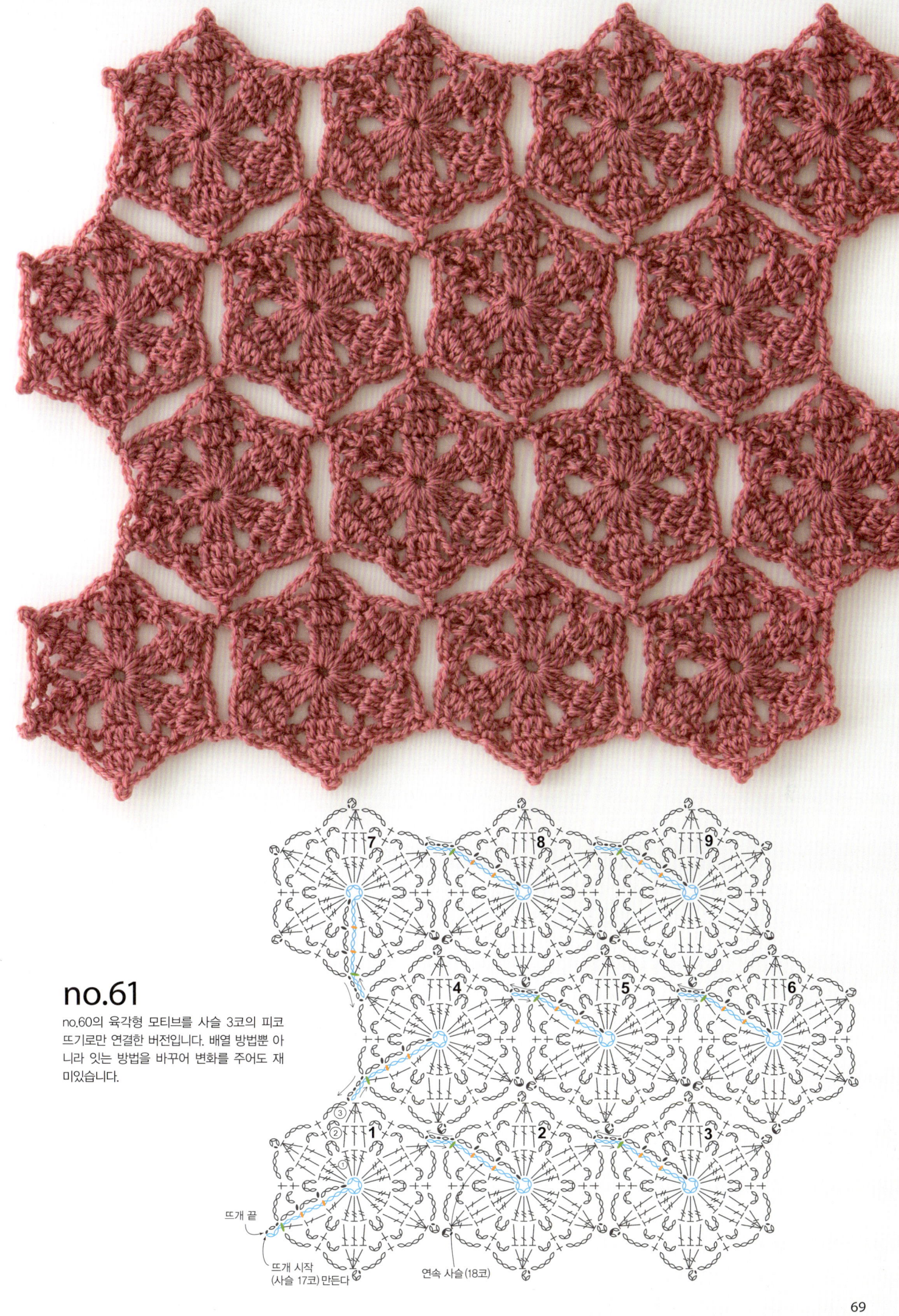

no.61

no.60의 육각형 모티브를 사슬 3코의 피코 뜨기로만 연결한 버전입니다. 배열 방법뿐 아니라 잇는 방법을 바꾸어 변화를 주어도 재미있습니다.

뜨개 끝

뜨개 시작
(사슬 17코) 만든다

연속 사슬 (18코)

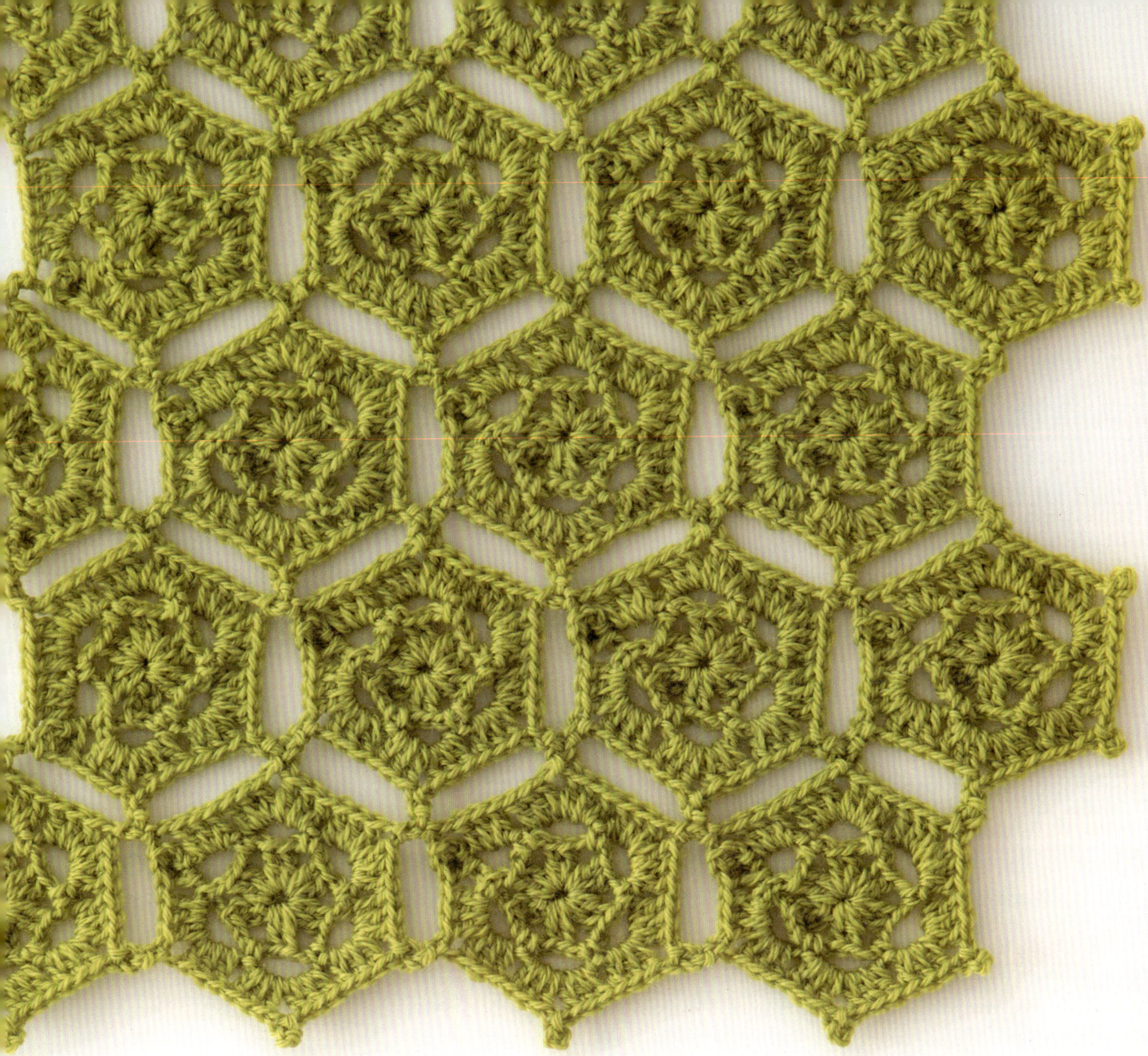

no.62

작은 육각형을 크기가 꼭 맞는 육각형으로 감싼 디자인입니다. 피코로만 연결하다 보니 뜨개 바탕이 늘어나, 또다시 원으로 둘러싸인 듯 보이기도 합니다.

7
8
9
4
5
6
1
2
3
뜨개 끝
뜨개 시작
(사슬 19코) 만든다
연속 사슬(20코)

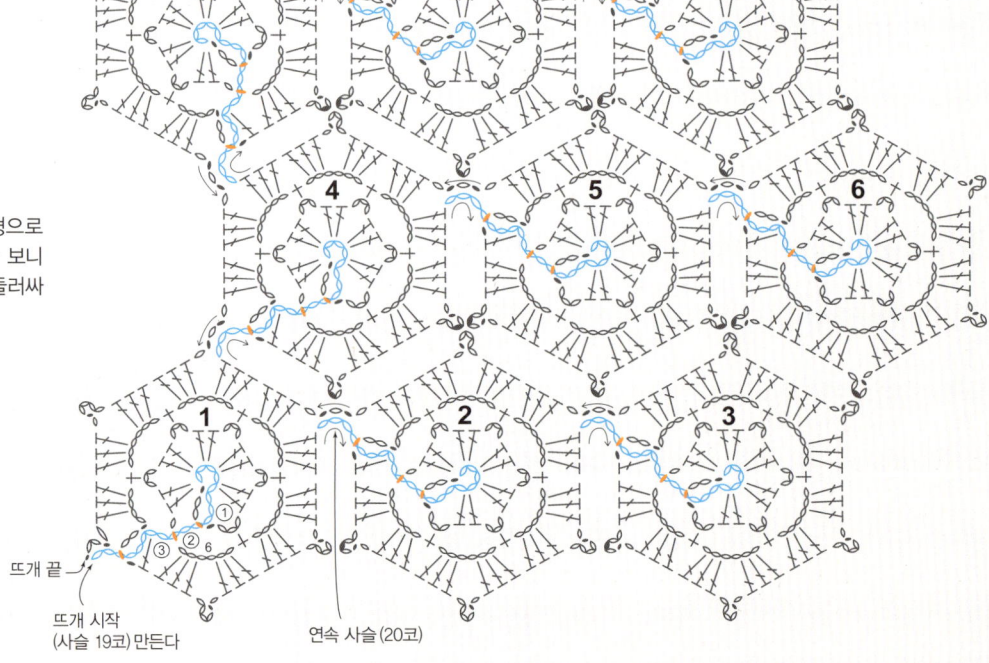

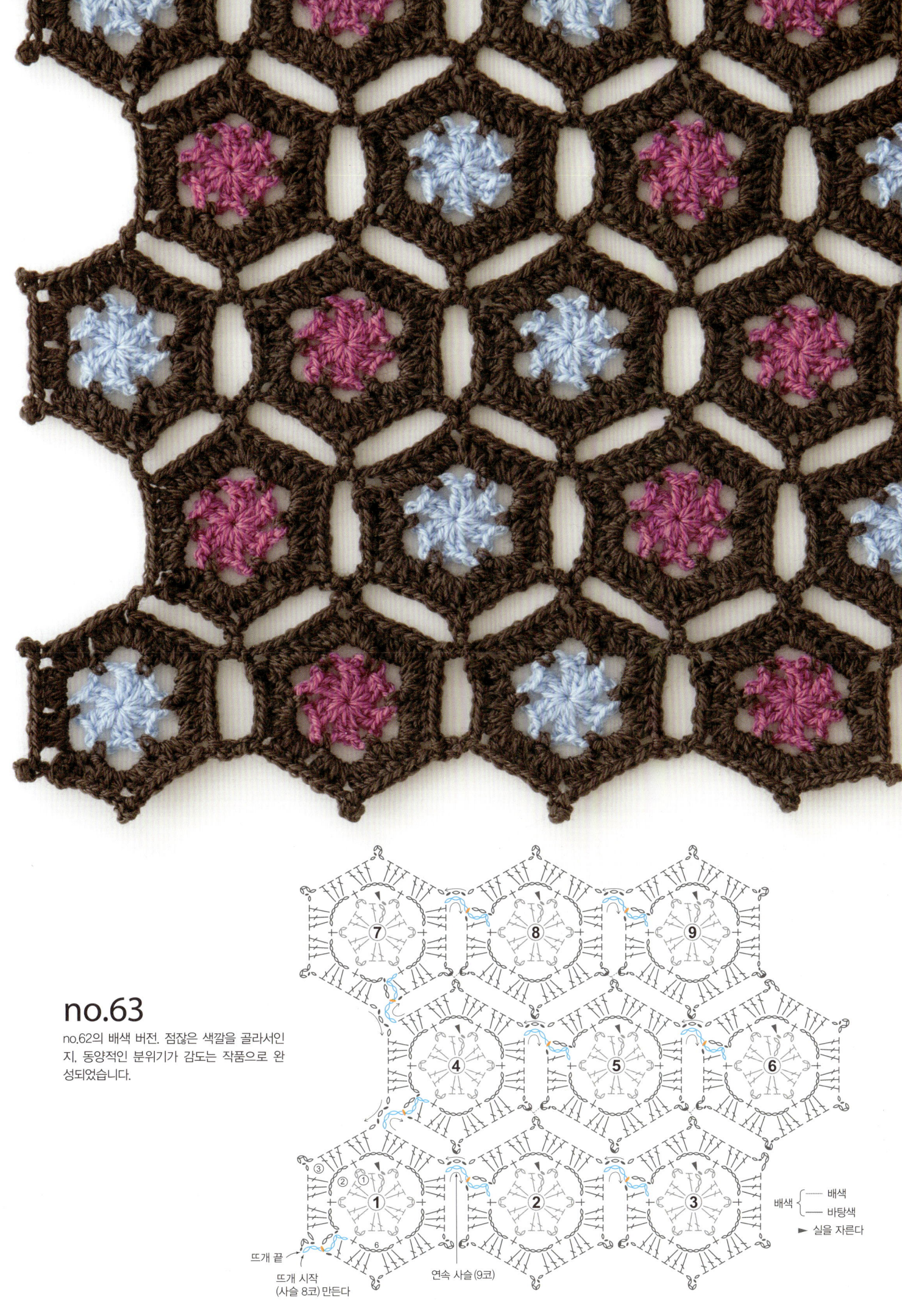

no.63

no.62의 배색 버전. 점잖은 색깔을 골라서인지, 동양적인 분위기가 감도는 작품으로 완성되었습니다.

배색 ⎰ ─ 배색
     ⎱ ─ 바탕색
▶ 실을 자른다

뜨개 끝

뜨개 시작
(사슬 8코) 만든다

연속 사슬(9코)

no.64

가냘픈 눈 결정 모양을 이으면, 모티브 중앙
과 같은 간격의 빈 공간이 큰 꽃잎처럼 펼쳐
집니다. 연속해서 뜨는 부분은 조금 어렵지
만, 힘내세요!

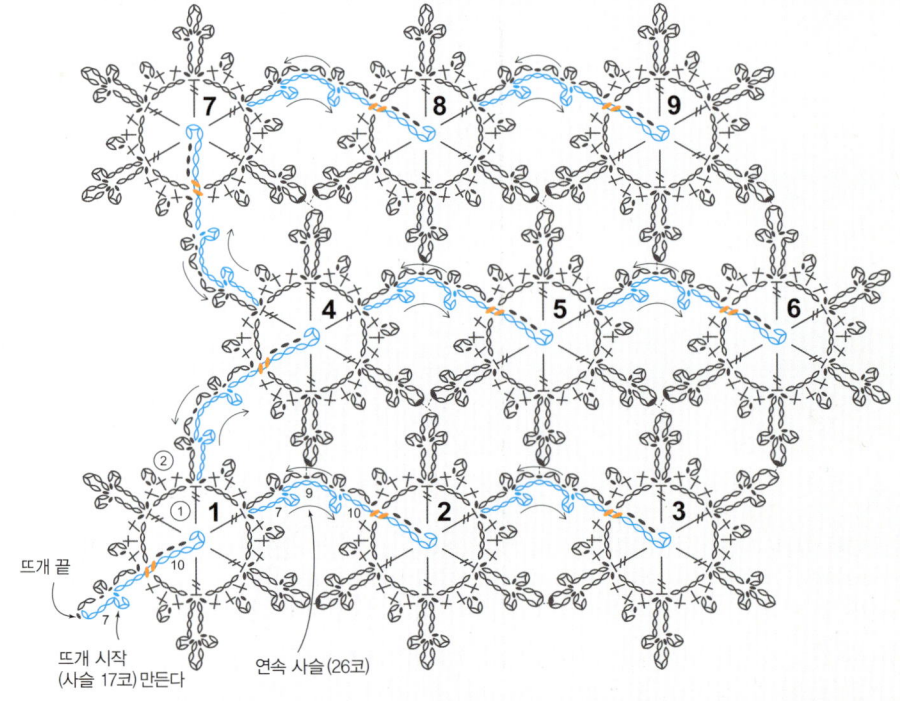

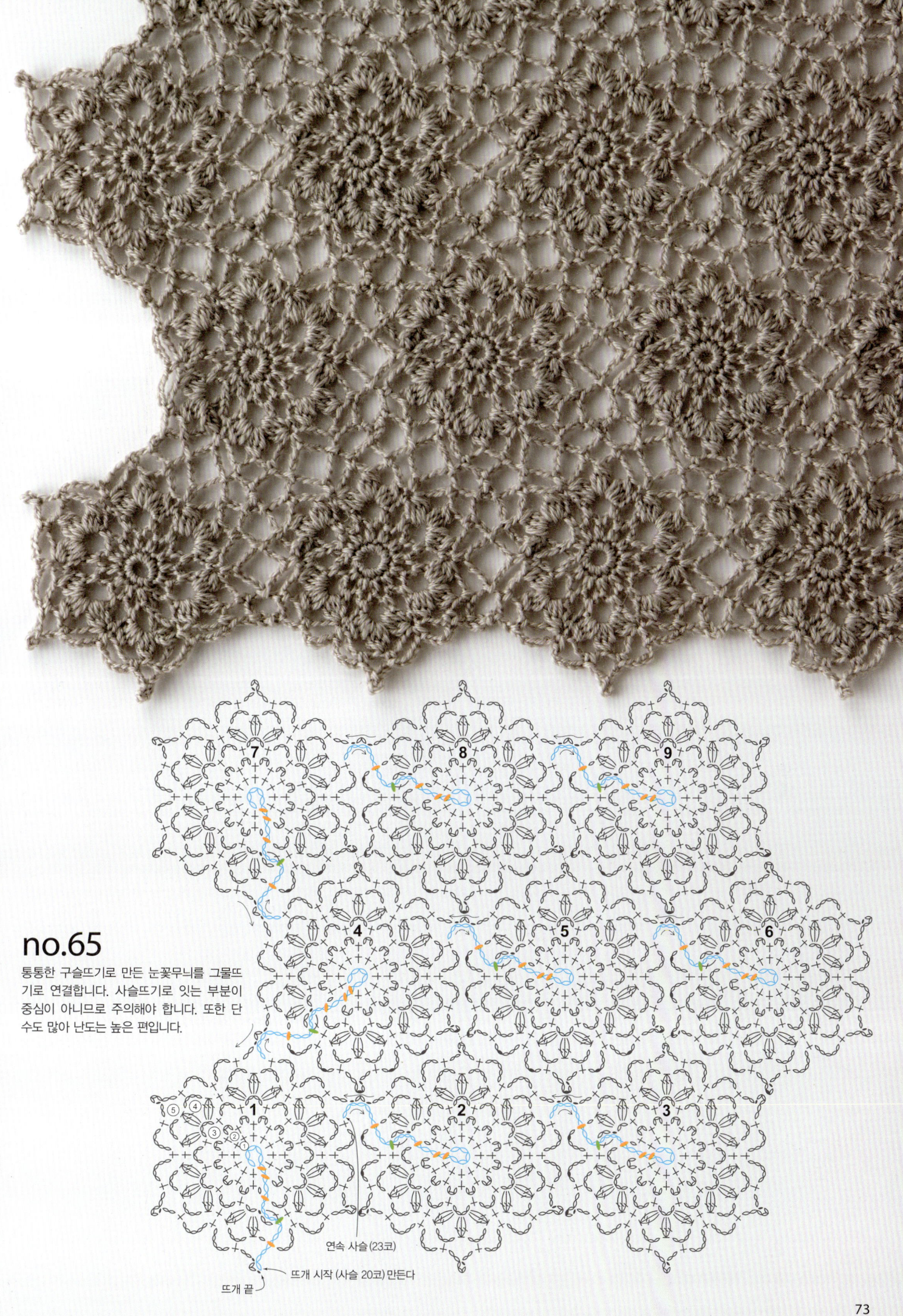

no.65

통통한 구슬뜨기로 만든 눈꽃무늬를 그물뜨
기로 연결합니다. 사슬뜨기로 잇는 부분이
중심이 아니므로 주의해야 합니다. 또한 단
수도 많아 난도는 높은 편입니다.

연속 사슬 (23코)

뜨개 시작 (사슬 20코) 만든다

뜨개 끝

no.66

큼직한 공간이 시원스런 육각형은 모티브 자체도 큰 편이므로 실 선택을 잘 해야 합니다. 단, 꽃잎 사이에 사슬을 배치하였기 때문에 보기보다는 가볍게 완성됩니다.

연속 사슬 (24코)

뜨개 시작 (사슬 23코) 만든다

뜨개 끝

no.67

no.66의 배색 버전. 진한 색과 연한 색을 조
합했더니, 모티브 안에서 작은 꽃무늬가 떠
올랐습니다. 같은 모티브라고는 생각하기 힘
든 변신입니다!

뜨개 끝

실을 연결한다

연속 사슬(3코)

배색 ⌐ 배색
     └ 바탕색

► 실을 자른다

no.68

클레마티스 꽃을 닮은 모티브를 엇갈리게 늘
어놓았습니다. 짧은뜨기 두 단으로 튼튼하게
모양을 내고 있어, 공간이 커도 모양 변형이
적은 디자인입니다. (107쪽 참조)

뜨개 끝

뜨개 시작 (사슬 17코) 만든다

연속 사슬(19코)

no.69

no.68의 배색 버전은 붉은색과 쥐색의 조합
으로 고풍스러운 느낌이 듭니다. 마지막 단에
서 테두리를 두르며 이으면, 전통 무늬인 대
마잎 무늬가 보이기 시작합니다.

뜨개 끝

①

실을 연결한다

연속 사슬(3코)

배색 {
배색
바탕색
}

► 실을 자른다

no.70

안쪽의 작은 꽃을 보호하듯 감싼 육각형 모티브입니다. 마지막 단의 다리가 붙어 있는 한길 긴뜨기는 반드시 뜨개코를 갈라서 떠야 모양이 유지되니 주의해 주세요.

뜨개 끝
뜨개 시작 (사슬 23코) 만든다
연속 사슬 (24코)

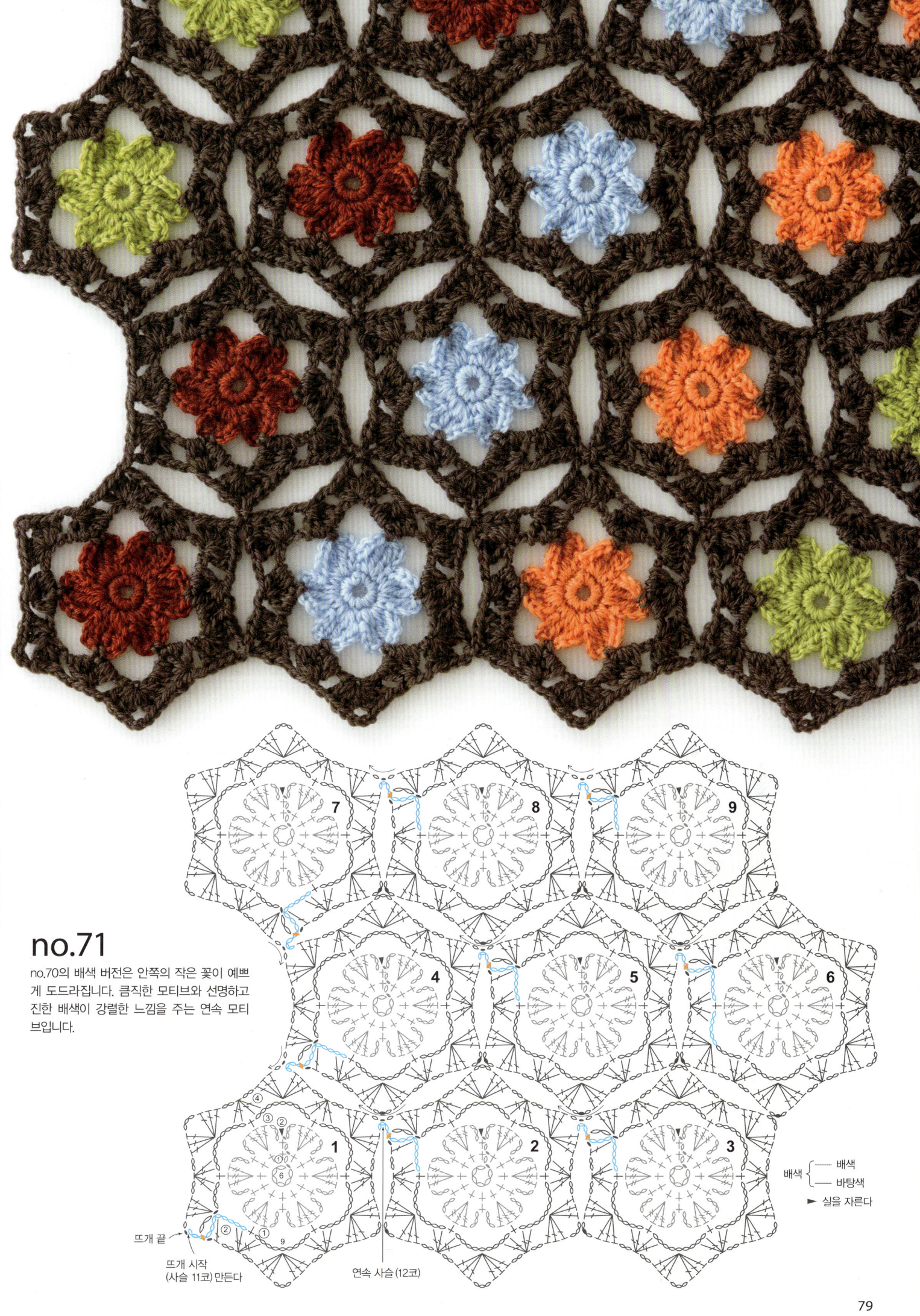

no.71

no.70의 배색 버전은 안쪽의 작은 꽃이 예쁘
게 도드라집니다. 큼직한 모티브와 선명하고
진한 배색이 강렬한 느낌을 주는 연속 모티
브입니다.

배색 { 배색
　　　 바탕색
► 실을 자른다

뜨개 끝
뜨개 시작
(사슬 11코) 만든다
연속 사슬 (12코)

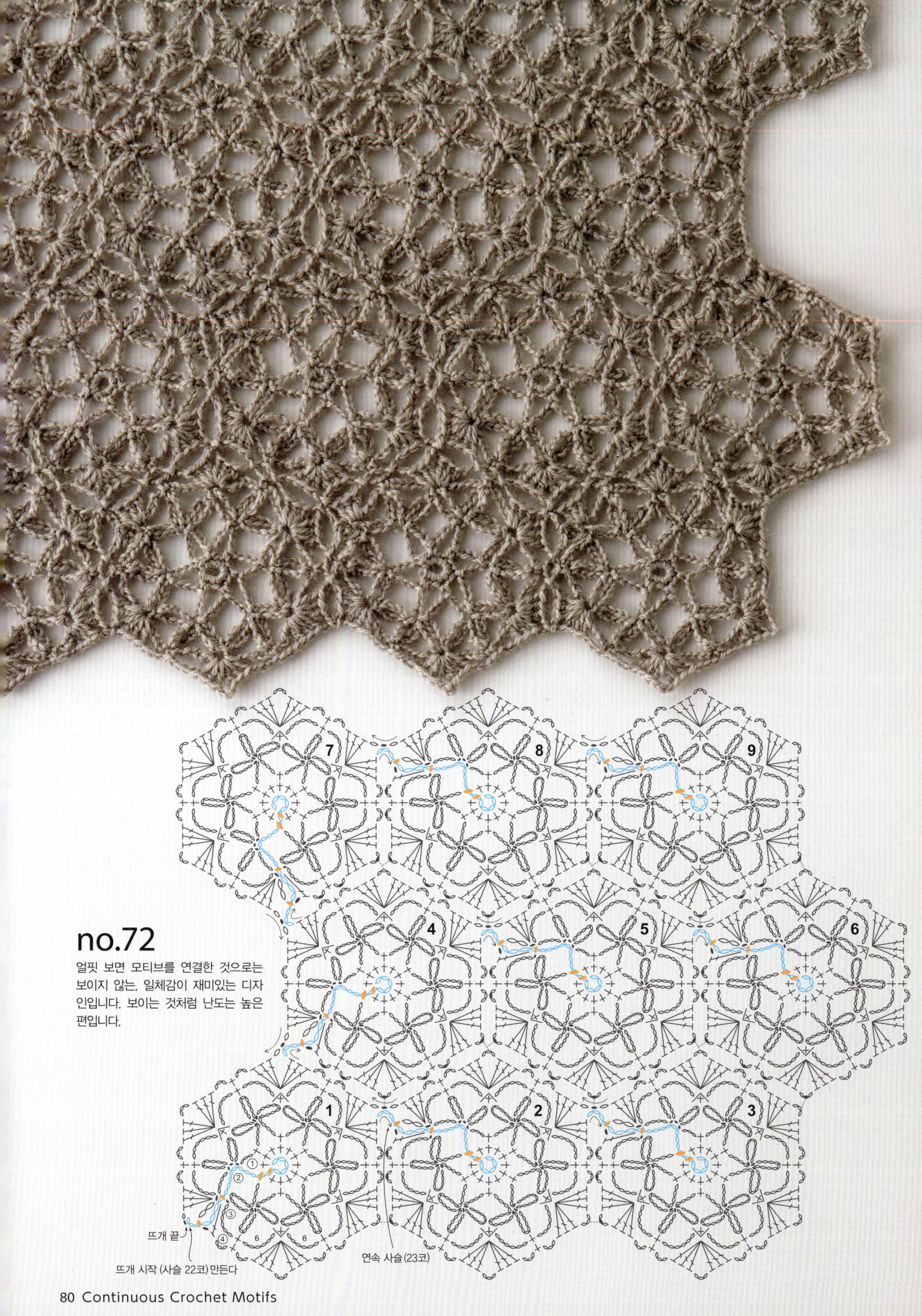

no.72

얼핏 보면 모티브를 연결한 것으로는
보이지 않는, 일체감이 재미있는 디자
인입니다. 보이는 것처럼 난도는 높은
편입니다.

뜨개 끝
뜨개 시작 (사슬 22코) 만든다
연속 사슬(23코)

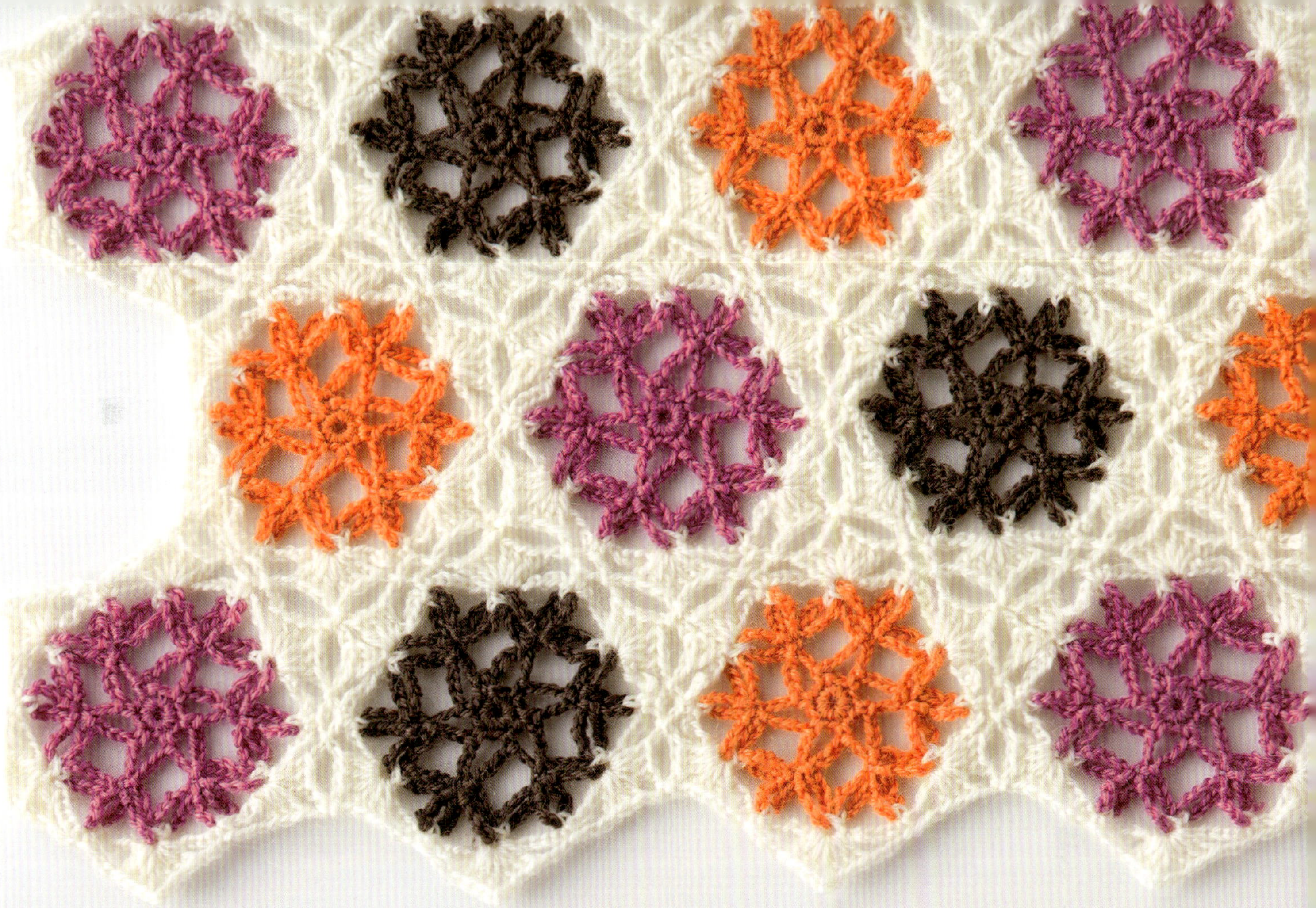

no.73

no.72의 배색 버전. 모티브의 중심부가 눈의 결정 모양처럼 줄지어 있습니다. 사이 공간을 메우는 한길 긴뜨기 6코의 삼각무늬도 아름다운 포인트가 되었습니다.

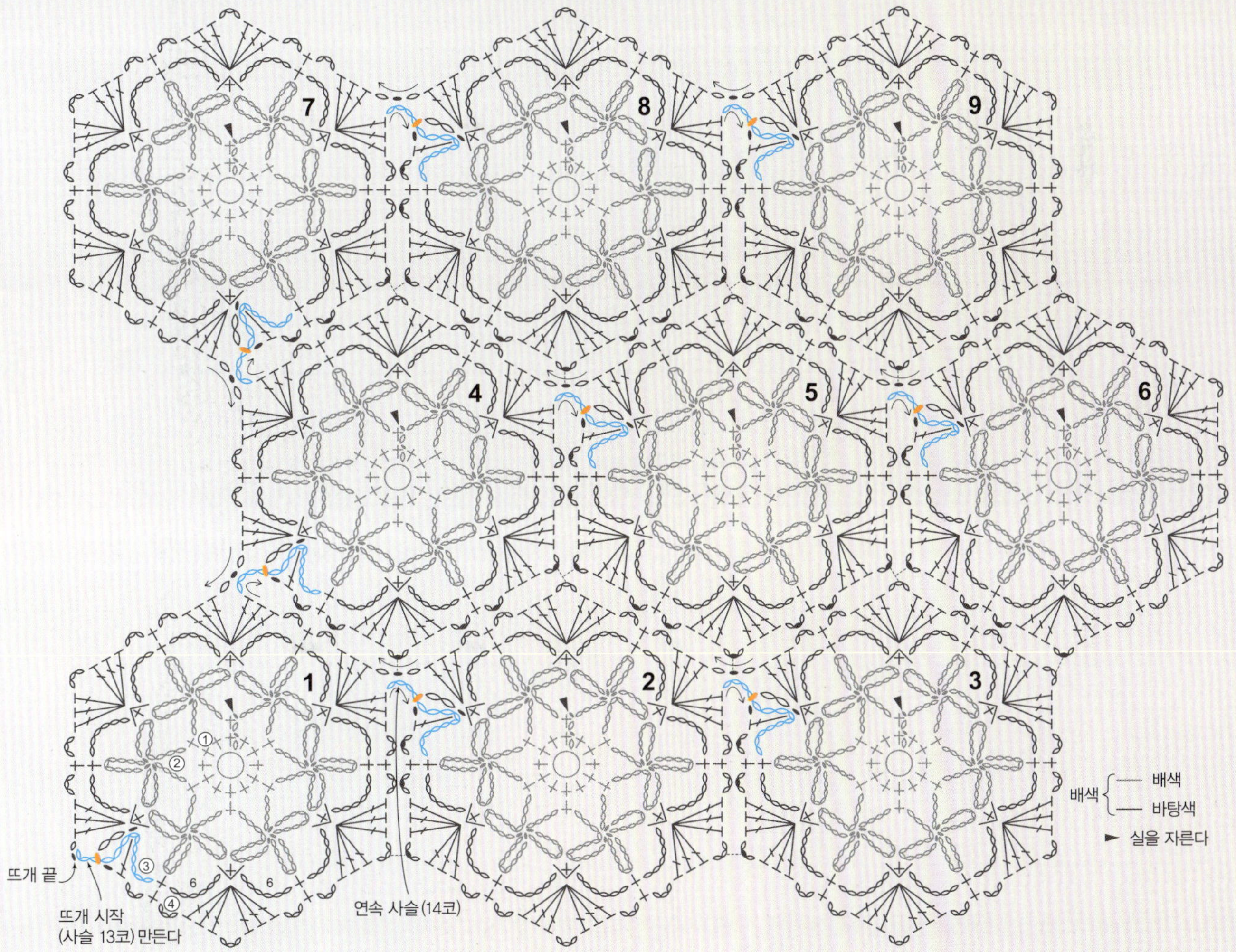

배색 {
배색
바탕색

► 실을 자른다

뜨개 끝

뜨개 시작
(사슬 13코) 만든다

연속 사슬(14코)

no.74

중심 부분의 한길 긴뜨기와 구슬뜨기의 조합이 수레국화를 연상시키는, 크고 박력 있는 육각형의 모티브입니다. 단수가 많으므로 실은 가볍고 가는 것으로 고릅니다.

뜨개 끝

뜨개 시작
(사슬 24코) 만든다

연속 사슬 (27코)

no.75

no.74의 배색 버전. 연속 부분의 구슬뜨기와
피코뜨기가 이렇게 화려했다니! 배색을 하면
단색에서는 미처 알아차리지 못했던 것들과
만나게 됩니다.

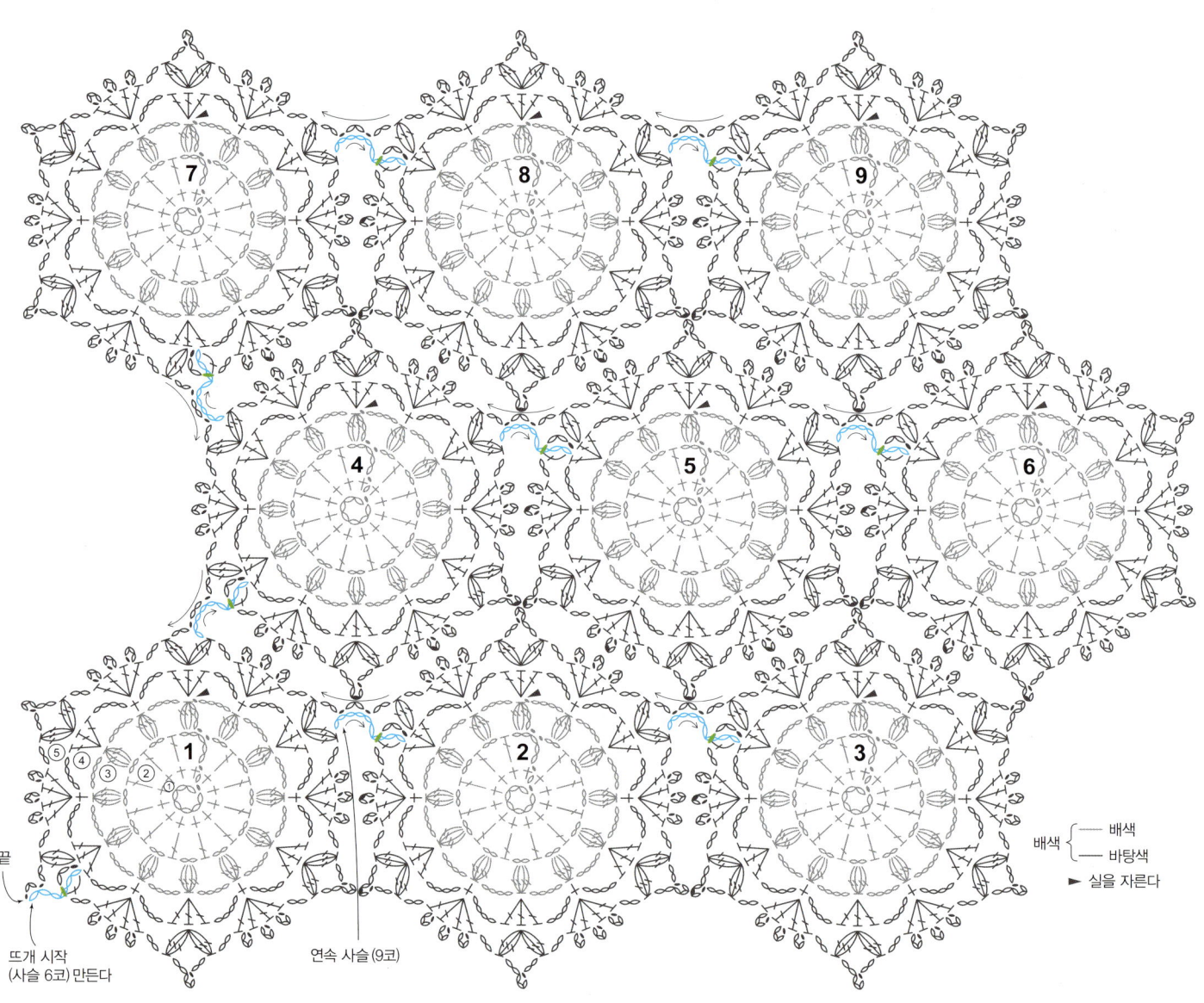

뜨개 끝

뜨개 시작
(사슬 6코) 만든다

연속 사슬 (9코)

배색 ─┤ 배색
     └─ 바탕색
► 실을 자른다

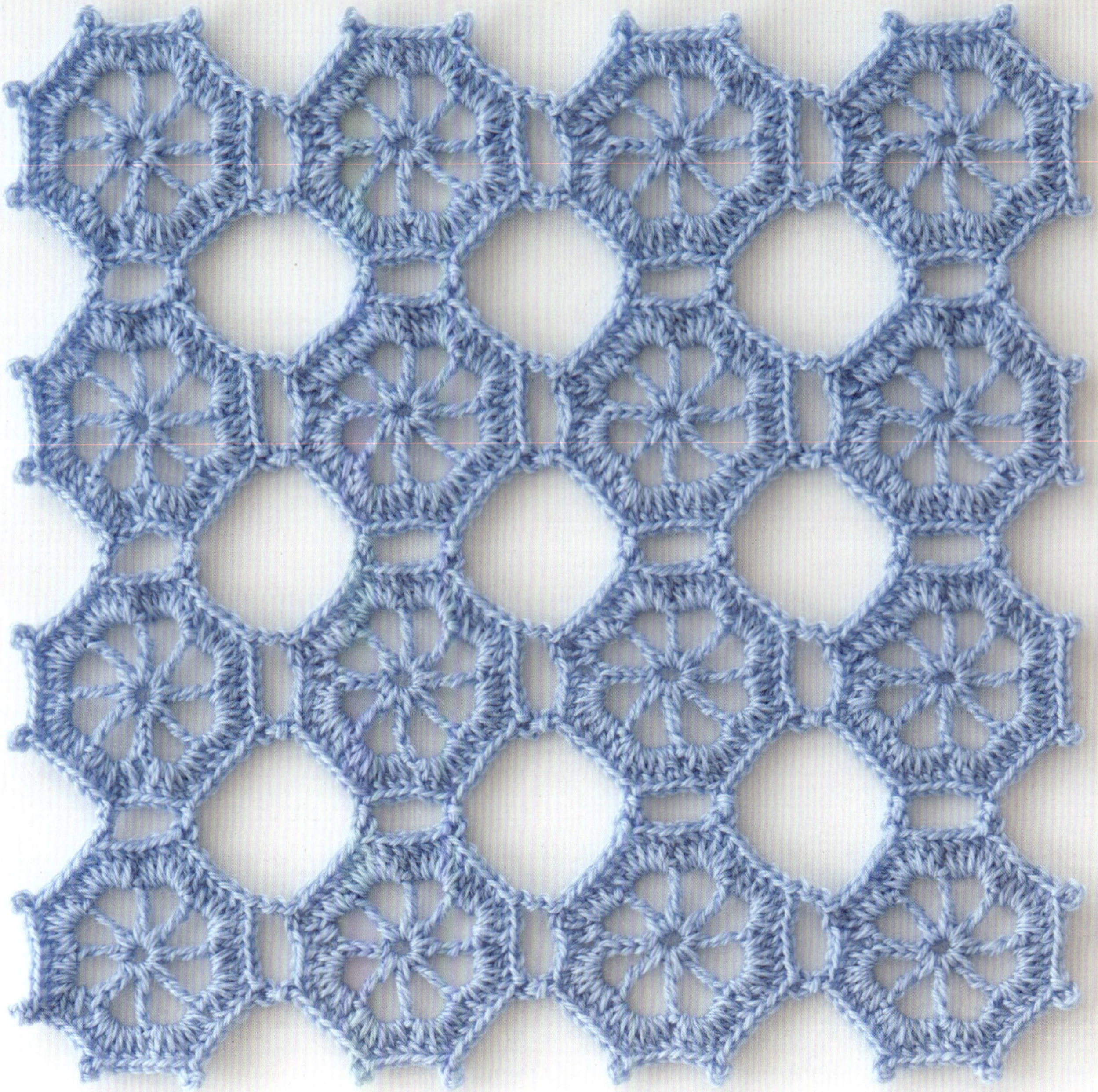

no.76

오렌지 혹은 레몬의 단면 같은 산뜻한 팔각형의 모티브입니다. 쉽게 뜰 수 있고 무늬의 일그러짐도 적은 재미있는 연속 모티브입니다.

7
8
9
4
5
6
1
2
3
뜨개 끝
뜨개 시작 (사슬 15코) 만든다
연속 사슬 (16코)

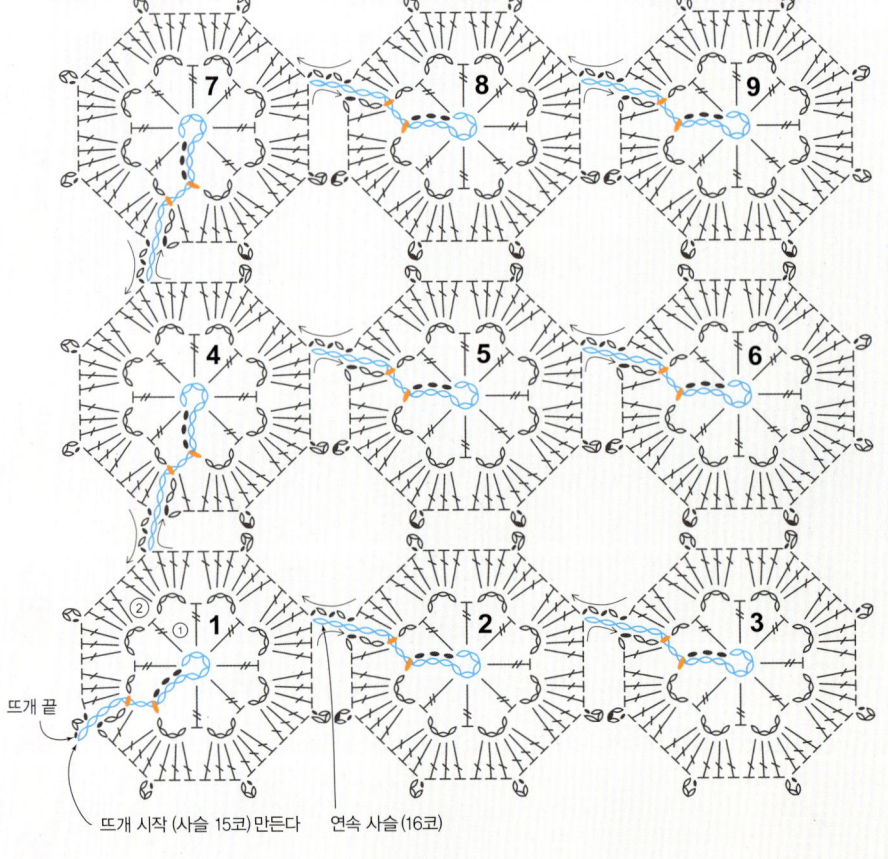

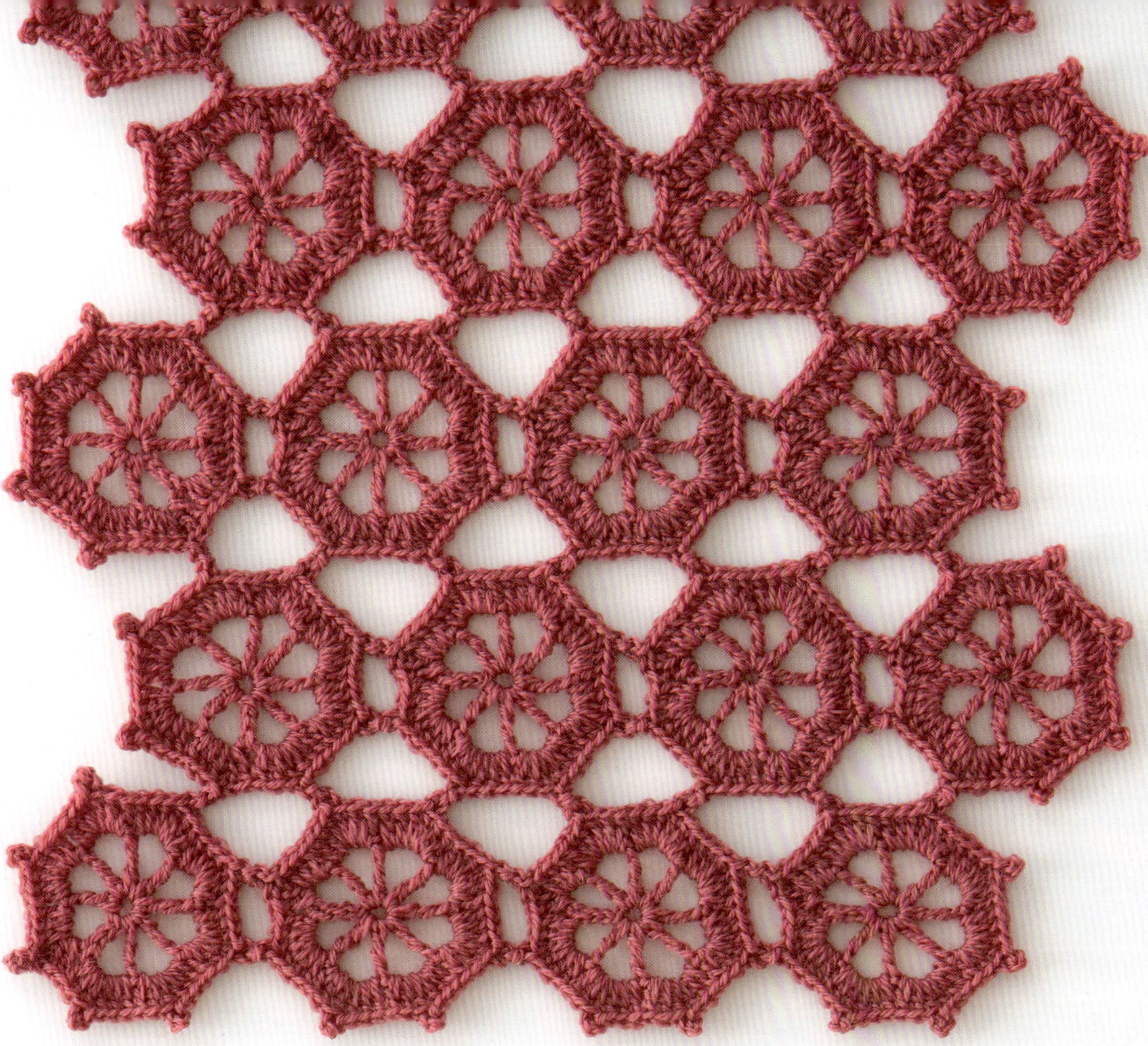

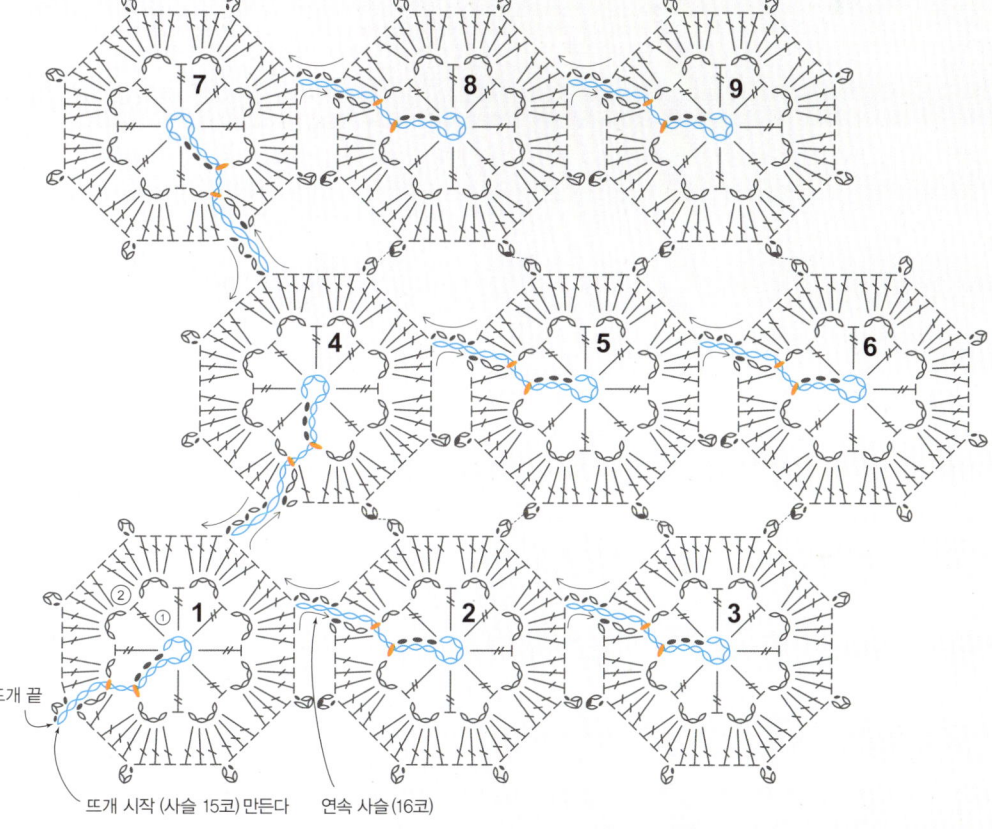

no.77

no.76을 엇갈리게 배치한 버전입니다. 안정감이 커지고 밀도도 높아졌습니다. 마치 과일들이 행진하는 듯 보여 재미있습니다.

7
8
9
4
5
6
1
2
3
②
①
뜨개 끝
뜨개 시작 (사슬 15코) 만든다
연속 사슬(16코)

no.78

여덟 방향으로 한길 긴뜨기의 콧수를 늘리면
서 넓혀가는 심플한 여덟 꽃잎 모티브입니다.
모티브 사이의 공간이 크므로, 가는 실을 선
택해서 떠 주세요.

뜨개 끝

뜨개 시작 (사슬 21코) 만든다

연속 사슬(21코)

no.79

한길 긴뜨기의 둥글둥글한 꽃잎이 사랑스러운 팔각형 모티브는 작은 꽃을 중심 부분에 배치하였습니다. 배색을 하면 또 다른 사랑스러움을 보여주겠지요.

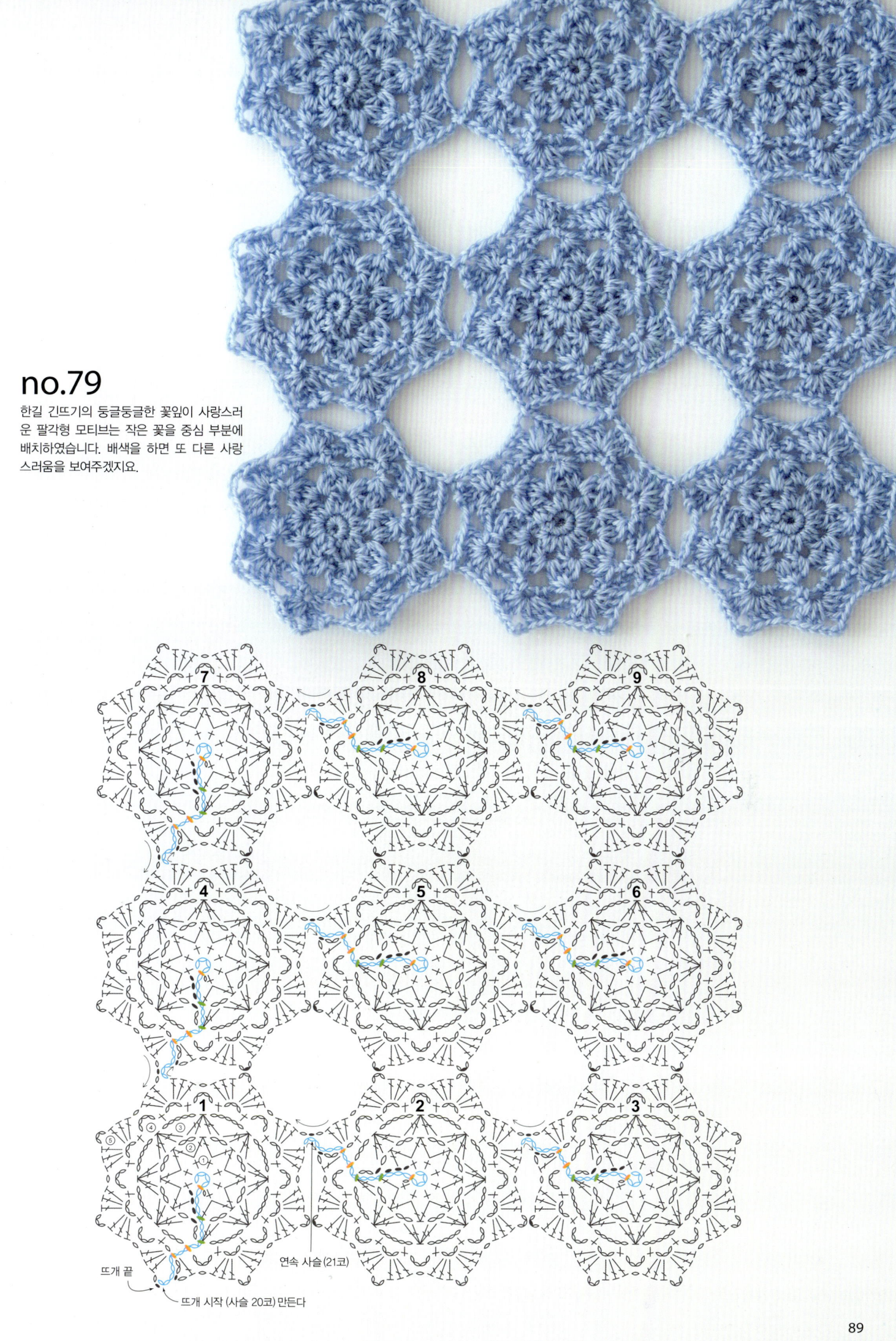

뜨개 끝

뜨개 시작 (사슬 20코) 만든다

연속 사슬 (21코)

1
2
3
4
5
6
7
8
9
뜨개 끝
뜨개 시작
(사슬 14코) 만든다
연속 사슬(16코)

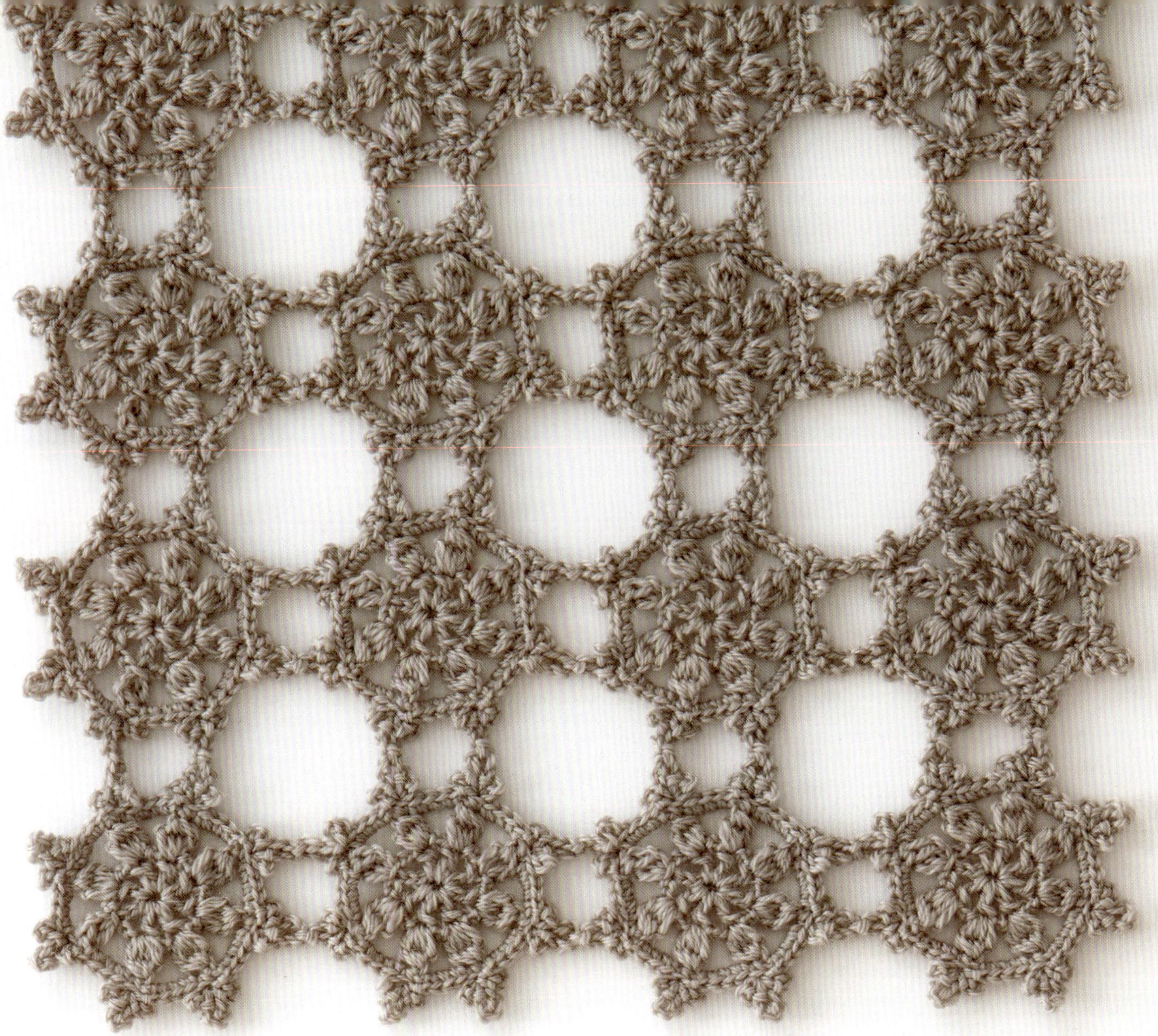

no.80

하나만 있어도 귀여운 피코를 3개씩 늘어놓은 마지막 단이 포인트입니다. 빼뜨기하는 위치는 3개 모두 같은 곳이므로 실수하지 않도록 주의합니다.

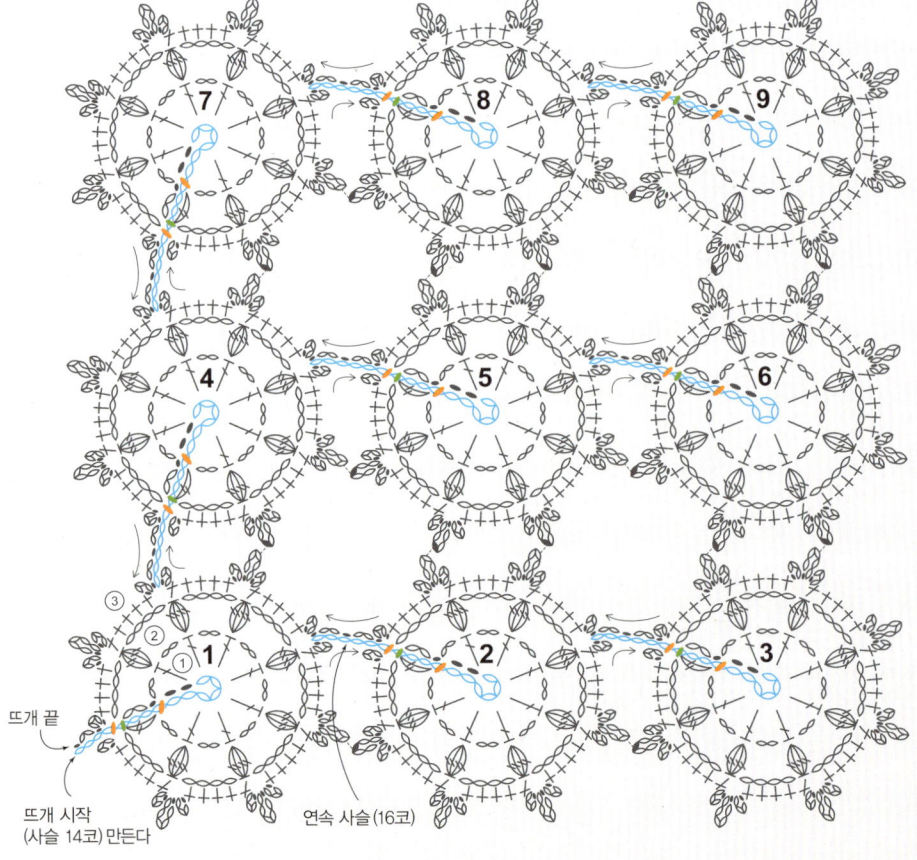

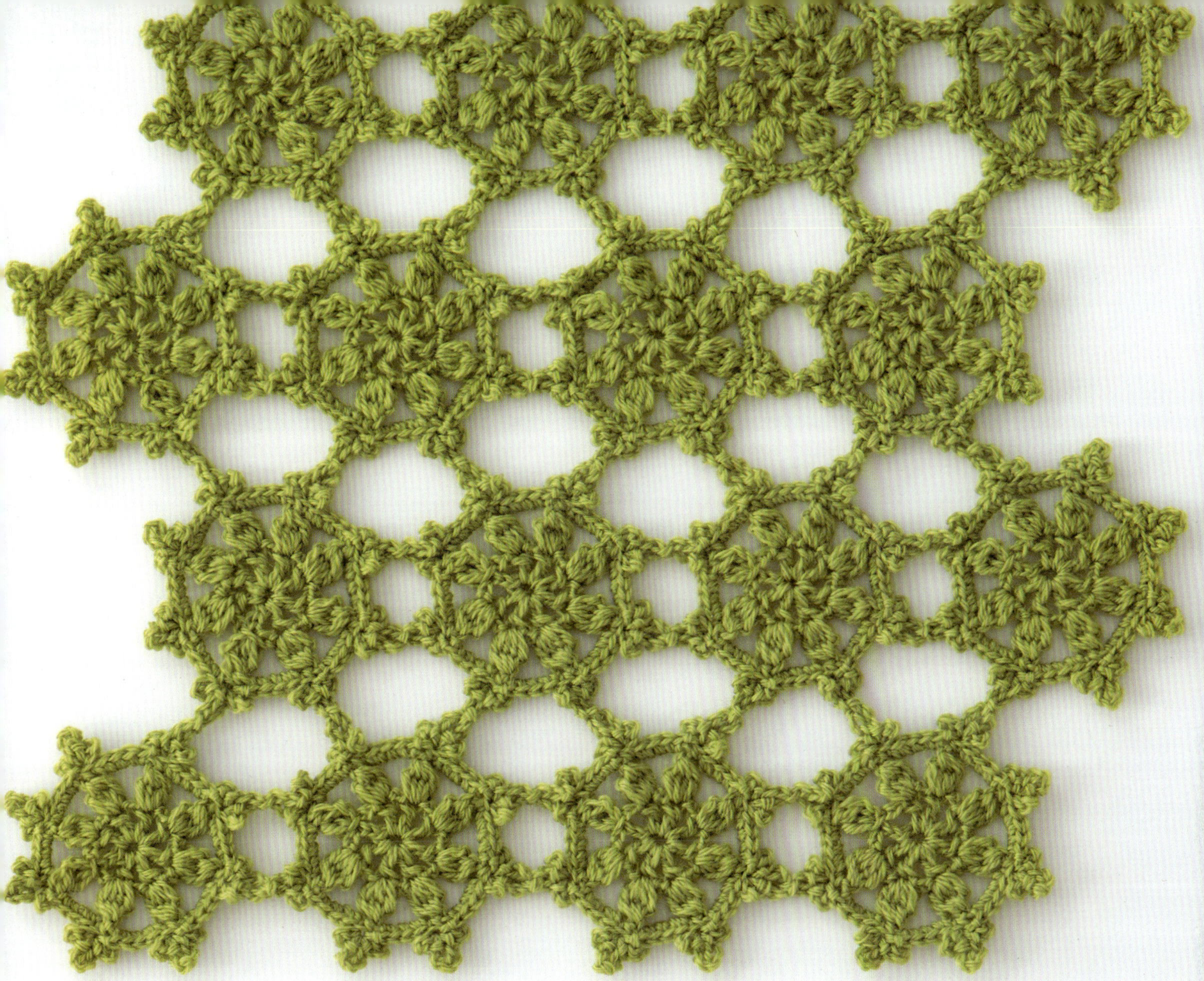

no.81

no.80을 엇갈리게 배치한 패턴입니다. 모티브를 서로 연결해서 생기는 공간이 점점 늘어나, 마치 큰 꽃잎처럼 각각의 모티브를 둘러쌉니다.

7
8
9
4
5
6
1
2
3
③
②
①
뜨개 끝
뜨개 시작
(사슬 14코) 만든다
연속 사슬(16코)

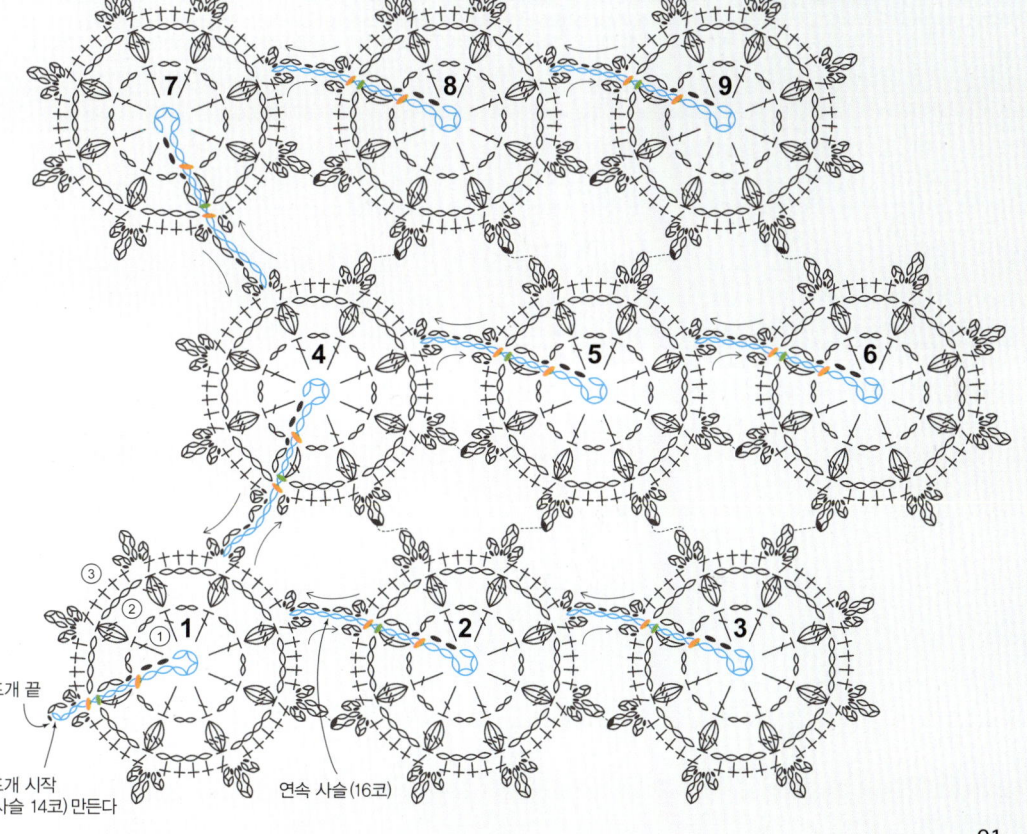

no.82

삼각 모티브를 사용한 연속 뜨기는 좀처럼
볼 수 없는 드문 패턴입니다. 의외로 난도가
높지 않으니, 뜨개 도안대로 그대로 따라서
뜨면 틀림없이 완성할 수 있을 거예요!

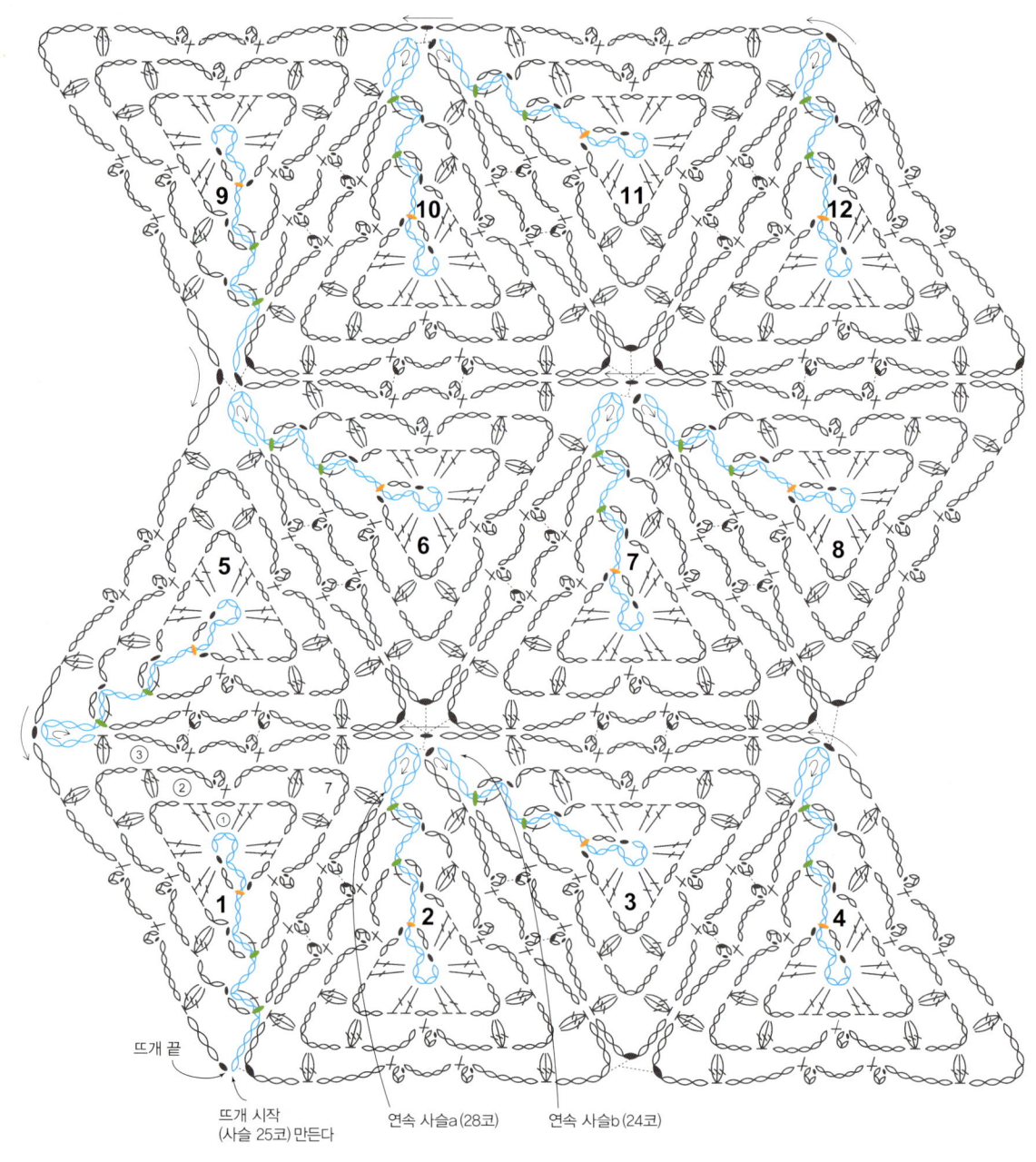

뜨개 끝

뜨개 시작
(사슬 25코) 만든다

연속 사슬a (28코)

연속 사슬b (24코)

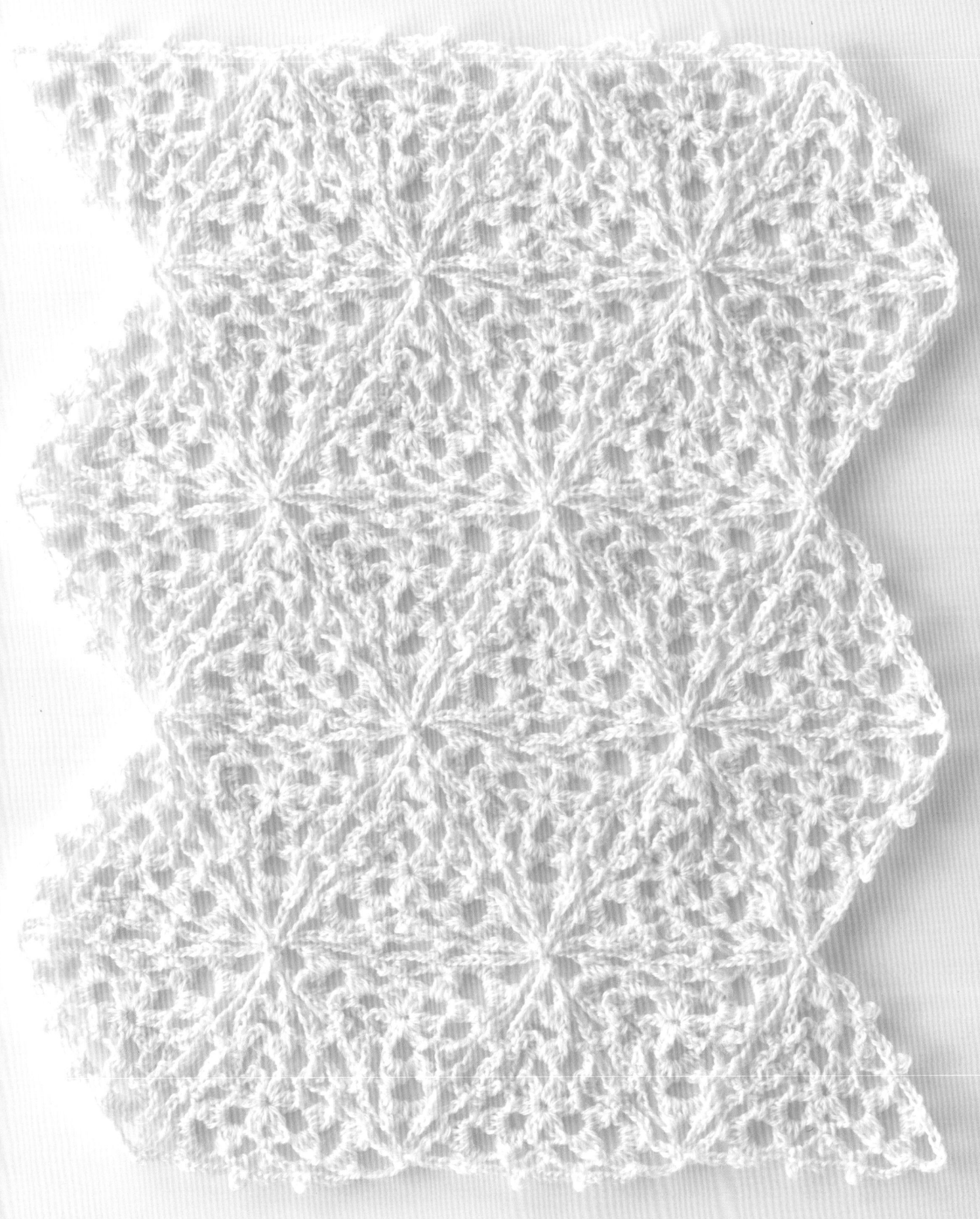

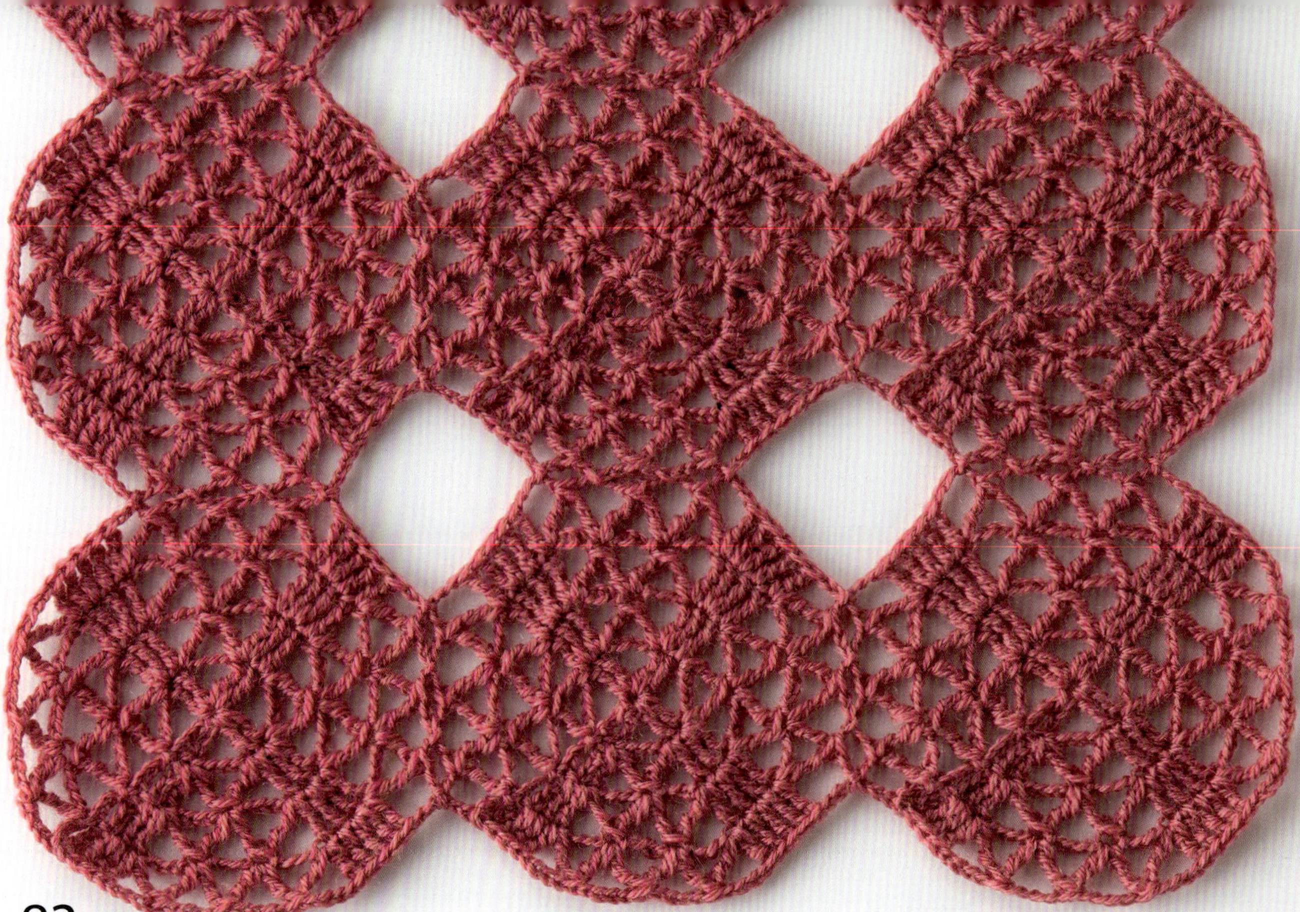

no.83

풍차 모양의 팔각형 모티브입니다. 두길 긴 2코 모아뜨기와 사슬뜨기의 반복으로 만들어지는 삼각형의 바탕이 신선한 디자인입니다.

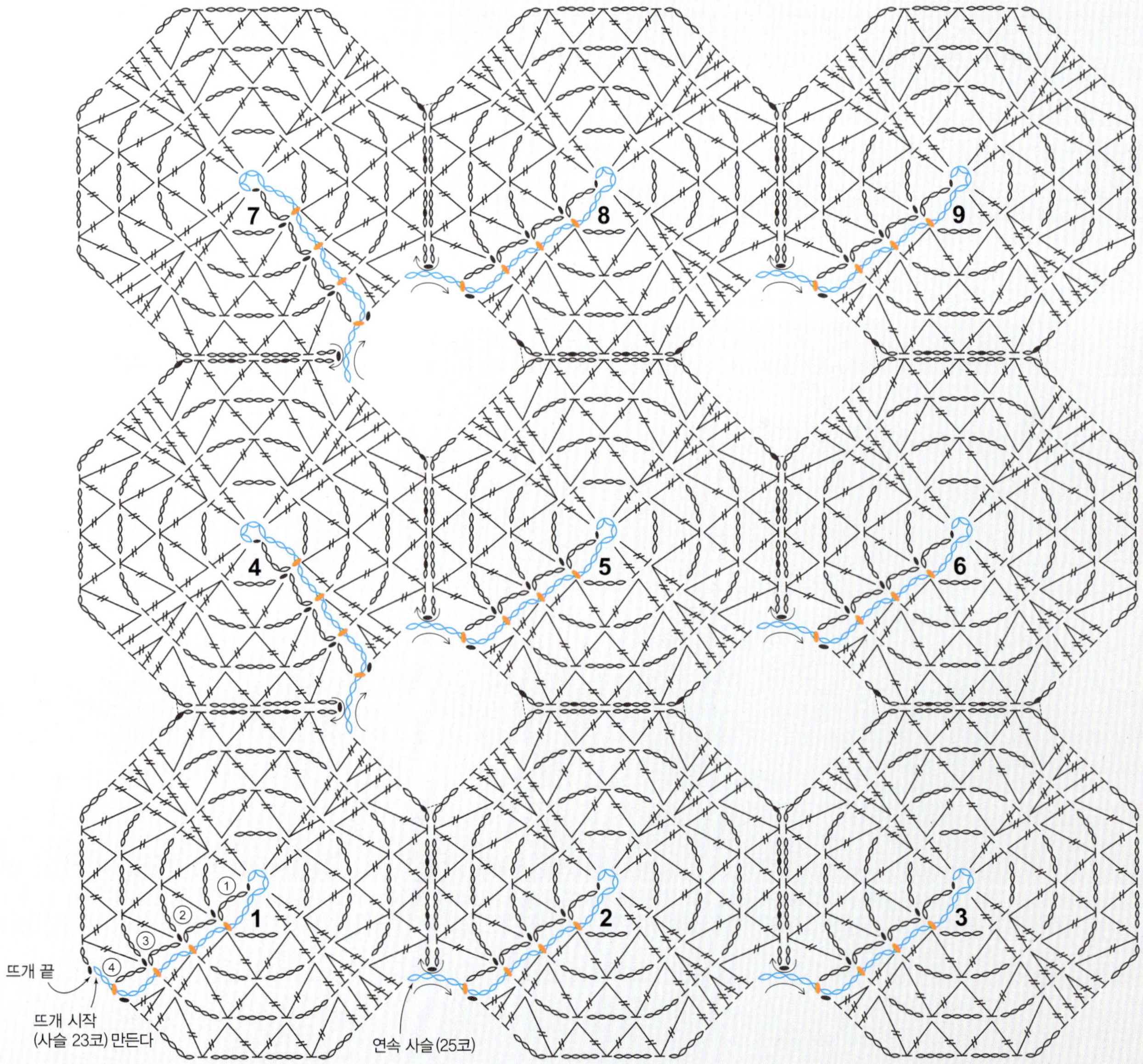

7
8
9
4
5
6
1
2
3
①
②
③
④
뜨개 끝
뜨개 시작
(사슬 23코) 만든다
연속 사슬(25코)

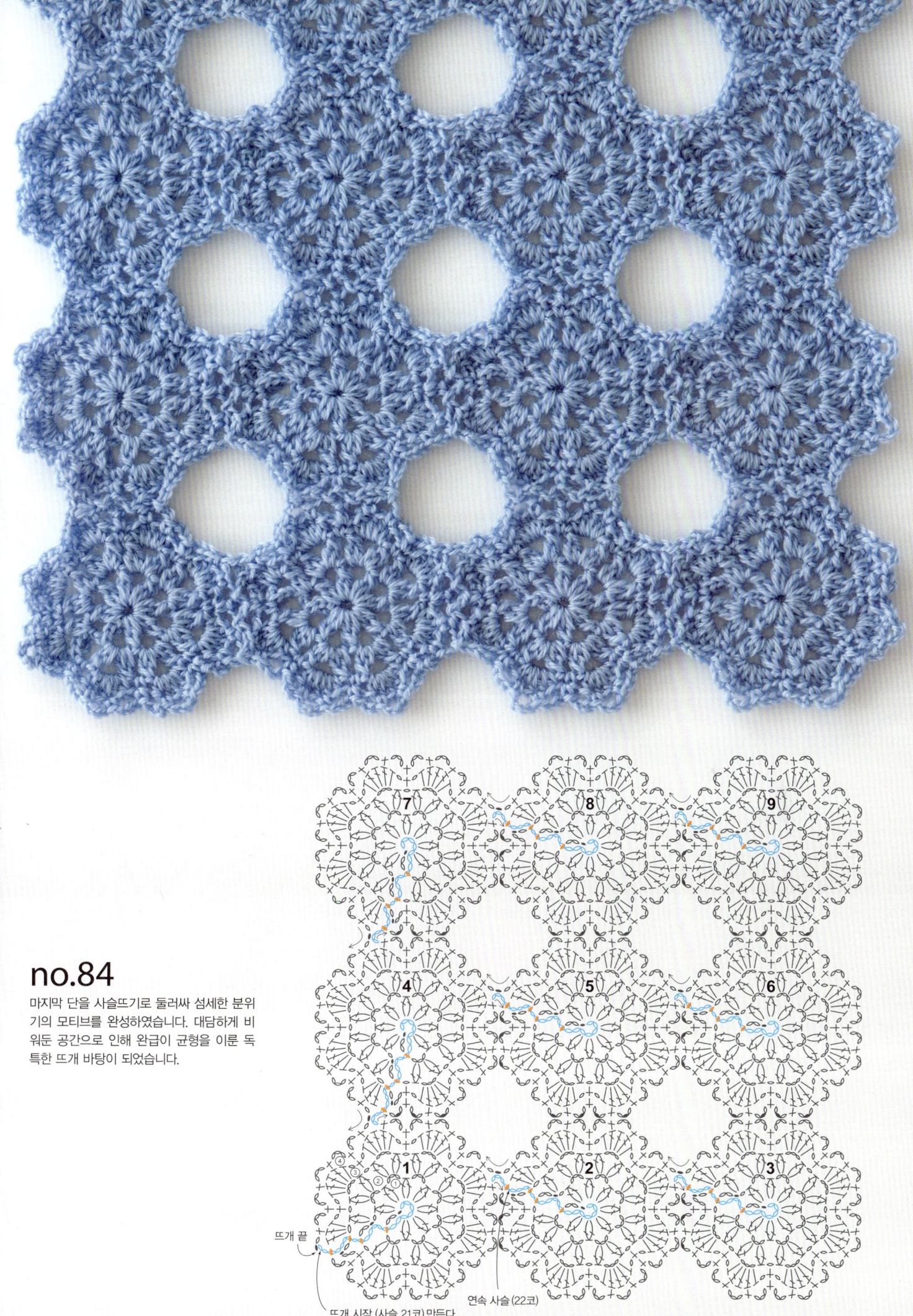

no.84

마지막 단을 사슬뜨기로 둘러싸 섬세한 분위기의 모티브를 완성하였습니다. 대담하게 비워둔 공간으로 인해 완급이 균형을 이룬 독특한 뜨개 바탕이 되었습니다.

뜨개 끝

뜨개 시작 (사슬 21코) 만든다

연속 사슬 (22코)

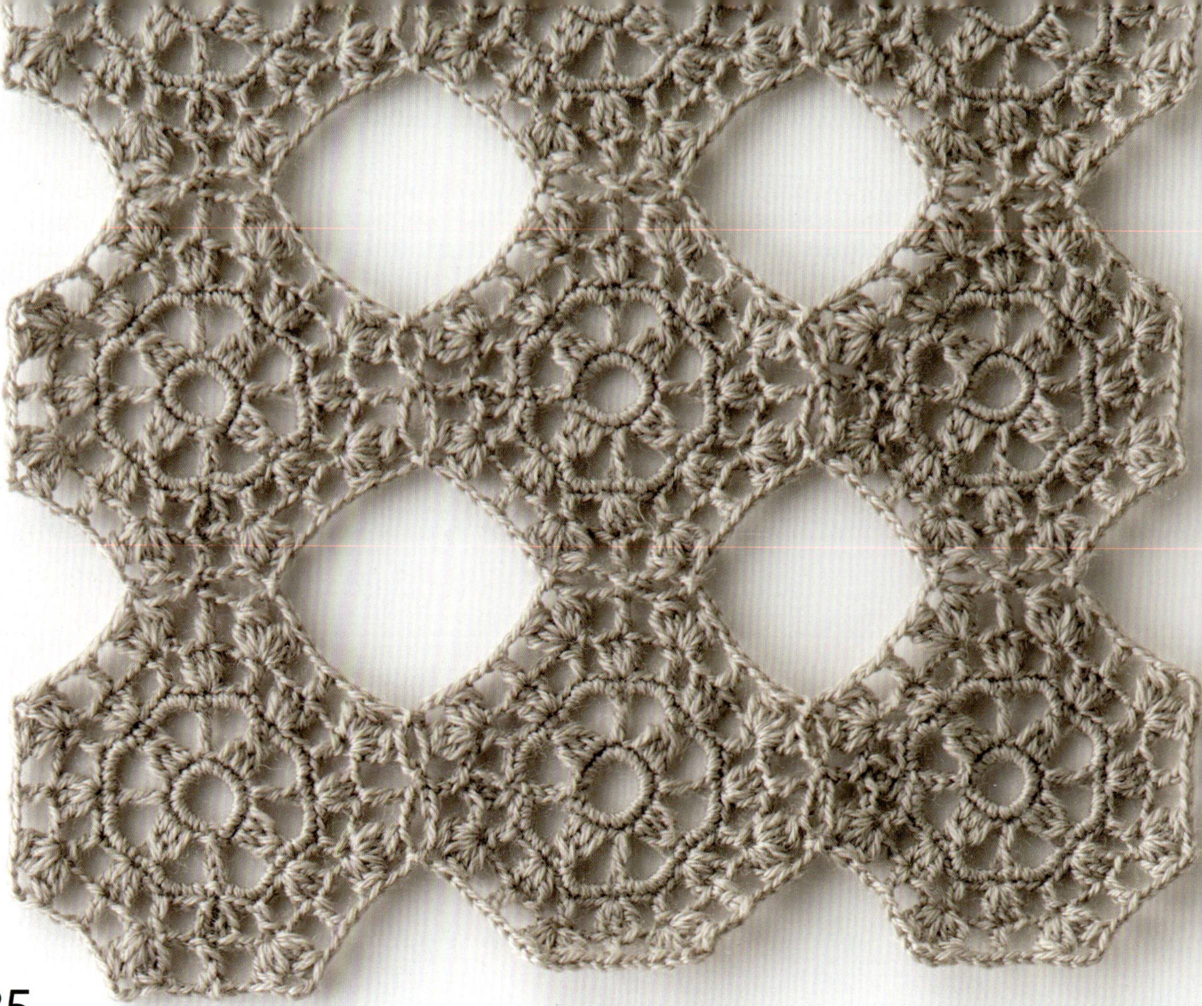

no.85

1장만 떴을 때는 둥근 모양이던 모티브가, 연결을 해보았더니 예쁜 팔각 모양이 되었습니다. 바깥쪽 가장자리는 같은 모양이 되도록 스팀 다림질로 정돈해 주세요.

7
8
9
4
5
6
1
2
3
연속 사슬(21코)
뜨개 끝
뜨개 시작 (사슬 21코) 만든다

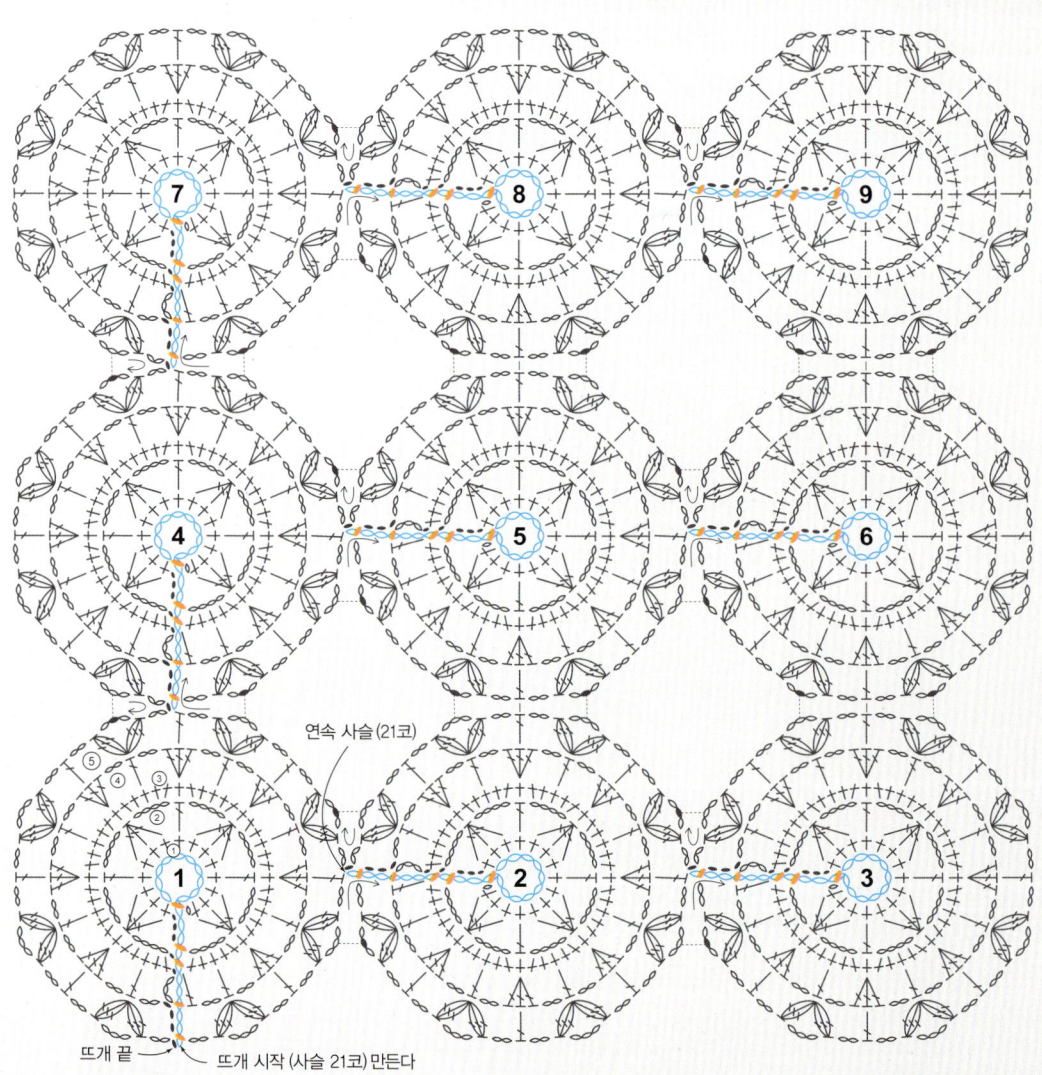

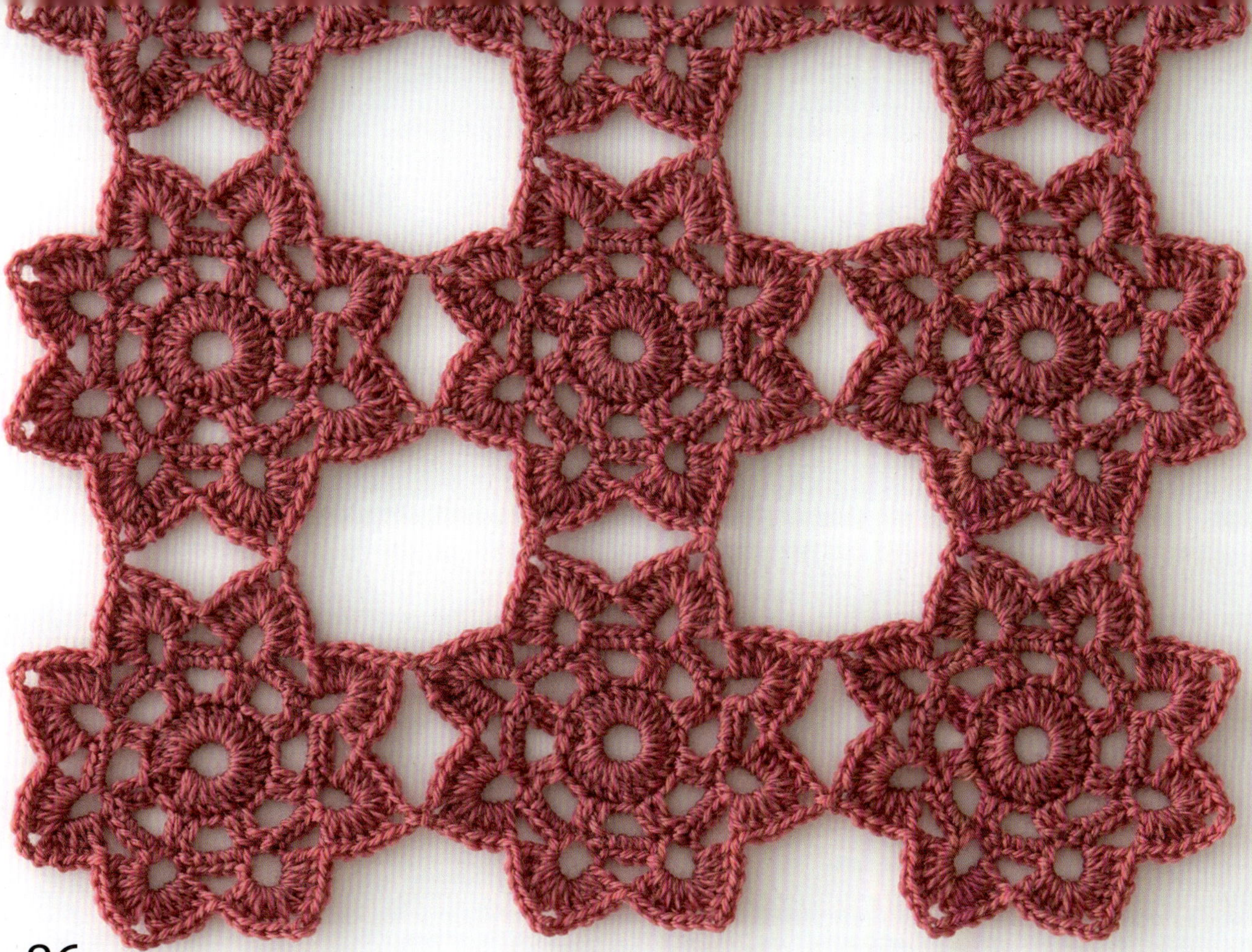

no.86

촘촘하고 탄탄하게 뜬 꽃잎이 아름다운 모티브입니다. 팔각형 모티브는 모티브 사이에 큰 공간이 생기기 마련이지만, 한 줄로 연결하여 브레이드로 사용해도 재미있습니다.

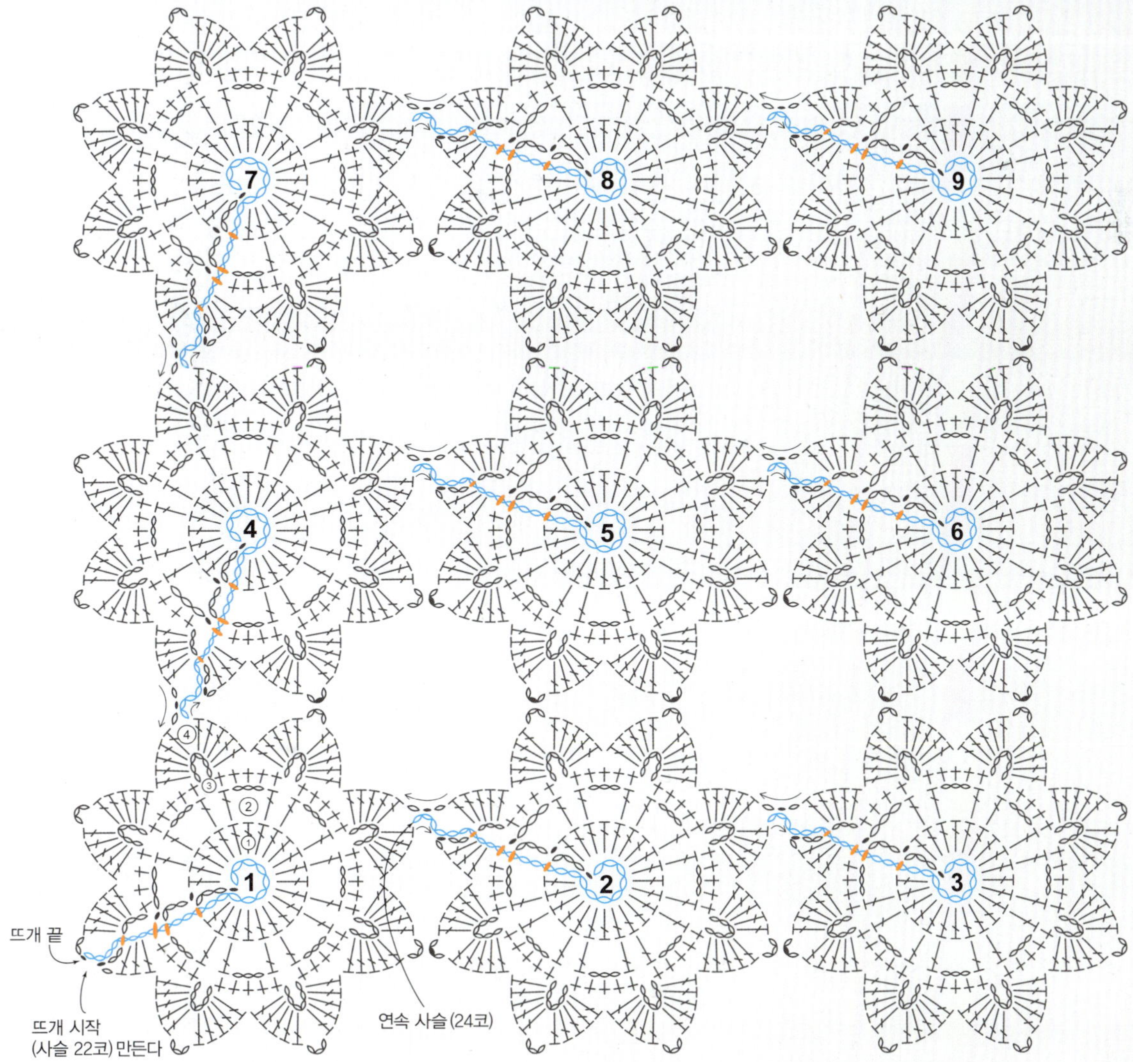

7
8
9
4
5
6
1
2
3
④
③
②
①
뜨개 끝
뜨개 시작
(사슬 22코) 만든다
연속 사슬(24코)

no.87

크고 고운 꽃 모티브는 모티브 사이의 공간도 함께 메우면서 뜹니다. 난도는 높지만 완성 후의 성취감을 느낄 수 있는 디자인입니다.

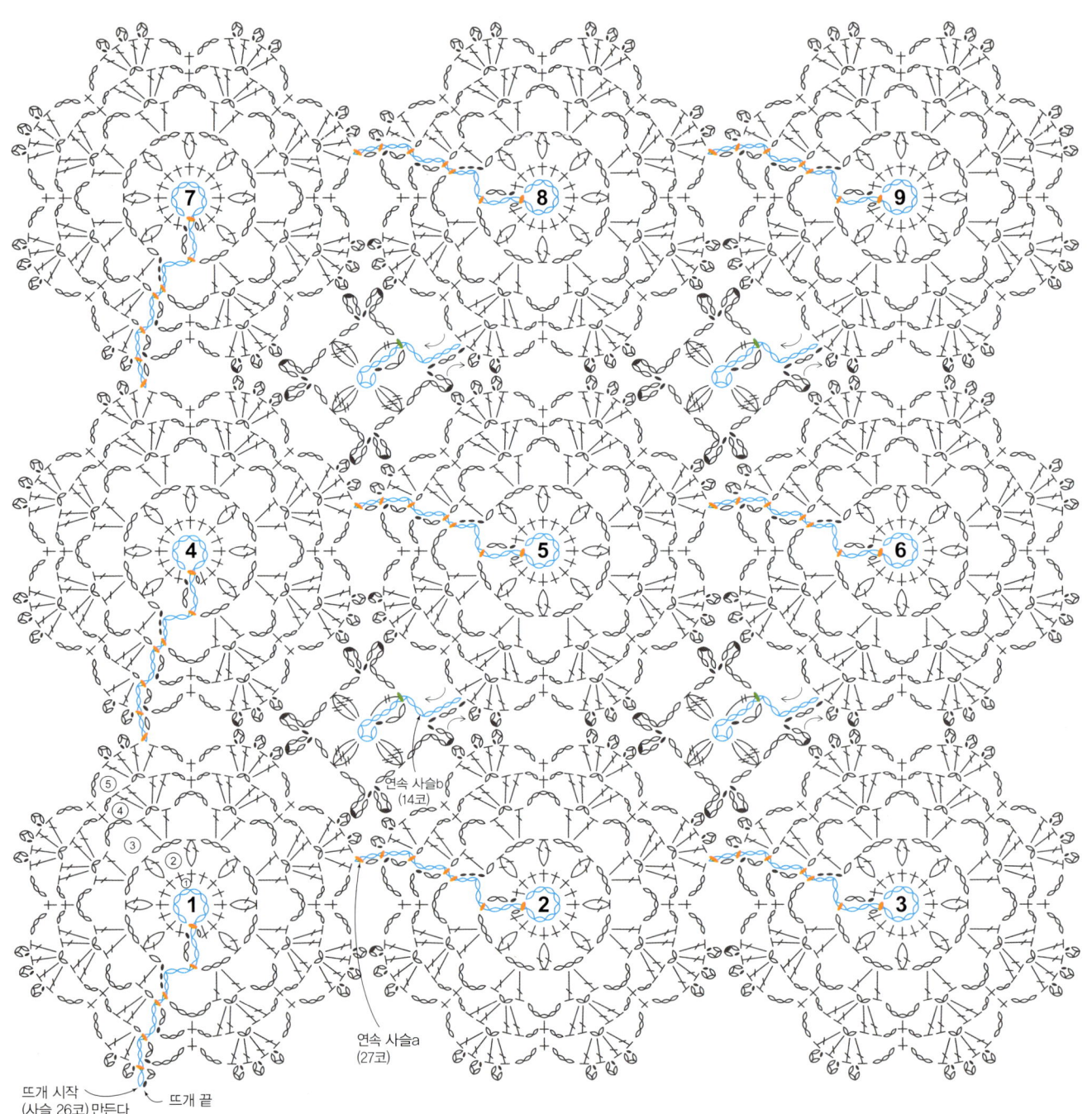

연속 사슬b
(14코)

연속 사슬a
(27코)

뜨개 시작
(사슬 26코) 만든다

뜨개 끝

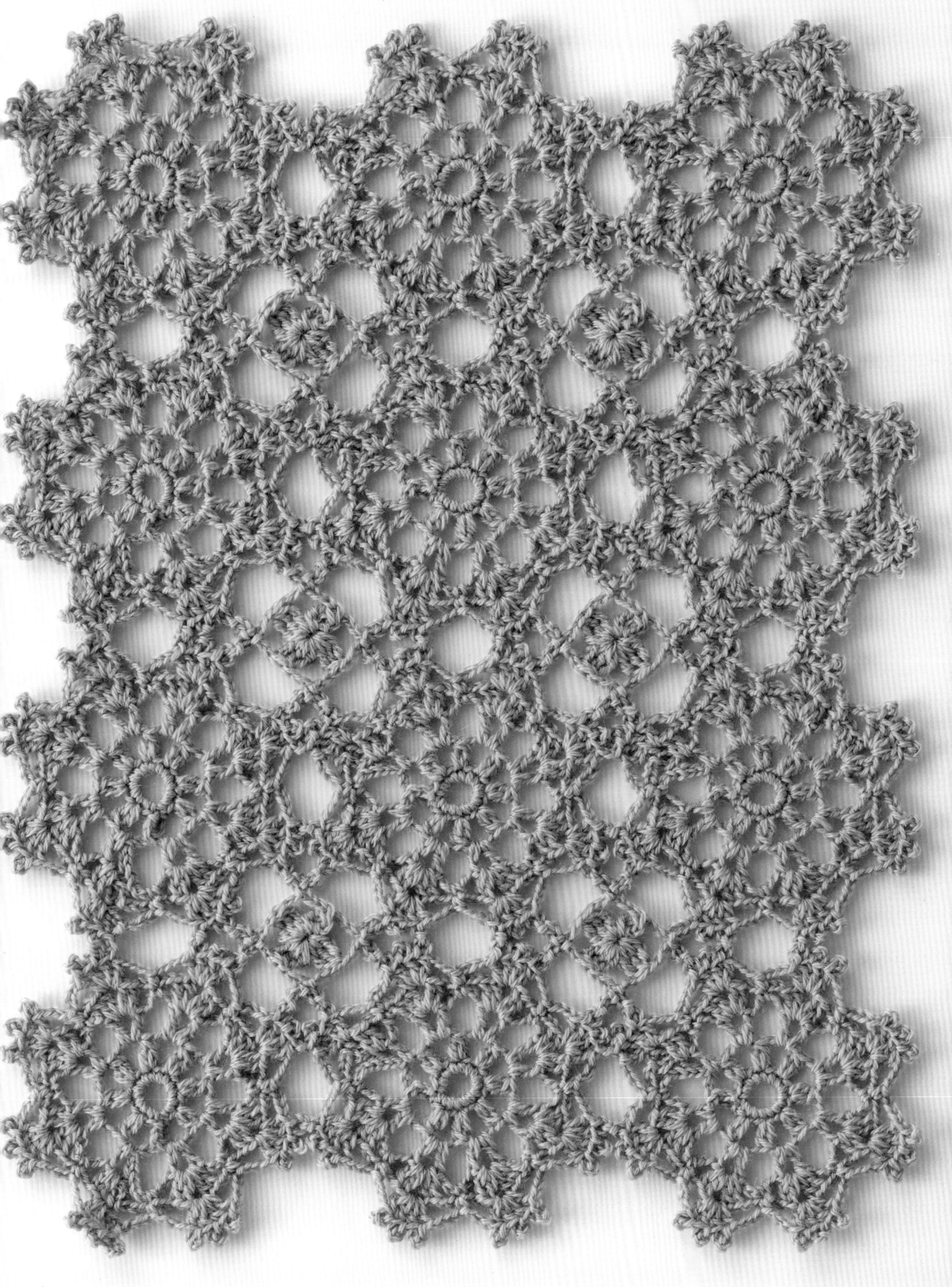

no.88

연속 모티브에는 흔치 않은 삼각 모티브입니
다. 빈틈없이 꼭 맞게 배열된 모습에 뜨면서
도 두근두근 가슴이 설렙니다. 첫째 줄 모티
브를 하나 걸러 하나씩 뜨면, 지그재그 실루
엣도 즐길 수 있습니다.

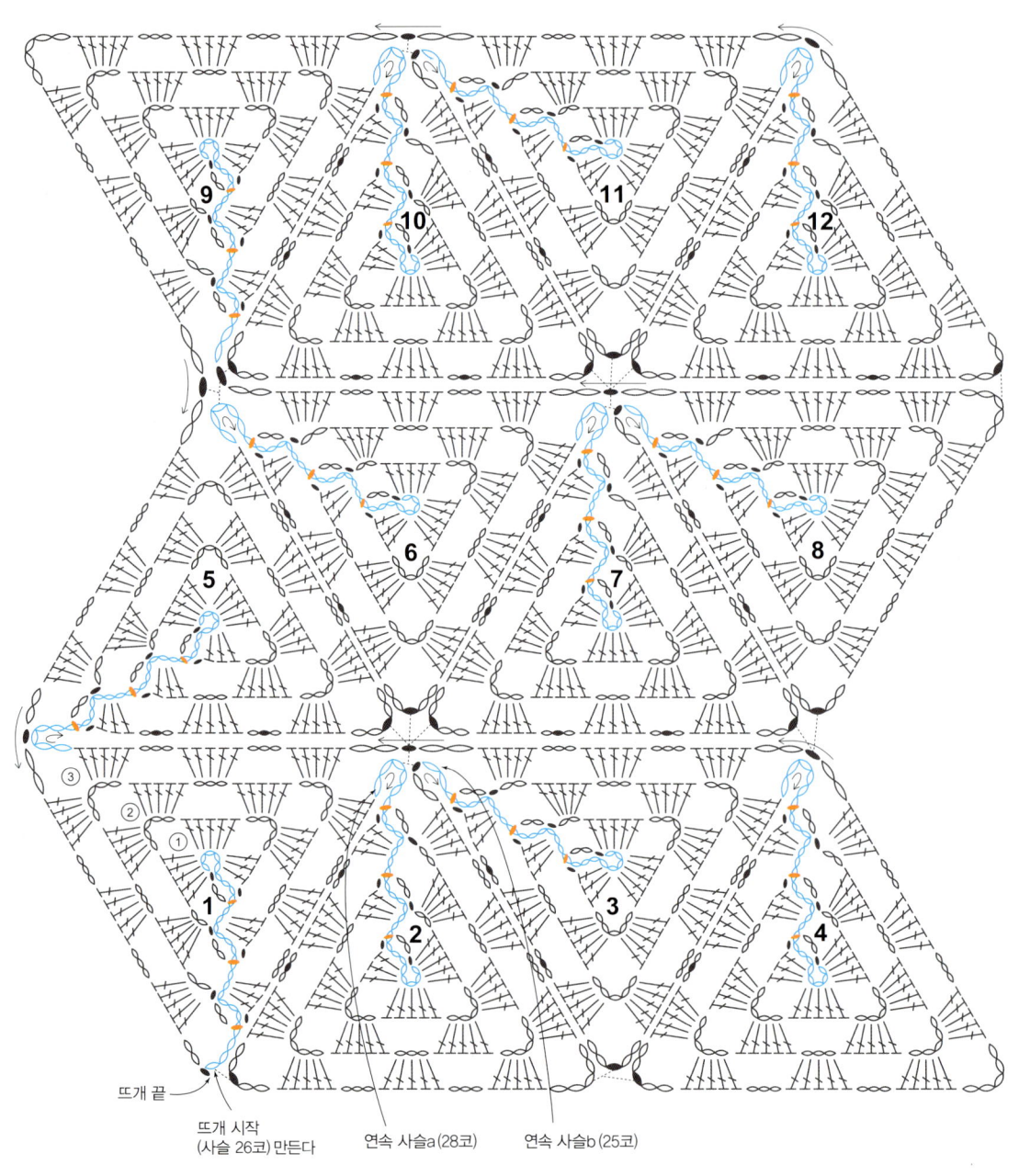

뜨개 끝

뜨개 시작
(사슬 26코) 만든다

연속 사슬a (28코)

연속 사슬b (25코)

연속 뜨기의 포인트

이 책에서 소개하는 모티브에 공통적으로 사용되는 조금 특수한 기호와 뜨는 법에 대해 설명합니다.

[빼뜨기의 여러 가지 종류]

사용빈도가 높은 '주황색 빼뜨기'는 처음에 뜨는 연속 사슬에 빼뜨기를 하기 위한 중요한 테크닉입니다.
그 외의 빼뜨기(녹색, 분홍색)는 무늬의 모양에 맞추어 빼뜨는 방법입니다.

- ● = 빼뜨기 (일반적인 방법)
- ● = 주황색 빼뜨기 (실을 아래쪽에 두고 빼뜨기한다) ※103쪽 '기본 모티브 뜨는 법' 참조.
- ● = 녹색 빼뜨기 (미완성 뜨개코와 함께 빼뜨기한다) ※104쪽 no.5의 모티브 '녹색 빼뜨기 뜨는 법' 참조.
- ● = 분홍색 빼뜨기 (뜨개바탕을 합칠 때 겹쳐서 빼뜨기한다) ※106쪽 no.56의 모티브 '2단 뜨는 법' 참조.

[빼뜨기로 모티브 잇는 방법]

모티브를 이을 때 '다발 줍기' 혹은 '코를 갈라서 줍기'라는 선택지가 생깁니다. 기본적으로 뜨개코를 주울 단이 사슬코인 경우는 '다발'을 줍습니다. 연속 모티브에서는 1, 2번째 모티브를 다발로 연결한 코를 3, 4번째 모티브에서 뜨개코를 갈라서 줍는 경우가 있으므로 주의합니다.

● 다발 줍기
(사슬뜨기 다발에 바늘을 걸어 코를 줍는다)

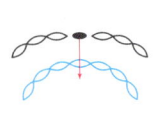 

● 코를 갈라서 줍기
(빼뜨기 코의 2가닥을 줍는다)

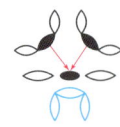 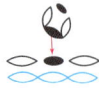

[연속 사슬에 뜬 빼뜨기 코에 다시 뜨는 방법]

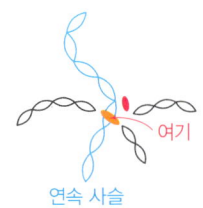
여기
연속 사슬

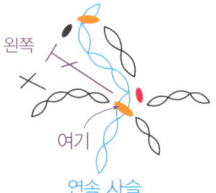
왼쪽
여기
연속 사슬

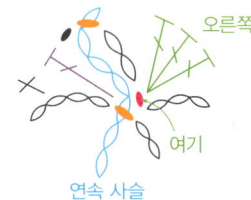
오른쪽
여기
연속 사슬

케이스1
2번째로 떠 붙이는 경우는 겹쳐있는 주황색 빼뜨기 코와 연속 사슬에서 각각 1가닥씩 줍는다.

케이스2
연속 사슬의 '왼쪽'에서 3번째로 코를 주워 뜨는 경우는 케이스1과 같은 위치에 바늘을 넣어서 뜬다.

케이스3
연속 사슬의 '오른쪽'에서 3번째로 코를 주워 뜨는 경우는 2번째로 빼뜨기한 코의 머리 2가닥을 주워서 뜬다.

[피코의 빼뜨기하는 위치]

이 코에 빼뜨기한다

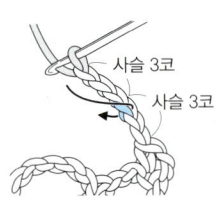
사슬 3코
사슬 3코

전부 이 코에 빼뜨기한다

21쪽의 no.18

주황색 빼뜨기 코와 연속 사슬의 각 1가닥을 주워 빼뜨기한다

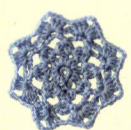

모티브 뜨기 레슨

여기서는 각 모티브별로 포인트 해설을 합니다.
만약 처음 도전한다면 우선 '기본 모티브 뜨는 법'(4쪽 모티브)을 참조하면서 연습해 보세요.

● no.1 모티브
기본 모티브 뜨는 법 (4쪽)

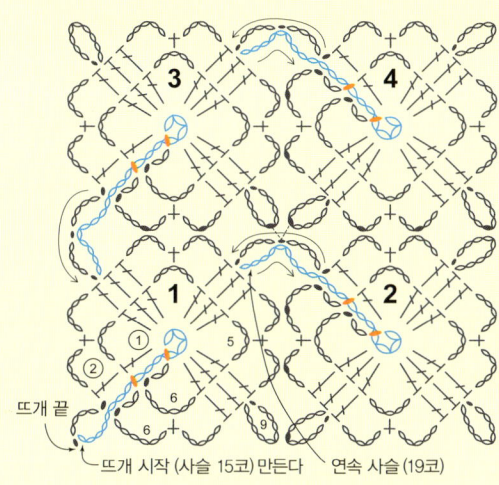

뜨개 끝
뜨개 시작 (사슬 15코) 만든다　연속 사슬 (19코)

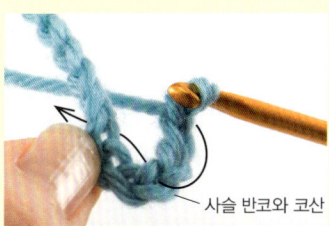

사슬 반코와 코산

1 사슬뜨기를 15코 뜨고(뜨개 시작의 사슬), 실이 사슬뜨기의 아래쪽에 위치하도록 잡고, 지정 위치에 빼뜨기를 합니다(주황색 빼뜨기).

2 사슬 2코로 기둥코를 세우고, 화살표와 같이 바늘을 움직여 마찬가지로 다음 빼뜨기 위치에 바늘을 넣습니다.

3 바늘을 넣은 모습. 실을 걸어 뺍니다. 뜨개 도안을 따라 1단의 다음 부분을 뜹니다.

4 1단의 끝은 겹쳐 있는 코의 각각 1가닥씩에 바늘을 넣어서 빼뜨기합니다.

5 2단은 1단과 똑같이 뜨개를 시작하여, 모서리는 한길 긴뜨기 2코를 뜬 다음, 사슬 9코 빼뜨기의 피코뜨기를 합니다.

6 다음 모서리는 한길 긴뜨기 2코를 뜨고 나서 연속 사슬을 19코 떠서, 1번 모티브가 미완성인 채로 다음 모티브를 뜨기 시작합니다.

7 2번 모티브는 1번 모티브와 똑같이 뜨고, 1번 모티브에 빼뜨기를 하면서 뜹니다. 1번 모티브로 되돌아오는 부분은 연속 사슬을 다발로 주워서 빼뜨기합니다.

8 3번 모티브 모서리의 빼뜨기는 7에서 빼뜨기한 코의 머리 2가닥에 바늘을 넣어 빼뜨기합니다. 4번 모티브도 같은 위치에 빼뜨기합니다.

● no.2 모티브
중심의 모티브를 배색해서 따로 뜰 때의 잇는 법 (5쪽)

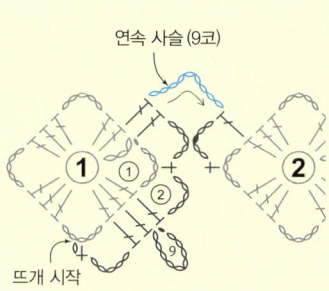

연속 사슬 (9코)

뜨개 시작

1 1번 모티브를 뜨고, 연속 사슬을 9코 뜹니다. 이어서 바늘에 실을 걸고, 그대로 2번 모티브의 지정 위치에 한길 긴뜨기를 뜹니다.

2 연속 사슬이 꼬이지 않게 주의하며, 뜨개 도안을 따라 1번 모티브와 빼뜨기로 연결하면서 뜹니다.

3 연결한 모습.

● no.5 모티브 (8쪽)

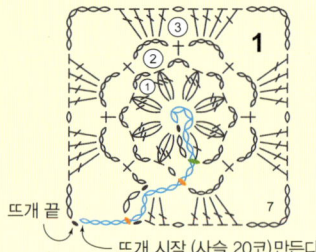

뜨개 끝
└ 뜨개 시작 (사슬 20코)만든다

녹색 빼뜨기 뜨는 법 (1단)

1 뜨개 시작의 사슬을 뜨고 지정 위치에 빼뜨기를 하여 중심 고리를 만듭니다. 사슬 2코를 떠서 기둥코를 세우고, 녹색 빼뜨기 위치의 반코와 코산에 바늘을 넣습니다.

2 바늘 밑으로 실이 지나게 하고, 바늘에 실을 걸어 중심 고리에 미완성 한길 긴뜨기를 뜹니다.

3 바늘에 실을 걸고, 바늘에 걸려 있는 고리를 한 번에 뺍니다(녹색 빼뜨기).

연속 사슬과 기둥코로 한길 긴뜨기 2코분을 뜬다 (3단)

4 이것이 한길 긴 3코 구슬뜨기를 대신합니다.

1 사슬을 2코 뜨고, 연속 사슬에 빼뜨기한 코(2단 끝)에서 4번째 코에 주황색 빼뜨기를 뜹니다.

2 바로 옆 사슬코에 빼뜨기, 이어서 한길 긴뜨기를 2코 뜹니다.

3 이것이 한길 긴뜨기 4코를 대신 합니다.

● no.17 모티브
모서리 뜨는 법과 두길 긴뜨기로 잇는 법 (20쪽)

뜨개 끝
└ 뜨개 시작 (사슬 19코)만든다
연속 사슬 (22코)

모서리 뜨는 법

1 모서리의 사슬코를 다발로 주워 빼뜨기를 뜹니다.

2 긴뜨기, 두길 긴뜨기도 마찬가지로 다발에 바늘을 넣어서 뜹니다.

두길 긴뜨기로 잇는 법

바늘을 뺀 코

1 3번 모티브는 두길 긴뜨기를 뜬 다음 바늘에서 코를 잠시 빼고, 1·2번 모티브를 연결하고 있는 빼뜨기 코의 머리 2가닥에 바늘을 넣습니다.

2 바늘을 뺀 코를 끌어당겨서 연결하고, 사슬 4코를 떠서 뜨개 도안대로 나아갑니다. 4번 모티브도 같은 요령으로 연결합니다.

       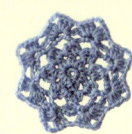

● no.21 모티브
2단의 한길 긴뜨기 뜨는 법 (24쪽)

1 1번째 코는 연속 사슬의 반코와 코산에 바늘을 넣어 미완성 한길 긴뜨기를 뜹니다.

2 2번째 코는 사슬뜨기의 코를 갈라 똑같이 뜹니다.

3 3번째 코는 한길 긴뜨기의 머리 2가닥을 주워 똑같이 뜹니다.

4 실을 걸고 바늘에 걸려 있는 고리 4개를 한 번에 뺍니다.

● no.35 모티브
모티브 떠가는 법 (40쪽)

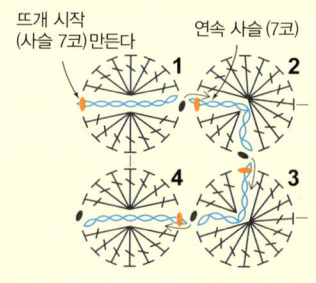  

1 사슬뜨기를 7코 뜨고, 4번째 코에 한길 긴뜨기를 7코 뜹니다.

2 사슬뜨기의 1번째 코에 주황색 빼뜨기를 뜨고, 반대쪽에도 한길 긴뜨기를 7코 뜹니다.

3 사슬뜨기의 7번째 코에 빼뜨기를 하고, 다음 모티브의 연속 사슬을 7코 뜹니다.

4 연속 사슬의 4번째 코에 한길 긴뜨기를 11코 뜹니다.

5 2·3과 마찬가지로 연속 사슬에 빼뜨기를 하고, 뜨개 도안을 참조하여 한길 긴뜨기의 콧수를 바꿔가며 뜹니다.

6 4번 모티브는 한길 긴뜨기끼리 잇는 부분 직전까지 뜨고, 바늘에서 코를 잠시 뺍니다. 1번 모티브의 연결 위치에 바늘을 넣어 잠시 빼어 둔 코를 당겨 뺍니다.

7 4번 모티브의 나머지 한길 긴뜨기 4코를 뜨고, 연속 사슬의 7번째 코에 빼뜨기합니다.

● no.42·44 모티브
미완성 모티브로 되돌아갈 때 잇는 법 (48·50쪽)

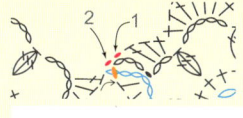

1 3단의 기둥코 3번째 코에 빼뜨기합니다.

2 이어서 빼뜨기의 피코뜨기의 요령으로 한길 긴뜨기의 머리와 다리 1가닥에 바늘을 넣고 빼뜨기합니다.

● no.43·45 모티브
미완성 모티브로 되돌아갈 때 잇는 법 (49·51쪽)

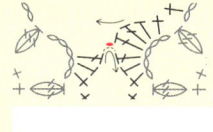

모티브의 경계를 다발로 주워 빼뜨기하고, 다음을 계속해서 뜹니다.

● no.48·49 모티브
4단의 두길 긴뜨기 뜨는 위치 (54·55쪽)

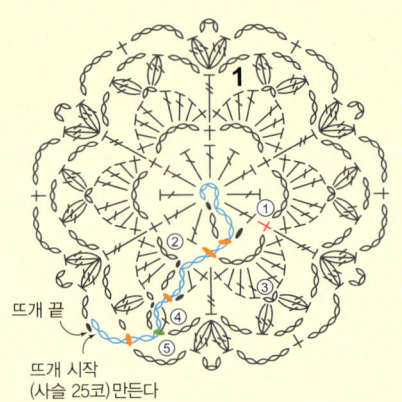

뜨개 끝

뜨개 시작
(사슬 25코) 만든다

1 바늘에 실을 2번 감아 3단의 짧은뜨기 사이로, 뒤에서 앞으로 바늘을 넣고,

2 2단의 짧은뜨기에 두길 긴뜨기를 뜹니다.

● no.56 모티브
2단 뜨는 법 (62·63쪽)

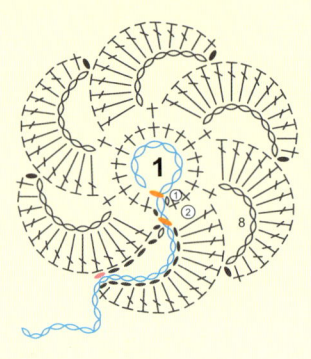

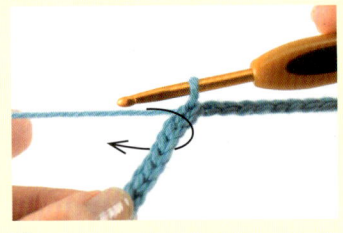

1 2단은 주황색 빼뜨기를 한 다음, 사슬뜨기의 반코와 코산에 왼쪽에서 바늘을 넣어 빼뜨기를 9코 뜹니다.

2 뜨개 시작 쪽과 중심 쪽을 단단히 잡고, 빼뜨기한 부분을 다발로 주워 뜨개 도안대로 뜹니다.

3 1단의 지정 위치에 짧은뜨기를 뜨고, 이어서 사슬뜨기를 8코 뜹니다.

4 2에서 뜬 한길 긴뜨기의 중심 쪽에서부터 5번째 코에 바늘을 넣어 빼뜨기합니다.

5 사슬뜨기의 고리 다발에 바늘을 넣어 뜨개 도안대로 뜹니다.

6 3~5를 4번 더 반복하고, 2단 처음의 주황색 빼뜨기 위치에 빼뜨기를 하고 사슬을 1코 뜹니다.

7 뜨개 바탕을 뒤집어 한길 긴뜨기의 머리에 빼뜨기를 4코 뜹니다.

8 이어서 분홍색 빼뜨기를 뜹니다. 사슬의 지정 위치에 바늘을 넣고,

9 그대로 5번째 한길 긴뜨기 코에 바늘을 넣습니다.

10 바늘에 실을 걸고, 바늘에 걸려 있는 고리 3개를 한 번에 뺍니다 (분홍색 빼뜨기).

11 뜨개 바탕을 앞으로 되돌리고, 다음을 뜹니다.

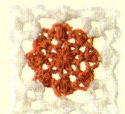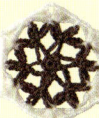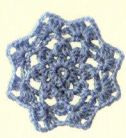

● no.57 모티브
2단 끝 뜨는 법 (64·65쪽)

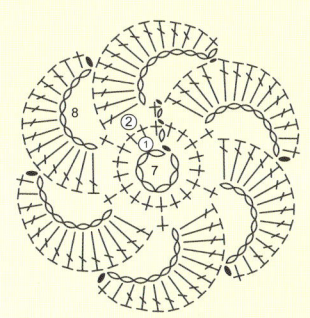

1 한길 긴뜨기를 8코 뜨고 나서 코에서 바늘을 잠시 뺀 다음, 기둥코 사슬에 바늘을 넣고 잠시 쉬어 둔 코를 당겨 뺍니다.

2 무늬의 빈 공간에 바늘을 넣고, 바늘에 실을 겁니다.

3 사슬뜨기 다발에 바늘을 넣고 실을 빼서,

4 한길 긴뜨기를 뜹니다.

5 같은 방법으로 나머지 한길 긴뜨기 3코를 뜹니다.

6 2단의 첫 짧은뜨기에 빼뜨기하고 실을 자릅니다.

● no.58·59 모티브
구슬뜨기와 구슬뜨기 잇는 법 (66·67쪽)

두길 긴 3코 구슬뜨기를 뜨고 바늘에서 코를 잠시 뺀 다음, 연결할 위치의 구슬뜨기 머리에 바늘을 넣고 잠시 쉬어둔 코를 당겨 뺍니다.

● no.59 모티브
3번째 구슬뜨기 잇는 법 (67쪽)

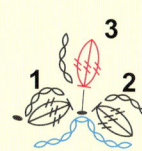
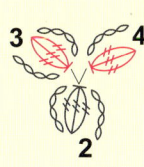

빼뜨기로 이을 때는 구슬뜨기를 뜬 다음, 연결할 위치로 코를 빼서 잇습니다. 아래 그림의 경우도 마찬가지로 2번 구슬뜨기의 머리에 2코 다 빼뜹니다.

● no.68 모티브
3단 시작의 짧은뜨기 뜨는 위치 (76쪽)

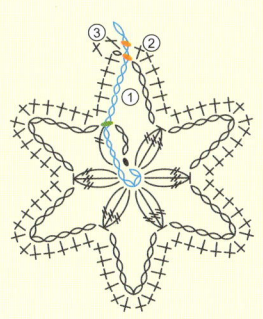

1 2단 끝의 주황색 빼뜨기를 뜹니다.

2 1단의 주황색 빼뜨기 부분에 '빼뜨기 코에 다시 뜨는 방법'(102쪽)의 케이스2로 짧은뜨기를 뜹니다.

3 3단의 2번째 짧은뜨기 코를 뜬 모습.

코바늘뜨기의 기초

손가락에 감아서 만드는 기초코

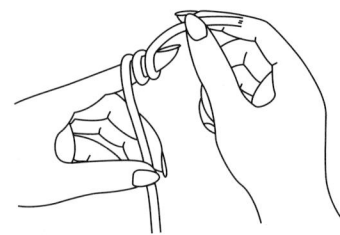

1 집게손가락에 실을 2번 감아 고리를 만듭니다.

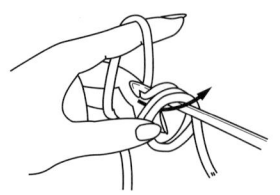

2 고리 안으로 바늘을 넣고, 실을 걸어 뺍니다.

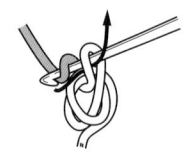

3 다시 실을 걸어 뺍니다.

4 고리에 기초코를 만들었습니다. 이 코는 1코로 세지 않습니다.

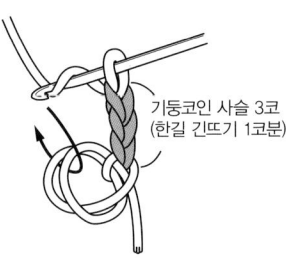

5 사슬 2코를 더 떠서 사슬 3코의 기둥코를 세웁니다.

기둥코인 사슬 3코 (한길 긴뜨기 1코분)

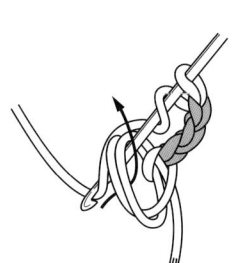

6 바늘에 실을 걸고 실을 고리에서 빼서, 한길 긴뜨기를 뜹니다.

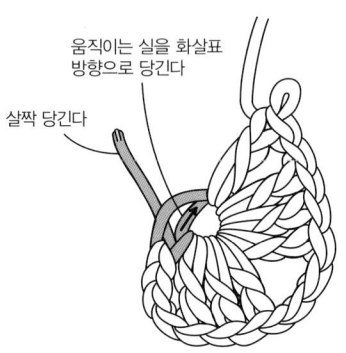

움직이는 실을 화살표 방향으로 당긴다

살짝 당긴다

7 1단을 다 떴으면 실 끝을 살짝 당겨 움직인 쪽의 실을 잡아당기고, 다시 실 끝을 끝까지 당겨 조입니다.

∞∞∞∞∞ 사슬뜨기

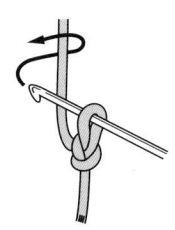

1 화살표와 같이 바늘을 움직여서 실을 겁니다.

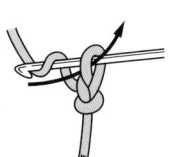

2 바늘에 걸린 코 안으로 실을 빼면, 사슬이 1코 떠집니다.

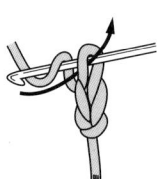

3 같은 방법으로 실을 걸어 뺍니다.

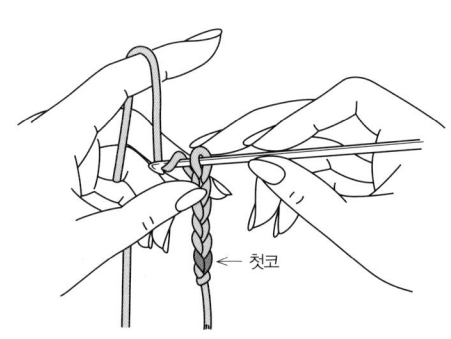

← 첫코

● 빼뜨기

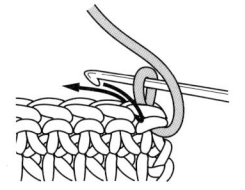

1 앞단의 코에 화살표와 같이 바늘을 넣습니다.

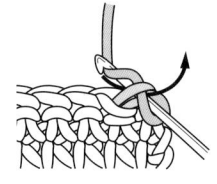

2 바늘에 실을 걸어 뺍니다.

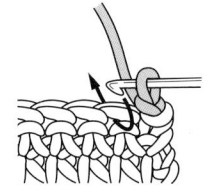

3 1코를 빼뜨기하였습니다. 다음 코에 바늘을 넣습니다.

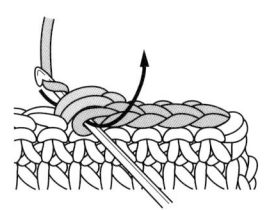

4 2, 3을 반복하여 뜹니다.

┼ 짧은뜨기

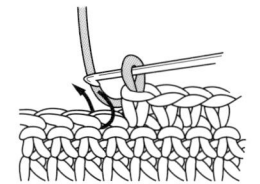
1 앞단의 코에 화살표와 같이 바늘을 넣고, 실을 당겨 뺍니다.

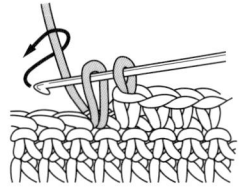
2 다시 바늘에 실을 걸고,

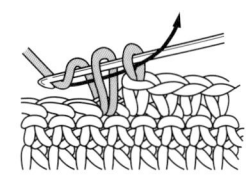
3 화살표와 같이 뺍니다.

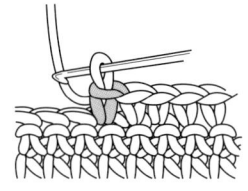
4 짧은뜨기를 떴습니다.

┬ 긴뜨기

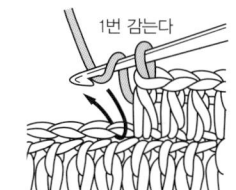
1번 감는다
1 바늘에 실을 걸고, 앞단의 코에 화살표와 같이 바늘을 넣습니다.

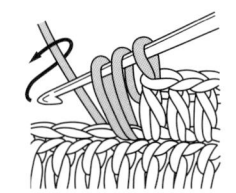
2 실을 당겨 빼고, 바늘에 실을 겹니다.

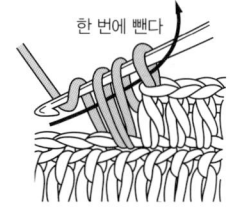
한 번에 뺀다
3 바늘에 걸려 있는 고리 3개를 한 번에 뺍니다.

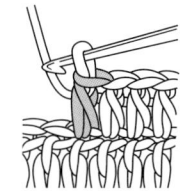
4 긴뜨기를 떴습니다.

┬ 한길 긴뜨기

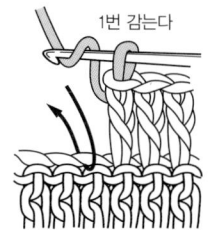
1번 감는다
1 바늘에 실을 걸고, 앞단의 코에 화살표와 같이 바늘을 넣습니다.

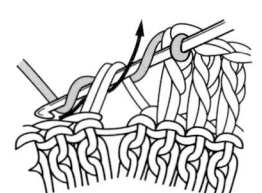
2 실을 당겨 뺍니다.

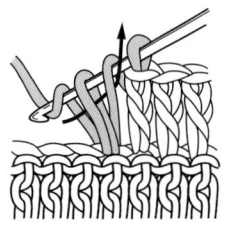
3 바늘에 걸려 있는 고리 2개를 뺍니다.

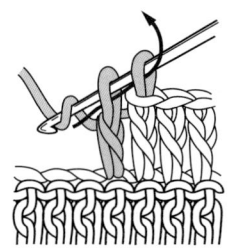
4 다시 한 번 고리 2개를 빼면 한길 긴뜨기 완성입니다.

┬ 두길 긴뜨기

2번 감는다
1 바늘에 실을 2번 감고, 앞단의 코에 화살표와 같이 바늘을 넣어 실을 뺍니다.

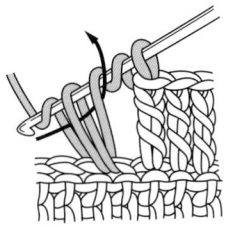
2 바늘에 걸려 있는 고리 2개를 뺍니다.

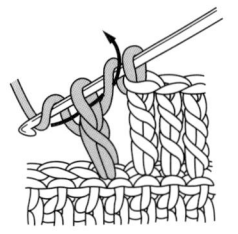
3 다시 한 번 고리 2개를 뺍니다.

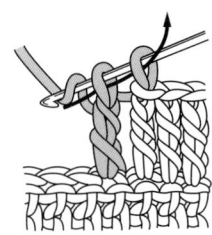
4 다시 실을 걸어 고리 2개를 빼면 두길 긴뜨기 완성입니다.

┬ 세길 긴뜨기

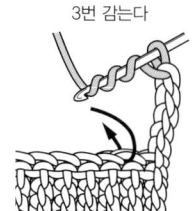
3번 감는다
1 바늘에 3번 실을 감고, 앞단의 머리 2가닥에 화살표와 같이 바늘을 넣습니다.

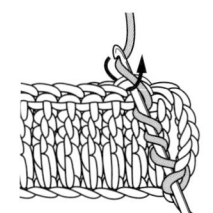
2 바늘에 실을 걸고, 실을 당겨 뺍니다.

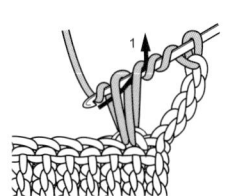
3 바늘에 실을 걸어 바늘 끝에 걸려 있는 고리 2개 사이로 실을 뺍니다.

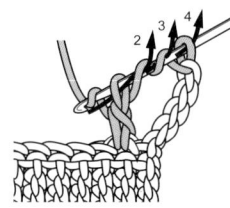
4 3을 3번 반복하면 세길 긴뜨기 완성입니다.

사슬 3코 빼뜨기의 피코뜨기

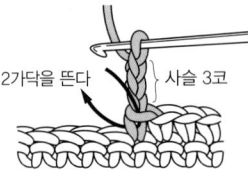

1 사슬을 3코 뜨고, 짧은뜨기의 머리와 다리 1가닥씩을 바늘로 뜹니다.

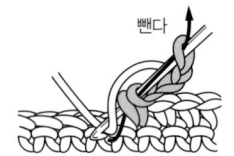

2 실을 걸어 뺍니다.

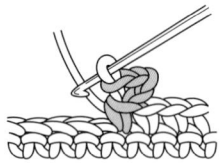

3 사슬 3코 빼뜨기의 피코뜨기를 떴습니다.

 ## 긴 3코 변형 구슬뜨기

 = 앞단의 공간에 바늘을 넣고 다발을 주워서 뜬다.

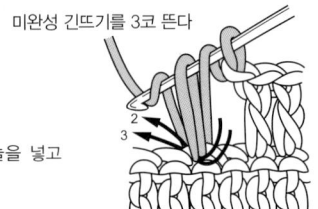

1 1코에 미완성 긴뜨기를 3코 뜹니다.

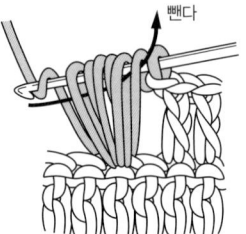

2 바늘에 걸려 있는 고리 6개를 한 번에 뺍니다.

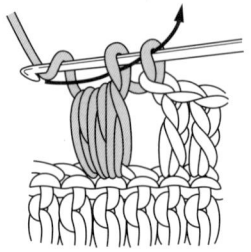

3 실을 걸어 고리 2개를 뺍니다.

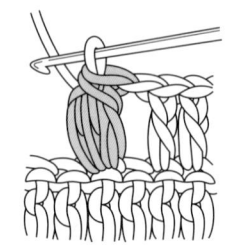

4 긴 3코 변형 구슬뜨기를 떴습니다.

한길 긴 3코 구슬뜨기

1 미완성 한길 긴뜨기를 1코 뜹니다.

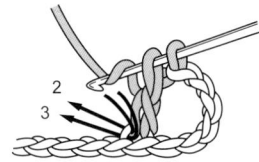

2 같은 코에 미완성 한길 긴뜨기를 2코 더 뜹니다.

3 실을 걸고, 바늘에 걸려 있는 고리 4개를 한 번에 빼면 완성입니다.

4 구슬뜨기를 2코 뜬 모습입니다. 구슬뜨기 다음의 사슬을 뜨면 코가 안정됩니다.

한길 긴 3코 구슬뜨기를 다발에 뜨기

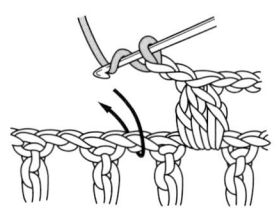

1 화살표와 같이 바늘을 넣고 앞단의 사슬을 다발로 주워.

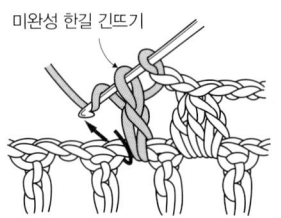

2 미완성 한길 긴뜨기를 3코 뜹니다.

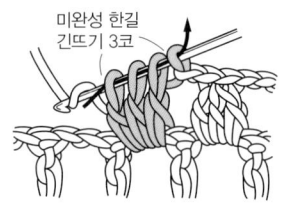

3 실을 걸고, 바늘에 걸려 있는 고리 4개를 한 번에 빼면 완성입니다.

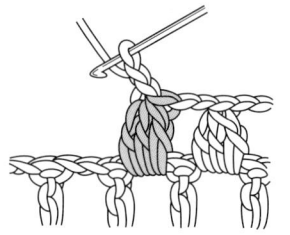

4 구슬뜨기를 2코 뜬 모습입니다. 구슬뜨기 다음의 사슬을 뜨면 코가 안정됩니다.

한길 긴 3코 모아뜨기

1 미완성 한길 긴뜨기를 1코 뜬 모습입니다. 바늘에 실을 걸고, 사슬의 코산에 바늘을 넣어 실을 당겨 뺍니다.

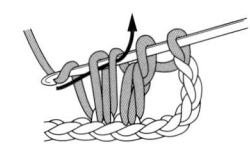

2 다시 바늘에 실을 걸고 빼서 미완성 한길 긴뜨기를 뜹니다.

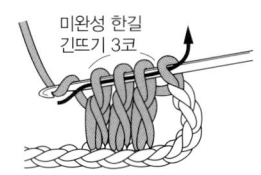

3 1코 더 미완성 한길 긴뜨기를 뜬 다음, 바늘에 실을 걸고 바늘에 걸려 있는 고리 4개를 한 번에 뺍니다.

4 한길 긴 3코 모아뜨기를 떴습니다.

한길 긴 2코 구슬 2코 모아뜨기

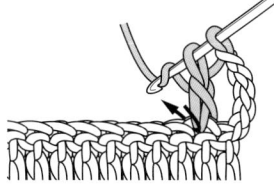

1 앞단의 머리 2가닥에 미완성 한길 긴뜨기를 2코 뜹니다.

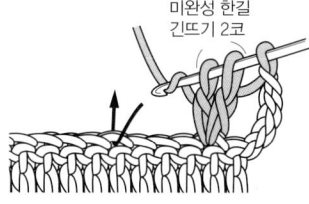

2 바늘에 실을 걸어 4번째 코에 바늘을 넣고,

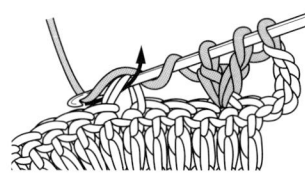

3 실을 걸어 뺍니다.

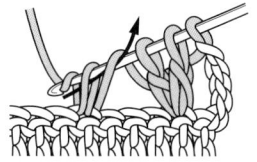

4 바늘에 실을 걸고, 바늘 끝의 고리 2개 사이로 실을 뺍니다(미완성 한길 긴뜨기).

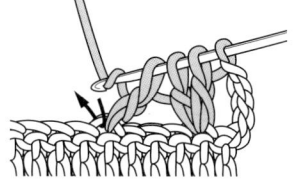

5 같은 코에 미완성 한길 긴뜨기를 1코 더 뜹니다.

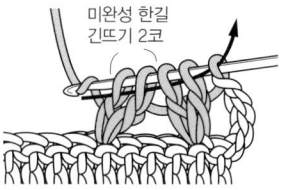

6 바늘에 실을 걸어 고리 5개를 한 번에 뺍니다.

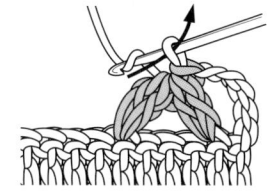

7 한길 긴 2코 구슬 2코 모아뜨기를 떴습니다. 다음의 사슬을 뜨면 코가 안정됩니다.

모티브의 모서리 잇는 법

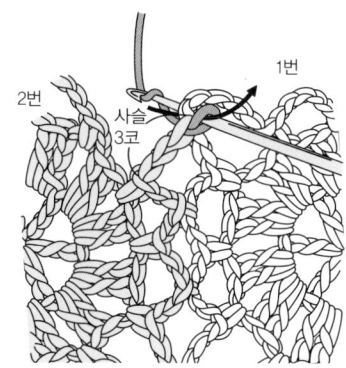

1 2번 모티브의 연결할 위치 직전의 사슬 3코를 뜨고, 1번 모티브의 사슬뜨기 공간으로 위에서 아래로 다발에 바늘을 넣어 빼뜨기합니다.

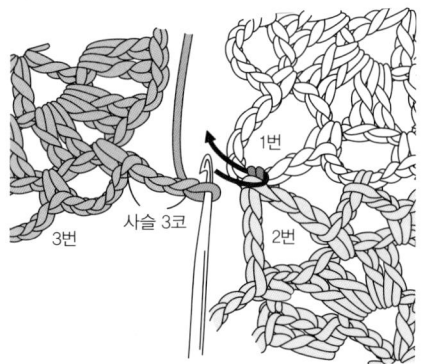

2 3번 모티브의 연결할 위치 직전의 사슬 3코를 뜨고, 2번 모티브의 빼뜨기의 다리 2가닥에 위에서 아래로 바늘을 넣고,

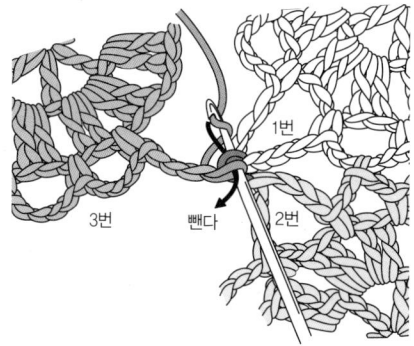

3 실을 걸어 뺍니다. 4번 모티브도 같은 곳에 빼뜨기합니다.

모티브를 한길 긴뜨기 1코로 잇는 법

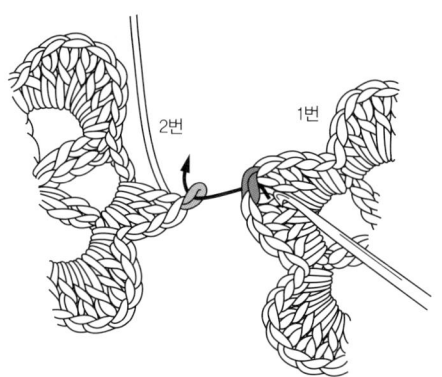

1 2번 모티브의 연결할 뜨개코 직전까지 뜨고, 뜨개코에서 바늘을 잠시 뺍니다. 1번 모티브의 연결할 한길 긴뜨기 코의 머리 2가닥, 잠시 빼둔 뜨개코의 순으로 바늘을 넣습니다.

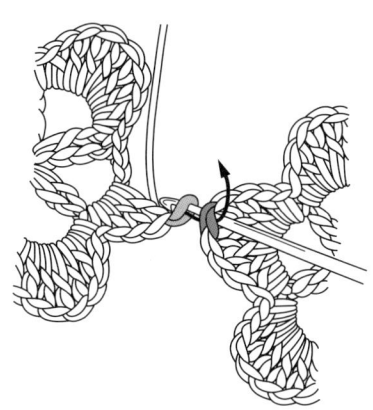

2 2번 모티브의 뜨개코를 1번 모티브로 당겨 뺍니다.

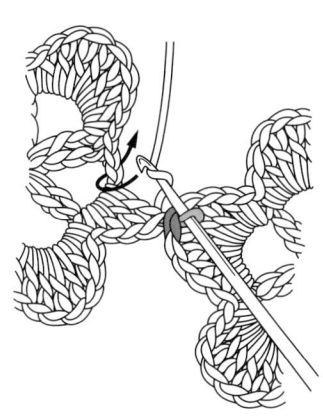

3 뜨개 도안을 따라 다음을 뜹니다.

**실을 끊지 않는
코바늘 연속 모티브 패턴집**

1판 1쇄 발행 | 2017년 6월 19일
1판 3쇄 발행 | 2024년 10월 8일

지은이 일본보그사 편
옮긴이 강수현
펴낸이 김기옥

실용본부장 박재성
편집 실용 2팀 이나리, 장윤선
마케터 이지수
지원 고광현, 김형식

디자인 푸른나무디자인
인쇄 대원문화사
제본 우성제본

펴낸곳 한스미디어(한즈미디어(주))
주소 121-839 서울시 마포구 양화로 11길 13(서교동, 강원빌딩 5층)
전화 02-707-0337 | 팩스 02-707-0198 | 홈페이지 www.hansmedia.com
출판신고번호 제 313-2003-227호 | 신고일자 2003년 6월 25일

ISBN 979-11-6007-148-1 13590

책값은 뒤표지에 있습니다.
잘못 만들어진 책은 구입하신 서점에서 교환해 드립니다.